Zulässigkeit der eingeschränkten Realisierungsmöglichkeit von Körperschaftsteuerguthaben

Europäische Hochschulschriften
Publications Universitaires Européennes
European University Studies

Reihe II
Rechtswissenschaft

Série II Series II
Droit
Law

Bd./Vol. 4144

PETER LANG
Frankfurt am Main · Berlin · Bern · Bruxelles · New York · Oxford · Wien

Franziska Lenz

Zulässigkeit der eingeschränkten Realisierungsmöglichkeit von Körperschaftsteuerguthaben

Eine verfassungsrechtliche Untersuchung des § 37 Abs. 2a KStG i.d.F. des Steuervergünstigungsabbaugesetzes

PETER LANG
Europäischer Verlag der Wissenschaften

Bibliografische Information Der Deutschen Bibliothek
Die Deutsche Bibliothek verzeichnet diese Publikation in der Deutschen Nationalbibliografie; detaillierte bibliografische Daten sind im Internet über <http://dnb.ddb.de> abrufbar.

Zugl.: Hamburg, Univ., Diss., 2004

D 18
ISSN 0531-7312
ISBN 3-631-53583-X

www.peterlang.de

Vorwort

Die nachfolgende Arbeit ist vom Fachbereich Rechtswissenschaft der Universität Hamburg im Wintersemester 2004/2005 als Dissertation angenommen worden.

Für die Betreuung dieser Arbeit danke ich Frau Prof. Dr. Monika Jachmann. Herrn Prof. Dr. Jürgen Lüdicke danke ich für die kurzfristige Erstellung des Zweitgutachtens.

An dieser Stelle möchte ich mich auch bei all denjenigen bedanken, die mir durch ihre Gesprächs- und Diskussionsbereitschaft wertvolle Denkanstösse und Anregungen gegeben haben. Außerdem danke ich allen Freunden, die mich während der Zeit der Promotion begleitet und das Entstehen der Arbeit in vielfältiger Weise befördert haben.

Mein besonders herzlicher Dank gilt meinen Eltern. Sie haben mich nicht nur während der Promotion, sondern auch im Übrigen uneingeschränkt unterstützt und gefördert und mir stets den nötigen Rückhalt gegeben. Ihnen widme ich die Arbeit.

Hamburg, im Dezember 2004

Franziska Lenz

Inhaltsverzeichnis

Abkürzungsverzeichnis

a.A.	andere Ansicht
a.a.O.	am angegebenen Ort
Abschn.	Abschnitt
a.F.	alte Fassung
AFG	Arbeitsförderungsgesetz
AG	Die Aktiengesellschaft (Zeitschrift)
AktG	Aktiengesetz
Anm.	Anmerkung
AO	Abgabenordnung
AöR	Archiv des öffentlichen Rechts (Zeitschrift)
AWM	Aktionsgemeinschaft Wirtschaftlicher Mittelstand
BAföGÄndG	Änderungsgesetz zum Berufsausbildungsförderungsgesetz
BayVBl.	Bayerisches Verwaltungsblatt (Zeitschrift)
BB	Betriebsberater (Zeitschrift)
BDA	Bundesvereinigung der Deutschen Arbeitgeberverbände
BdB	Bundesverband deutscher Banken
BDI	Bundesverband der Deutschen Industrie
BFH	Bundesfinanzhof
BFHE	Entscheidungen des Bundesfinanzhofs
BFH/NV	Sammlung amtlich nicht veröffentlichter Entscheidungen des BFH (Zeitschrift)
BGA	Bundesverband des Deutschen Gross- und Aussenhandels e.V.
BGBl.	Bundesgesetzblatt
BK	Bonner Kommentar zum Grundgesetz
BMF	Bundesministerium der Finanzen
BR	Bundesrat
BStBl.	Bundessteuerblatt
BStBK	Bundessteuerberaterkammer
BT	Bundestag
BT-Drucks.	Bundestags-Drucksache
BVerfG	Bundesverfassungsgericht
BVerfGE	Entscheidungen des Bundesverfassungsgerichts
BVerwG	Bundesverwaltungsgericht
DB	Der Betrieb (Zeitschrift)
ders.	derselbe
dies.	dieselbe
DIHK	Deutscher Industrie- und Handelskammertag
DIW	Deutsches Institut für Wirtschaftsforschung

DJT	Deutscher Juristentag
DÖV	Die Öffentliche Verwaltung (Zeitschrift)
DStJG	Deutsche Steuerjuristische Gesellschaft
DStR	Deutsches Steuerrecht (Zeitschrift)
DStZ	Deutsche Steuerzeitung
DVBl.	Deutsches Verwaltungsblatt (Zeitschrift)
EFG	Entscheidungen der Finanzgerichte
EGV	Vertrag zur Gründung der Europäischen Gemeinschaft (in der vor dem 1.5.1999 geltenden Fassung)
ESt	Einkommensteuer
EStDV	Einkommensteuer-Durchführungsverordnung
EStG	Einkommensteuergesetz
EStR	Einkommensteuerrichtlinien
F.A.Z.	Frankfurter Allgemeine Zeitung
FR	Finanz-Rundschau (Zeitschrift)
FördG	Fördergebietsgesetz
FS	Festschrift
GDV	Gesamtverband der Deutschen Versicherungswirtschaft e.V.
GG	Grundgesetz
GmbH	Gesellschaft mit beschränkter Haftung
GmbHR	GmbH-Rundschau (Zeitschrift)
GmbH-StB	Der GmbH-Steuerberater (Zeitschrift)
HbdStR	Handbuch des Staatsrechts der Bundesrepublik Deutschland
HDE	Hauptverband des Deutschen Einzelhandels
H/H/R	Herrmann/Heuer/Raupach, Einkommensteuer- und Körperschaftsteuergesetz, Kommentar
h.M.	herrschende Meinung
IFSt	Institut Finanzen und Steuern
INF	Die Information für Steuerberater und Wirtschaftsprüfer (bis 2002 Die Information über Steuer und Wirtschaft) (Zeitschrift)
InvHG	Investitionshilfegesetz
InvZulG	Investitionszulagengesetz
JStG	Jahressteuergesetz
Jura	Juristische Ausbildung (Zeitschrift)
JuS	Juristische Schulung (Zeitschrift)
JZ	Juristenzeitung (Zeitschrift)
KÖSDI	Kölner Steuerdialog (Zeitschrift)
KraftStÄndG	Kraftfahrzeugsteueränderungsgesetz

KSt	Körperschaftsteuer
KStG	Körperschaftsteuergesetz
KStR	Körperschaftsteuerrichtlinien
KStRefG	Körperschaftsteuerreformgesetz
m.w.N.	mit weiteren Nachweisen
n.F.	neue Fassung
NJW	Neue Juristische Wochenschrift
NVwZ	Neue Zeitschrift für Verwaltungsrecht
NWB	Neue Wirtschafts-Briefe (Zeitschrift)
Rspr.	Rechtsprechung
SGb	Die Sozialgerichtsbarkeit (Zeitschrift)
StÄndG	Steueränderungsgesetz
StB	Der Steuerberater (Zeitschrift)
Stbg	Die Steuerberatung (Zeitschrift)
StbJb	Steuerberater-Jahrbuch
StEntlG	Steuerentlastungsgesetz
Steuerref.	Steuerreform
StSenkG	Steuersenkungsgesetz
StuW	Steuer und Wirtschaft (Zeitschrift)
StVergAbG	Steuervergünstigungsabbaugesetz
StW	Steuerwarte (Zeitschrift)
SWI	Steuer & Wirtschaft International, Zeitschrift für internationales Steuer- und Wirtschaftsrecht
ThürVBl.	Thüringer Verwaltungsblatt (Zeitschrift)
UmwStG	Umwandlungssteuergesetz
UntStFG	Unternehmenssteuerfortentwicklungsgesetz
v. M/K/S	Mangoldt/Klein/Starck, Grundgesetz, Kommentar
VO	Verordnung, Rechtsverordnung
Vor(bem.)	Vorbemerkung
VVDStRL	Veröffentlichungen der Vereinigung der Deutschen Staatsrechtslehrer
VZ	Veranlagungszeitraum
Wpg	Die Wirtschaftsprüfung (Zeitschrift)
ZDH	Zentralverband des Deutschen Handwerks
ZRP	Zeitschrift für Rechtspolitik

A. Einführung

Das am 16. Mai 2003 in Kraft getretene Gesetz zum Abbau von Steuervergünstigungen und Ausnahmeregelungen (Steuervergünstigungsabbaugesetz – StVergAbG)[1] regelt einschneidende Veränderungen bei den Übergangsregelungen zur Behandlung des Körperschaftsteuerguthabens. Mit der Einführung eines dreijährigen Moratoriums bei der Ausschüttung von Körperschaftsteuerguthaben und der daran anschließenden ausschüttungsabhängigen jährlich begrenzten Guthabenerstattung soll Ausfällen bei der Körperschaftsteuer entgegengewirkt und zugleich eine Verstetigung des Ausschüttungsverhaltens und der damit verbundenen Verwendung der Guthaben herbeigeführt werden.[2] Die Neuregelung stellt eine Reaktion auf die rückläufigen Körperschaftsteuereinnahmen dar, die im Jahr 2000 noch 23,6 Mrd. Euro betrugen, im Jahr 2001 jedoch komplett ausfielen, wobei die Erstattungen sogar um 0,4 Mrd. Euro über den Steuerzahlungen lagen.[3] Auch wenn das hohe Maß der Nutzung des Körperschaftsteuerguthabens nicht die alleinige Ursache für den Rückgang der Körperschaftsteuereinnahmen war und sich zusätzlich die konjunkturbedingt schwachen Unternehmensgewinne und die seit 2001 geltenden niedrigeren Steuersätze negativ auf das Körperschaftsteueraufkommen auswirkten,[4] kann doch festgehalten werden, dass die Unternehmen seit 2000 in einem stärkeren Maße Ausschüttungen vorgenommen haben. Nachdem sich die Körperschaftsteuererträge im Jahr 2000 durch Ausschüttungen um fast 14 Mrd. Euro geschmälert hatten, lag der korrespondierende Wert im Jahr 2001 sogar bei schätzungsweise 21 Mrd. Euro.[5]

Das Körperschaftsteuerguthaben wurde ursprünglich auf ca. 36 Mrd. Euro (73 Mrd. DM) beziffert[6] und belief sich nach Schätzungen des Bundesfinanzministeriums im Jahr 2003 noch auf 15 Mrd. Euro.[7] Das eingeführte Moratorium und die daran anschließende ausschüttungsabhängige Streckung des Körperschaftsteuerguthabens schränken nunmehr die Nutzungsmöglichkeiten erheblich ein

---

1 StVergAbG vom 16.5.2003, BGBl. I 2003, S. 660 ff.; BStBl. I 2003, S. 321 ff.

2 BT-Drucks. 15/119, S. 44.

3 Zur Entwicklung des Steueraufkommens: *Deutsche Bundesbank*, Monatsbericht Dezember 2002, S. 15 (19, 23 f.).

4 Vgl. *Welfers*, Börsen-Zeitung vom 8.4.2003, S. 8; *Suhrbier-Hahn*, SWI 2003, 209 (210); *Deutsche Bundesbank*, Monatsbericht Dezember 2002, S. 15 (23 f.); vgl. auch *Schiffers*, GmbH-StB 2003, 134.

5 *Deutsche Bundesbank*, Monatsbericht Dezember 2002, S. 15 (24). Verwiesen wird allerdings auch darauf, dass den Mindereinnahmen bei der Körperschaftsteuer zumindest bei inländischen Anteilseignern Mehreinnahmen bei der Kapitalertragsteuer gegenüber standen (S. 25).

6 *Reiermann/Schäfer*, Der Spiegel, Nr.7/2000, S. 90 f.

7 Siehe *Suhrbier-Hahn*, SWI 2003, 209 (210); *Lornsen-Veit/Möbus*, BB 2003, 1154.

und wirken sich entscheidend auf die Planung von Ausschüttungen und auf die Liquiditätssituation in den Unternehmen aus. Ob die in § 37 Abs. 2a KStG getroffenen Regelungen des Steuervergünstigungsabbaugesetzes vom 16.5.2003[8] zur Behandlung des Körperschaftsteuerguthabens einer Überprüfung auf ihre Verfassungsmäßigkeit stand halten, erscheint allerdings zweifelhaft.[9] Inwieweit verfassungsrechtliche Bedenken, die sich sowohl auf die formelle als auch auf die materielle Ebene beziehen, berechtigt sind, ist Thema der vorliegenden Untersuchung, bei der einschlägige Literatur, die bis Mitte Mai 2004 erschienen ist, Berücksichtigung gefunden hat.

Nach einer einfachgesetzlichen Einordnung des Körperschaftsteuerguthabens (B.) werden die relevanten gesetzlichen Regelungen für die Realisierung von Körperschaftsteuerguthaben erörtert (C.) und die wirtschaftlichen Auswirkungen der Nutzungsmöglichkeit von noch vorhandenem Körperschaftsteuerguthaben dargestellt (D.). Den Schwerpunkt der Arbeit bildet die hieran anschließende Überprüfung der Verfassungsmäßigkeit des eingeführten Moratoriums sowie der ausschüttungsabhängigen Streckung bei der Verwendung des Körperschaftsteuerguthabens (E. und F.). Hierbei wird neben der Rechtsposition der Kapitalgesellschaften (F. I.) auch die Ebene der Anteilseigner (F. II.) zu berücksichtigen sein. Abschließend werden die Ergebnisse im Rahmen eines Fazits (G.) zusammengefasst.

8 BGBl. I 2003, S. 660 ff.; BStBl. I, S. 321 ff.

9 Vgl. dazu u.a. *Grube*, F.A.Z. vom 23.4.2003, S. 23; *Streck/Binnewies*, DB 2003, 1133 f.; *Wiese/Klass*, GmbHR 2003, 557 (558); *Bundessteuerberaterkammer*, Mitteilung vom 9.4.2003, http:// www.verbaende.com/news/ges_text.php4?m=18171.

B. Einfachgesetzliche Einordnung des Körperschaftsteuerguthabens

I. Ursprung des Körperschaftsteuerguthabens

Die Entstehung des Körperschaftsteuerguthabens basiert auf dem zur Zeit des Anrechnungsverfahrens[10] geltenden gespaltenen Steuertarif für ausgeschüttete und thesaurierte Gewinne. Danach unterlagen einbehaltene Gewinne einer höheren Steuerbelastung als ausgeschüttete Gewinne. Bei einer Belastung eines Einkommenteils mit der Tarifsteuer von 40 % erfolgte bei einer späteren Ausschüttung an die Anteilseigner eine Herabschleusung auf den niedrigeren Ausschüttungssatz in Höhe von 30 %. Die steuerpflichtigen Unternehmen, die am Anrechnungsverfahren teilnahmen,[11] erhielten vom Fiskus eine Steuererstattung in Höhe der Differenz zwischen den ursprünglich geltenden Steuersätzen.[12]

Mit der Unternehmenssteuerreform zum 1.1.2001[13] wurde das Anrechnungsverfahren durch das Halbeinkünfteverfahren abgelöst.[14] Seitdem beträgt die Steuerbelastung für das zu versteuernde Einkommen von Körperschaften für ausgeschüttete und thesaurierte Gewinne einheitlich 25 %;[15] mit dem Flutopfersolida-

---

10 Das Anrechnungsverfahren wurde 1977 durch das KStRefG vom 31.8.1976, BStBl. I, S. 445 ff. (457 ff.) eingeführt. Die gesetzlichen Regelungen befanden sich in den § 27 KStG – § 47 KStG in der bis zum VZ 2000 geltenden Fassung. Zum Anrechnungsverfahren siehe *Birk*, Steuerrecht, Rn. 1101 ff.; *Streck*, in: Streck, Anh § 27 KStG a.F.

11 Gem. § 27 KStG i.d.F. vor Einführung des StSenkG gehörten hierzu alle unbeschränkt steuerpflichtigen Kapitalgesellschaften i.S.v. § 1 Abs. 1 Nr. 1 KStG. Im Zusammenhang mit § 43 KStG i.d.F. vor Einführung des StSenkG ergibt sich, dass der Kreis der Anrechnungskörperschaften auch alle anderen unbeschränkt steuerpflichtigen Körperschaften und Personenvereinigungen erfasst, deren Leistungen bei dem Empfänger zu Einnahmen i.S.v. § 20 Abs. 1 Nr. 1 EStG gehören. Zum persönlichen Anwendungsbereich siehe *Lornsen-Veit/Odenbach*, in: Erle/Sauter, § 37 KStG Rn. 4.

12 § 27 Abs. 1 KStG a.F.; vgl. *Frotscher*, in: Frotscher/Maas, § 36 KStG Rn. 2; *Tartler*, Financial Times Deutschland vom 11.4.2003, S. 15. Der seit 1994 geltende Regelsteuersatz in Höhe von 45 % für thesaurierte Gewinne wurde durch das StEntlG 1999/2000/2002 vom 24.3.1999 (BGBl. I 1999, 402 ff.) für die Veranlagungszeiträume 1999/2000 auf 40 % gesenkt, die Ausschüttungsbelastung belief sich seit 1994 auf 30%.

13 Gesetz zur Senkung der Steuersätze und zur Reform der Unternehmensbesteuerung (Steuersenkungsgesetz – StSenkG) vom 23.10.2000, BGBl. I 2000, 1433 ff.

14 Gesetzlich geregelt ist das Halbeinkünfteverfahren in § 3 Nr. 40 EStG, § 8 Abs. 1 KStG; zum Halbeinkünfteverfahren vgl. *Pezzer*, in: Tipke/Lang, Steuerrecht, § 11 Rz. 3 ff. m.w.N.

15 Vgl. § 23 Abs. 1 KStG in der Form des StSenkG vom 23.10.2000, BGBl. I 2000, 1433 ff. (1453).

ritätsgesetz[16] wurde der Körperschaftsteuersatz für den Veranlagungszeitraum 2003 auf 26,5 % angehoben.

Um sicherzustellen, dass die Altgewinne, die bereits mit 40 % versteuert waren, infolge des Systemwechsels bei den Körperschaften auch weiterhin nur einer definitiven Steuerbelastung von 30 % unterliegen würden, wie es den Regelungen des Anrechnungsverfahrens entsprach, wurden die Endbestände des verwendbaren Eigenkapitals festgestellt. Sofern das Wirtschaftsjahr dem Kalenderjahr entsprach, war gem. § 34 Abs. 1 KStG in der Form des StSenkG vom 23.10.2000[17] das neue Recht erstmals für den Veranlagungszeitraum 2001 anzuwenden. Da gem. § 36 Abs. 1 KStG die Endbestände der Teilbeträge des verwendbaren Eigenkapitals letztmalig am Ende des Wirtschaftsjahres zu bestimmen waren, in dem das KStG 1999[18] und damit das Anrechnungsverfahren noch galt, erfolgte die Feststellung i.S.d. § 36 Abs. 1 KStG per 31.12.2000. Bei einem vom Kalenderjahr abweichenden Wirtschaftsjahr wurden nach § 34 Abs. 1a KStG in der Form des StSenkG vom 23.10.2000 die Endbestände gem. § 36 Abs. 1 KStG auf den Schluss des Wirtschaftsjahrs 2000/2001 festgestellt.[19]

Für das Ende des Wirtschaftsjahres, das auf die Feststellung der Endbestände folgt, sieht § 37 Abs. 1 KStG die Ermittlung des Körperschaftsteuerguthabens vor. Ausgewiesen wird in dieser Position das Minderungspotential, also der Betrag, um den sich bei Fortführung des Anrechnungsverfahrens die Ausschüttungsbelastung gemindert hätte.[20] Nach den Regeln des Anrechnungsverfahrens kann sich Körperschaftsteuerminderungspotential zwar neben dem EK 40 auch aus EK 45 ergeben, nach § 36 Abs. 3 KStG ist der entsprechende Endbestand allerdings umzugliedern bevor § 37 Abs. 1 KStG eingreift.[21] Grundlage des am Ende des nächsten Wirtschaftsjahres ermittelten Körperschaftsteuerguthabens ist daher allein der nach § 36 Abs. 7 KStG festgestellte Endbestand im EK 40.[22]

---

16 Flutopfersolidaritätsgesetz vom 19.9.2002, BGBl. I 2002, S. 3651 (§ 34 Abs. 11a KStG).

17 StSenkG vom 23.10.2000, BGBl. I 2000, 1433 ff. (1455).

18 KStG 1999 vom 22.4.1999, BGBl. I 1999, 817 ff.

19 Vgl. dazu *Frotscher*, BB 2000, 2280 (2281); *ders.*, in: Frotscher/Maas, § 36 KStG Rn. 7 f.; zum Übergang von der Gliederungsrechnung in das Halbeinkünfteverfahren: *Lang*, S. 46 ff.

20 *Frotscher*, BB 2000, 2280 (2286); *Dötsch*, in: Dötsch/Eversberg/Jost/Witt, § 37 KStG n.F. Rn. 4.

21 *Frotscher*, in: Frotscher/Maas, § 37 KStG Rn. 5.

22 Dazu *F. Lang*, Besteuerung von Körperschaften und ihren Anteilseignern, S. 59.

Der Höhe nach ist das Körperschaftsteuerguthaben gem. § 37 Abs. 1 KStG mit 1/6 des Endbestandes an EK 40 anzusetzen. Der Betrag von 1/6 ergibt sich aus der Differenz der Tarifbelastung von 40 % und der Ausschüttungsbelastung von 30 %, die zu dem Bestand an belastetem Eigenkapital in Relation zu setzen ist. Der Bruch von 1/6 ist damit aus der Systematik des Anrechnungsverfahrens ableitbar.[23] So sollte es bei Ausschüttungen der Kapitalgesellschaft zu einer Herabschleusung des EK 40 auf den ursprünglich geltenden Ausschüttungssatz von 30 % kommen. Gerade im Hinblick auf die fiskalischen Auswirkungen hatte man sich dagegen entschieden, Kapitalgesellschaften bei Ausschüttungen aus den versteuerten Rücklagen von dem seit dem 1.1.2001 einheitlich geltenden Körperschaftsteuersatz von 25 %, bzw. 26,5 % für den Veranlagungszeitraum 2003 profitieren zu lassen.[24] Zu rechtfertigen ist dieses Vorgehen damit, dass die der Steuerentlastung zugänglichen Gewinnteile in einem Zeitraum entstanden sind, in dem der Ausschüttungssatz 30 % betragen hat. Zudem könnte in der in einem einzigen Akt vollzogenen Umstellung im Wege der Fiktion eine Totalausschüttung gesehen werden, so dass es bei dieser Betrachtungsweise konsequent war, die Steuerminderung lediglich auf 30 % vorzunehmen.[25]

Hätte man eine Herabschleusung auf den nunmehr geltenden Körperschaftsteuersatz von 25 % vorgesehen, würden die Kapitalgesellschaften – bei einer endgültigen Besteuerung der Ausschüttungen aus versteuerten Rücklagen mit 25 % – über ein noch höheres Körperschaftsteuerguthaben verfügen, so dass die Staatskassen bei der Geltendmachung der Körperschaftsteuerminderung durch die Realisierung des Guthabens im Ergebnis in einem noch stärkeren Maße belastet würden.

---

23 Ausführlich *Frotscher*, in: Frotscher/Maas, § 37 KStG Rn. 8.

24 Vgl. dazu *Günkel/Fenzl/Hagen*, DStR 2000, 445 (449).

25 *BMF*, Brühler Empfehlungen, Schriftenreihe Heft 66, S. 65. Nach *Binnewies*, in: Streck, § 37 KStG Rn. 4 ergibt sich hieraus ein Systembruch. Für ausgeschüttete Gewinne kommen insoweit unterschiedliche Steuersätze zur Anwendung. Nach *Papier*, SGb 1994, 105 (110) wird ein gewisser Systembruch jedoch vielfach in der Schaffung von Übergangs- oder Zwischenrecht zu erblicken sein. Die Systemgerechtigkeit im Sinne einer Systemkonformität und Systemkonsequenz sei aber kein eigenständiges verfassungsrechtliches Prinzip, sondern eher eine Forderung der Rechtspolitik und der Gesetzgebungslehre. „Systembrüche des Gesetzgebers vermögen also nur im Rahmen und nach Maßgabe der spezifischen Verfassungsnormen, etwa des Art. 3 Abs. 1 GG, verfassungsrechtliche Relevanz zu erlangen. Sachlich gerechtfertigte, nicht willkürliche Systembrüche und Systeminkonsequenzen können demgemäß nicht als Verfassungsverstoß gewertet werden." Vgl. auch *Hey*, in: H/H/R, Steuerref., vor § 36 KStG Rn. 26, 30, die einen Verstoß gegen das geltende Gebot der System- und Folgerichtigkeit und damit gegen Art. 3 Abs. 1 GG annimmt.

II. Charakterisierung des Körperschaftsteuerguthabens

Das als Folgewirkung des Systemwechsels vom Anrechnungs- zum Halbeinkünfteverfahren existierende Körperschaftsteuerguthaben stellt wirtschaftlich gesehen einen Vermögenswert dar, der bei Anteilsverkäufen im Kaufpreis zu berücksichtigen ist.[26] Diese durch die Kapitalgesellschaften gebildete vermögenswerte Position basiert auf der gesetzlichen Regelung, nach der bei einer Ausschüttung aus den zum ehemals höheren Körperschaftsteuersatz versteuerten Rücklagen eine Herabschleusung auf den niedrigeren Ausschüttungssatz zu erfolgen hatte. Den Unternehmen stand damit bei Vornahme einer Ausschüttung ein Körperschaftsteuerminderungsanspruch zu. Aufgrund der Gesetzeslage konnten sich die Kapitalgesellschaften und Anteilseigner darauf verlassen, dass sich der Vermögenswert bei einer Ausschüttung realisieren lassen werde.

Der einfachgesetzliche Anspruch auf die Körperschaftsteuerminderung, der sich seit der Unternehmenssteuerreform aus § 37 Abs. 2 KStG ergibt, ist allerdings durch die Vornahme einer Ausschüttung bedingt.[27] Erst mit dem Eintritt dieser letzten Voraussetzung entsteht der Anspruch. Bereits vor der Ausschüttung bestand jedoch für die Kapitalgesellschaften eine gesicherte Rechtsposition. Die unter dem Anrechnungsverfahren erwirtschafteten Gewinne, die nicht zur Ausschüttung vorgesehen waren, sondern im Unternehmen verbleiben sollten, wurden dem Thesaurierungssteuertarif unterworfen und in die Gewinnrücklagen eingestellt. Sofern die Bildung gesetzlicher Rücklagen nicht mehr erforderlich war,[28] wurde der versteuerte Gewinn in die anderen Gewinnrücklagen eingestellt. Als Bestandteil des Eigenkapitals konnten die in dieser Bilanzposition ausgewiesenen thesaurierten Gewinne zu einem späteren Zeitpunkt für eine Ausschüttung an die Anteilseigner zur Verfügung stehen. Die Ausschüttung führte dann automatisch zu einer Herabschleusung auf den niedrigeren Ausschüttungssteuertarif und war im Ergebnis mit einer Körperschaftsteuerminderung der Kapitalgesellschaft verbunden. Hieraus ergibt sich, dass das Körper-

---

26 *Frotscher*, in: Frotscher/Maas, § 36 KStG Rn. 5. *Haarmann* bezeichnet das Körperschaftsteuerguthaben in der öffentlichen Anhörung des Finanzausschusses des Deutschen Bundestages zum Entwurf des StVergAbG vom 15.1.2003, Protokoll Nr. 7, S. 57 als Vermögensgegenstand des Unternehmens.

27 Vgl. *Thurmayr*, in: H/H/R, Steuerref., § 37 KStG Rn. 16: Abs. 2 Satz 1 ähnelt der Regelung in § 27 KStG 1999. Eine Abweichung ergibt sich jedoch daraus, dass keine Unterscheidung mehr erfolgt, ob Ausschüttungen, die auf einem den gesellschaftsrechtlichen Vorschriften entsprechenden Gewinnverteilungsbeschluss beruhen, für ein abgelaufenes Wirtschaftsjahr erfolgen oder nicht.

28 Zu den Voraussetzungen bei Aktiengesellschaften vgl. § 150 Abs. 1 und 2 AktG.

schaftsteuerguthaben als ein anwartschaftsähnliches Recht angesehen werden kann.[29]

Für die Anteilseigner hatte die Körperschaftsteuer unter dem Anrechnungsverfahren wirtschaftlich die Bedeutung einer Vorauszahlung auf ihre Einkommensteuerschuld.[30] Nachdem die Körperschaftsteuer auf der Ebene der Körperschaft abgeführt war und die Tarifbelastung der thesaurierten Gewinne festgehalten wurde, hatten die Gesellschafter nach altem Recht eine Vermögensposition erlangt, die sie nutzen konnten, indem sie bei der Besteuerung der von der Kapitalgesellschaft ausgeschütteten Dividenden die hierauf entfallenden Körperschaftsteuerguthaben als Vorauszahlung auf ihre Einkommensteuer in Anspruch nahmen.[31] Vor der tatsächlichen Ausschüttung bestand zwar kein Rechtsanspruch der Anteilseigner auf diese Steuerguthaben; allerdings ist aus der Automatik der Vollausschüttung abzuleiten gewesen, dass das Körperschaftsteuerguthaben den Anteilseignern im Ergebnis zugute kommen würde.[32]

---

29 Siehe *Streck/Binnewies*, DB 2003, 1133.

30 BFH, BStBl. II 2001, 261 (262); *Schwedhelm/Binnewies*, DB 2001, 503 (507); zur wirtschaftlichen Wirkung der Körperschaftsteuer als Vorauszahlung auf die Einkommensteuer des Gesellschafters siehe BFH, BStBl. II 1982, 8 (10); BStBl. II 1982, 401 (402); *Pezzer*, DStJG 20 (1997), S. 5 (16); vgl. auch *Weber-Grellet*, FS für Posser, S. 395 (403).

31 *Streck/Binnewies*, DB 2003, 1133.

32 *BMF*, Brühler Empfehlungen, Schriftenreihe Heft 66, S. 62.

C. Gesetzliche Regelungen zur Realisierung des Körperschaftsteuerguthabens

I. Rechtsentwicklung

Da eine sofortige, vollständige Auszahlung des Körperschaftsteuerguthabens für nicht finanzierbar gehalten wurde,[33] stand der Gesetzgeber im Zuge der Unternehmenssteuerreform vor der Frage, wie bei dem Systemwechsel vom Anrechnungsverfahren zum Halbeinkünfteverfahren mit den thesaurierten Gewinnen, die noch unter dem Anrechnungsverfahren erwirtschaftet und bereits versteuert worden sind, verfahren werden sollte.

1. Steuersenkungsgesetz

Um eine Ballung von Körperschaftsteuerminderungsbeträgen in einem Veranlagungszeitraum zu vermeiden, wurden mit dem Steuersenkungsgesetz[34] in den §§ 36 – 40 KStG Sondervorschriften für den Übergang vom Anrechnungsverfahren zum Halbeinkünfteverfahren geschaffen, die gewährleisten sollten, dass die im Rahmen des Anrechnungsverfahrens geltenden Körperschaftsteuererhöhungen und –minderungen erhalten blieben.[35] Die Vorschriften zur Nutzung und Fortschreibung des Körperschaftsteuerguthabens sahen vor, dass das Guthaben gem. § 37 Abs. 1 KStG mit 1/6 des EK 40-Bestandes festgestellt wurde. Während einer 15-jährigen Übergangszeit erhielten inländische Körperschaften nach § 37 Abs. 2 KStG die Möglichkeit, die festzusetzende Körperschaftsteuer bis zum Verbrauch des Guthabens um 1/6 ihrer ordentlichen Gewinnausschüttungen zu mindern. Überstieg der anzusetzende Minderungsbetrag die zu zahlende Körperschaftsteuer, wurde der Differenzbetrag der Kapitalgesellschaft vergütet.[36]

Die Regelung hatte zur Folge, dass die Kapitalgesellschaften ihre Ausschüttungsplanung so umgestalten mussten, dass innerhalb des 15-jährigen Übergangszeitraumes die noch vorhandenen Körperschaftsteuerguthaben realisiert werden konnten, um einen Verfall am Ende der Übergangsfrist zu verhindern.

---

[33] Vgl. *Dötsch*, in: Dötsch/Eversberg/Jost/Witt, § 37 KStG n.F. Rn. 3; *BMF*, Brühler Empfehlungen, Schriftenreihe Heft 66, S. 62; *Birk/Desens*, DB 2003, 1644 (1646).

[34] StSenkG vom 23.10.2000, BGBl. I 2000, 1433 ff.

[35] Vgl. *Brodersen/Littan*, GmbHR 2003, 678.

[36] *Semmler*, DStR 2001, 1337; *Frotscher*, in: Frotscher/Maas, § 37 KStG Rn. 19; *Dötsch*, in: Dötsch/Eversberg/Jost/Witt, § 37 KStG n.F. Rn. 12.

Als grundlegende Voraussetzung hierfür mussten die Körperschaften zunächst handelsrechtlich über ein hinreichendes Ausschüttungspotential verfügen.[37]

Neben der sich für die Körperschaft im Hinblick auf die Liquiditätslage positiv auswirkenden Körperschaftsteuerminderung war dann zusätzlich zu berücksichtigen, dass zumindest bei personenbezogenen Gesellschaften die Betrachtung der steuerlichen Konsequenzen nicht auf die Gesellschaftsebene begrenzt werden kann, sondern auch die Gesellschafterebene einzubeziehen ist.[38] Insoweit war die auf der Gesellschafterebene erfolgende Nachbelastung im Rahmen einer Gesamtbetrachtung bei der Ausschüttungsplanung zu beachten. Nicht absehbar war für den Gesetzgeber bei der Ausgestaltung der Regelung, dass die Kapitalgesellschaften im Rahmen der Umstellung vom alten zum neuen Körperschaftsteuersystem aufgrund einer angepassten Gewinnausschüttungspolitik trotz der 15-jährigen Übergangsfrist Ausschüttungen in einem erheblichen Umfang bereits zu Beginn des Übergangszeitraumes vornehmen würden.[39]

2. Steuervergünstigungsabbaugesetz

Da der massive Einbruch des Körperschaftsteuereinkommens insbesondere auf die Realisierung des Körperschaftsteuerguthabens zurückgeführt wurde, sollte mit den im Steuervergünstigungsabbaugesetz getroffenen Maßnahmen eine Verstetigung des Ausschüttungsverhaltens und damit eine Streckung des Körperschaftsteuerguthabens erreicht werden.[40] Dazu sah der ursprüngliche Gesetzesentwurf der Fraktionen SPD und BÜNDNIS 90/DIE GRÜNEN vom 2.12.2002[41] vor, die Körperschaftsteuerminderung von 1/6 auf 1/7 der Gewinnausschüttungen zu reduzieren und die Verrechnung auf 50 % der festgesetzten Körperschaftsteuer zu begrenzen. Damit wäre im Verlustfall eine Mobilisierung der Guthaben ausgeschlossen gewesen, und auch für Holding-Gesellschaften hätte sich die Neuregelung nachteilig ausgewirkt.[42]

Entsprechend der Beschlussempfehlung des Finanzausschusses enthielt der Gesetzesbeschluss des Bundestages vom 21.2.2003 nur noch die zwangsweise

---

37 *Schulze zur Wiesche*, Wpg 2003, 586 (591).

38 Zum Folgenden *Köster/Schiffers*, GmbHR 2002, 1218 (1225); vgl. dazu auch *Schiffers*, GmbHR 2003, 673 (677).

39 *Brodersen/Littan*, GmbHR 2003, 678 (679); siehe auch die ausführliche Darstellung der Auswirkungen des Übergangregimes auf die Ausschüttungspolitik bei *Hey*, in: H/H/R, Steuerref., vor § 36 KStG Rn. 41 ff.

40 Vgl. BT-Drucks. 15/119 (44); *Lornsen-Veit/Möbus*, BB 2003, 1154; *Brodersen/Littan*, GmbHR 2003, 678 (679).

41 BT-Drucks. 15/119, S. 11.

42 Vgl. *Lornsen-Veit/Möbus*, BB 2003, 1154; vgl. auch *Köster/Schiffers*, GmbHR 2002, 1218 (1224).

Streckung der Anrechnungsmöglichkeit.[43] Danach sollte die Körperschaftsteuer sich wie bisher um 1/6 der Gewinnausschüttung vermindern; allerdings war beabsichtigt, die Minderung jährlich auf 1/14 des am 31.12.2002 verbleibenden Guthabens zu begrenzen.

Inhalt des Steuervergünstigungsabbaugesetzes[44] wurde schließlich ein im Vermittlungsverfahren erarbeiteter Kompromiss, der am 11.4.2003 vom Bundestag und Bundesrat beschlossen wurde: Nach § 37 Abs. 2 KStG mindert sich das Körperschaftsteuerguthaben nach wie vor um jeweils 1/6 der jährlichen ordentlichen Gewinnausschüttung. Zu beachten sind jedoch die Einschränkungen durch § 37 Abs. 2a KStG. Gem. § 37 Abs. 2a Nr. 1 KStG ist bei Gewinnausschüttungen, die nach dem 11.4.2003 und vor dem 1.1.2006 erfolgen, die Körperschaftsteuerminderung nach § 37 Abs. 2 KStG n.F. auf jeweils 0 Euro begrenzt, so dass für diesen Zeitraum eine Anrechnung bzw. Erstattung des Körperschaftsteuerguthabens ausgeschlossen ist. Die Guthaben werden damit für eine Dauer von drei Jahren eingefroren.[45]

Nach Beendigung des Moratoriums wird die Nutzung des Körperschaftsteuerguthabens dadurch eingeschränkt, dass gem. § 37 Abs. 2a Nr. 2 KStG nur der Bruchteil des Gesamtguthabens ausgezahlt werden kann, der sich bei einer fiktiven, gleichmäßigen Verteilung des auf den Schluss des vorangegangenen Wirtschaftsjahres festgestellten Körperschaftsteuerguthabens auf die einschließlich des Wirtschaftsjahres der Gewinnausschüttung verbleibenden Wirtschaftsjahre bis zum Ende des Übergangszeitraumes anteilig ergibt. Im Jahr 2006 kann somit maximal 1/14 des Körperschaftsteuerguthabens, im Jahr 2007 maximal 1/13 etc. und im letzten Jahr 2019 1/1, also das gesamte verbliebene Körperschaftsteuerguthaben realisiert werden, sofern die Gewinnsituation entsprechende Ausschüttungen zulässt.[46] Auf diese Weise wird die Körperschaftsteuerminderung für den jeweiligen Veranlagungszeitraum der Höhe nach begrenzt.

Können gleichmäßige Ausschüttungen ab 2006 nicht gewährleistet werden, erhöht sich der Ausschüttungsdruck für die Kapitalgesellschaft.[47] Ein handelsrechtlich zu geringes Ausschüttungsvolumen im letzten Wirtschaftsjahr des Übergangszeitraumes (beispielsweise aufgrund von Verlusten) führt dazu, dass

---

43 BT-Drucks. 15/480, 15/481.

44 StVergAbG vom 16.5.2003, BGBl. I, 660 ff.

45 Vgl. dazu u.a. *Wiese/Klass*, GmbHR 2003, 557 (558 f.).

46 *Djanani/Brähler/Wesel*, StB 2003, 284 (286); *Rödder/Schumacher*, DStR 2003, 805 (812) mit Beispiel.

47 *Förster*, DB 2003, 899 (901, 903).

das noch bestehende Körperschaftsteuerguthaben endgültig verfällt.[48] Für die Kapitalgesellschaften entsteht dann eine definitive Steuerbelastung in Höhe von 40 %.

II. Sachlicher und zeitlicher Anwendungsbereich von § 37 Abs. 2 und Abs. 2a KStG n.F.

1. Sachlicher Anwendungsbereich

Nach § 37 Abs. 2 KStG erfolgt bei den bisherigen Teilnehmern des Anrechnungsverfahrens[49] eine Minderung des Körperschaftsteuerguthabens bei Vornahme einer Gewinnausschüttung, die auf einem den gesellschaftsrechtlichen Vorschriften entsprechenden Gewinnverteilungsbeschluss beruht. Da zu den Voraussetzungen nicht gehört, dass die Gewinnausschüttung für ein abgelaufenes Wirtschaftsjahr vorgenommen wird, führen auch Vorabausschüttungen, die auf einem ordnungsgemäßen Gewinnverteilungsbeschluss beruhen, zur Realisierung des Körperschaftsteuerguthabens.[50]

Andere Ausschüttungen und Auskehrungen können dagegen nicht zur Minderung des Körperschaftsteuerguthabens herangezogen werden. Dies gilt insbesondere für verdeckte Gewinnausschüttungen, Auskehrungen auf beteiligungsähnliche Genussrechte, „verunglückte" offene Gewinnausschüttungen, d.h. Gewinnausschüttungen, bei denen der Gewinnausschüttungsbeschluss an einem wesentlichen Fehler leidet,[51] sowie organschaftliche Ausgleichszahlungen und Kapitalherabsetzungen. Auch bei der Abführung vororganschaftlicher Rücklagen durch die Organgesellschaft an den Organträger, die wie Ausschüttungen behandelt werden, liegt keine auf einem ordentlichen Gewinnverteilungsbeschluss beruhende Ausschüttung vor, so dass auch hier eine Körperschaftsteuerminderung insoweit nicht in Betracht kommt.[52]

---

48 Siehe *Brodersen/Littan*, GmbHR 2003, 678 (680); *Förster*, DB 2003, 899 (903); vgl. auch *Lornsen-Veit/Möbus*, BB 2003, 1154 (1155); *Djanani/Brähler/Wesel*, StB 2003, 284 (287).

49 Hierbei handelt es sich im wesentlichen um die unbeschränkt steuerpflichtigen Kapitalgesellschaften i.S.v. § 1 Abs. 1 Nr. 1 KStG. Ausführlich zum persönlichen Anwendungsbereich *Lornsen-Veit/Odenbach*, in: Erle/Sauter, § 37 KStG Rn. 3 ff.

50 *Frotscher*, in: Frotscher/Maas, § 37 KStG Rn. 11 m.w.N.; *Thurmayr*, in: H/H/R, Steuerref., § 37 KStG Rn. 17.

51 *Frotscher*, BB 2000, 2280 (2290).

52 *Frotscher*, in: Frotscher/Maas, § 37 KStG Rn. 11; *Dötsch*, in: Dötsch/Eversberg/Jost/Witt, § 37 KStG n.F. Rn. 28.

2. Zeitlicher Anwendungsbereich

Nach § 34 Abs. 13b KStG n.F.[53] gilt § 37 Abs. 2a KStG n.F. nicht für Gewinnausschüttungen, die vor dem 21.11.2002 beschlossen worden sind und die nach dem 11.4.2003 und vor dem 1.1.2006 erfolgen. Für diese Gewinnausschüttungen gilt § 37 Abs. 2 KStG in der Fassung vom 15.10.2002[54]. Gleichermaßen ist bei Gewinnausschüttungen, die zwar erst nach dem 20.11.2002 beschlossen wurden, aber vor dem 12.4.2003 bereits erfolgt waren, auf die ursprüngliche Regelung zur Realisierung des Körperschaftsteuerguthabens in § 37 KStG a.F. zurückzugreifen. In diesen Fällen bleibt aufgrund der Vertrauensschutzregelung eine Körperschaftsteuerminderung in Höhe von 1/6 des jeweiligen Ausschüttungsvolumens weiterhin möglich.[55]

Für die zeitliche Abgrenzung ist entscheidend, wann die Gewinnausschüttung als vorgenommen anzusehen ist. Nach gefestigter Rechtsprechung des BFH,[56] der sich die Finanzverwaltung angeschlossen hat,[57] ist eine Gewinnausschüttung verwirklicht, wenn bei der Kapitalgesellschaft der Vermögensminderung entsprechende Mittel abgeflossen sind, oder eine Vermögensmehrung verhindert worden ist.[58] Dabei ist zur Feststellung des Mittelabflusses auf die Steuerbilanz der Kapitalgesellschaft abzustellen.[59]

Die in § 37 Abs. 2 KStG vorgesehene Minderung des Körperschaftsteuerguthabens, die nach dem Moratorium wieder möglich ist, kann letztmalig in dem Veranlagungszeitraum in Anspruch genommen werden, in dem das 18. Wirtschaftsjahr endet, das auf das Wirtschaftsjahr folgt, auf dessen Schluss nach § 37 Abs. 1 KStG das Körperschaftsteuerguthaben ermittelt wird.[60] Der Übergangszeitraum verlängert sich damit um 3 Jahre bis zum Ende des Veranlagungszeitraumes 2019, bei einem abweichenden Wirtschaftsjahr bis zum Ende des Wirtschaftsjahrs 2019/2020.[61]

---

53 § 34 Abs. 13a KStG i.d.F. des StVergAbG vom 16.5.2003 (BGBl. I 2003, 660) wurde § 34 Abs. 13b KStG i.d.F. des Zweiten Gesetzes zur Änderung steuerlicher Vorschriften (Steueränderungsgesetz 2003 – StÄndG) vom 15.12.2003 (BGBl. I 2003, S. 2645 (2654)).

54 KStG, BGBl. I 2002, 4144.

55 Vgl. dazu *Brodersen/Littan*, GmbHR 2003, 678 (680); *Förster*, DB 2003, 899 (902).

56 BFH, BStBl. II 1987, 75 (76); BStBl. II, 1988, 460; BStBl. II 1989, 631 (633); BStBl. II 1993, 801.

57 Vgl. Abschn. 77 Abs. 6 S. 1 KStR; BMF-Schreiben vom 6.11.2003, BStBl. I 2003, 575 ff., Rn. 7 und 30.

58 Vgl. *Schiffers*, GmbHR 2003, 673 (674); *Lornsen-Veit/Möbus*, BB 2003, 1154 (1155); *Dötsch*, in: Dötsch/Eversberg/Jost/Witt, § 37 KStG n.F. Rn. 36.

59 BFH, BStBl. II 1991, 255.

60 Vgl. *Korn/Strahl*, KÖSDI 2003, 13714 (13722).

61 Siehe *Lornsen-Veit/Möbus*, BB 2003, 1154 (1155); vgl. auch *Frotscher*, in: Frotscher/Maas, § 37 KStG Rn. 18 k; *Schiffers*, GmbHR 2003. 673 (675).

III. Weitere Änderungen hinsichtlich der Realisierung des Körperschaftsteuerguthabens durch das StVergAbG

Entsprechend der um das 3-jährige Moratorium verlängerten Übergangsphase hat der Gesetzgeber mit § 38 Abs. 2 S. 3 KStG n.F. auch die Laufzeit für die in § 38 KStG geregelten Körperschaftsteuererhöhungen angepasst. Da der Gesetzgeber mit dem Moratorium gerade die Verstetigung des Körperschaftsteueraufkommens erreichen wollte, ist ein Moratorium hinsichtlich der Körperschaftsteuererhöhungen nicht vorgesehen worden.[62]

Zudem wurde die Regelung zur Erhöhung der Körperschaftsteuer nach § 37 Abs. 3 KStG beibehalten. Inhaltlich bedeutet dies, dass sich im Zuge einer Ausschüttung bei einer Beteiligung einer unbeschränkt steuerpflichtigen Körperschaft an der ausschüttenden Kapitalgesellschaft das Körperschaftsteuerguthaben der ausschüttenden Gesellschaft zwar mindert, sich bei der empfangenden Gesellschaft jedoch gleichzeitig die Körperschaftsteuer wie auch das Körperschaftsteuerguthaben um den von der ausschüttenden Körperschaft geltend gemachten Betrag erhöhen. Körperschaftsteuerguthaben kann damit in einer Kapitalgesellschaftskette nicht geltend gemacht, sondern lediglich von der Tochter auf die Mutter-Gesellschaft verlagert werden.[63]

Im Hinblick auf die Realisierung von Körperschaftsteuerguthaben wirkt sich lediglich positiv aus, dass die Beschränkungen des § 37 Abs. 2a KStG für die Fälle der Liquidation nach § 40 Abs. 4 S. 7 KStG n.F. und bei Umwandlung einer Kapitalgesellschaft in eine Personengesellschaft (§ 10 S. 2 UmwStG n.F.) keine Geltung haben.[64] Auch in den Umwandlungsfällen nach § 40 Abs. 3 KStG n.F., bei denen das Vermögen einer unbeschränkt steuerpflichtigen Körperschaft durch Gesamtrechtsnachfolge auf eine unbeschränkt steuerpflichtige, von der Körperschaftsteuer befreite Körperschaft, Personenvereinigung oder Vermögensmasse oder auf eine juristische Person des öffentlichen Rechts übergeht, findet § 37 Abs. 2a KStG gem. § 40 Abs. 3 S. 2 KStG keine Anwendung. Durch diese Regelungen wird verhindert, dass die durch das Moratorium blockierten Körperschaftsteuerguthaben mit dem Untergang der Kapitalgesellschaft verloren

62 Dazu kritisch *Brodersen/Littan*, GmbHR 2003, 678 (680); *Frotscher*, in: Frotscher/Maas, § 38 KStG Rn. 36a; vgl. auch *Wiese/Klass*, GmbHR 2003, 557 (559).

63 *Schiffers*, GmbHR 2003, 673 (675); vgl. dazu auch *Lornsen-Veit/Möbus*, GmbHR 2003, 1154 (1155 f.); *Brodersen/Littan*, GmbHR 2003, 678 (679); *Frotscher*, in: Frotscher/Maas, § 37 KStG Rn. 28 ff.

64 Ausführlich zur Umwandlung in eine Personengesellschaft *Krüger*, DB 2003, 2249 ff.

gehen.[65] Da bei einer Umwandlung oder Liquidation einer Körperschaft eine Vollausschüttung aller Rücklagen fingiert wird, erfolgt letztlich allerdings auch in diesen Fällen eine Minderung oder Erhöhung der Körperschaftsteuer.[66] Ein Verfall von Körperschaftsteuerguthaben ist daher trotz der Nichtanwendung von § 37 Abs. 2a KStG möglich, wenn die vorhandenen Rücklagen das Sechsfache des Körperschaftsteuerguthabens unterschreiten und aus diesem Grunde kein ausreichendes Minderungspotential vorhanden ist, um das Guthaben zu mobilisieren.[67]

65 *Förster*, DB 2003, 899 (902); *Schiffers*, GmbHR 2003, 673 (675) *Schulze zur Wiesche*, Wpg 2003, 586 (590 f.).

66 Vgl. § 40 Abs. 4 S. 1 KStG zur Liquidation, § 10 S. 1 UmwStG zur Umwandlung und § 40 Abs. 3 S. 1 KStG zum Übergang durch Gesamtrechtsnachfolge. Vgl. *Förster*, DB 2003, 899 (902). Ausführlich zur Umwandlung als Ausweg aus dem Körperschaftsteuer-Moratorium *Krüger*, DB 223, 2249 ff.

67 *Förster*, DB 2003, 899 (902); *Schiffers*, GmbHR 2003, 673 (675); zu den Gestaltungsmöglichkeiten zur Vermeidung von Körperschaftsteuer-Guthabenüberhängen vgl. *Ott*, INF 2002, 107 (111 f.).

D. Wirtschaftliche Auswirkungen der veränderten Nutzungsmöglichkeit von bestehendem Körperschaftsteuerguthaben

Die den Körperschaften eingeräumten Möglichkeiten zur Realisierung des Körperschaftsteuerguthabens wirken sich auf die jeweilige Liquiditätslage der Unternehmen aus. Liquidität als Voraussetzung für das Rentabilitätsstreben einer Unternehmung[68] meint dabei die Fähigkeit eines Betriebes, seine fälligen Verbindlichkeiten unter der Voraussetzung des reibungslosen Ablaufes des Betriebsprozesses termingerecht nachkommen zu können.[69] Reicht die Zahlungskraft eines Unternehmens nicht aus, um die auftretenden Zahlungsanforderungen zu erfüllen, liegt Illiquidität vor.[70] Unterschieden wird in diesem Zusammenhang, ob es sich lediglich um einen vorübergehenden Liquiditätsengpass handelt, oder ob das Unternehmen seine Zahlungen dauerhaft einstellt[71] und damit aus dem volkswirtschaftlichen Produktions- und Konsumprozess ausscheidet.[72]

Infolge der Realisierung des Körperschaftsteuerguthabens bei Vornahme einer Ausschüttung durch eine Kapitalgesellschaft wird die Liquiditätsbelastung minimiert. So mussten Körperschaften bei einer Ausschüttung von 100 vor dem Inkrafttreten des StVergAbG lediglich eine Liquiditätsbelastung in Höhe von 82,416 Punkten in Kauf nehmen.[73] Soll der Liquiditätszufluss auf der Gesellschafterebene konstant bleiben, ergibt sich für die Dauer des Moratoriums eine um 17,584 Punkte höhere Liquiditätsbelastung, nämlich 100 Punkte. Mit dem Entzug liquider Mittel, der auch durch eine Ausschüttung begründet sein kann, wird allerdings die Wirtschaftskraft der Unternehmen geschwächt. Die verschlechterte Liquiditätslage wirkt sich auf die Kapitalbasis der Unternehmen negativ aus. Die Möglichkeit der Unternehmen, durch Gewinnthesaurierung Eigenkapital zu bilden, um damit die Grundvoraussetzungen für den Erhalt der Wettbewerbsfähigkeit und für die Tätigung von Investitionen zu schaffen, wird

---

68 Vgl. *Perridon/Steiner*, Finanzwirtschaft der Unternehmung, S. 12.

69 *Perridon/Steiner*, Finanzwirtschaft der Unternehmung, S. 10 f., 12; *Wöhe/Bilstein*, Unternehmensfinanzierung, S. 20 f.

70 *Perridon/Steiner*, Finanzwirtschaft der Unternehmung, S. 12.

71 Vgl. *Wöhe/Bilstein*, Grundzüge der Unternehmensfinanzierung, S. 23.

72 *Perridon/Steiner*, Finanzwirtschaft der Unternehmung, S. 6. Mangelnde Liquidität gilt in Deutschland traditionell als häufigste Ursache für das Scheitern junger Unternehmen, vgl. *Elicker*, StuW 2002, 217 (218).

73 Siehe die Vergleichsrechnung bei *Schiffers*, GmbHR 2003, 673 (676).

beeinträchtigt,[74] da die vorhandenen liquiden Mittel als unabdingbare Funktionsvoraussetzung für ein Unternehmen[75] zunächst eingesetzt werden, um auftretende Zahlungsanforderungen zu erfüllen.[76] Sofern eine Ausschüttung von 100 Punkten erfolgen soll, ausreichende Liquidität aber nicht vorhanden ist, wirkt sich die mit der infolgedessen erforderlichen Finanzierung verbundene Zinsbelastung für die Kapitalgesellschaften nachteilig aus.

Negative Auswirkungen der Neuregelung sind auch insbesondere dadurch bedingt, dass das Körperschaftsteuerguthaben, das eine Forderung gegen den Fiskus darstellt, aufgrund der im Steuervergünstigungsabbaugesetz vorgesehenen Beschränkungen zunächst nicht liquidierbar ist. Berücksichtigt man in diesem Zusammenhang, dass Gütern, die bereits in der Gegenwart zur Verfügung stehen, ein höherer Wert beizumessen ist, als Gütern, über die erst in der Zukunft verfügt werden kann,[77] ergibt sich bei der Bestimmung des heutigen Wertes des Körperschaftsteuerguthabens unter Heranziehung des Fälligkeitszeitpunktes, der Höhe der Zahlung und des zugrunde gelegten Zinssatzes[78] ein Barwertverlust für die Kapitalgesellschaften.[79]

Um das noch vorhandene Körperschaftsteuerguthaben nach Ablauf des Moratoriums optimal zu nutzen und die mit einer Ausschüttung verbundene Liquiditätsbelastung für die Unternehmen möglichst gering zu halten, macht die Neuregelung in § 37 Abs. 2 und 2a KStG eine Anpassung der Ausschüttungspolitik der Unternehmen erforderlich.[80] Dabei ist unter anderem zu beachten, dass bei Ausschüttungen, bei denen das Minderungspotential den nach § 37 Abs. 2a Nr. 2 KStG n.F. linear verteilten Betrag des noch vorhandenen Körperschaftsteuerguthabens übersteigt (sog. Überausschüttungen), das aufgrund der betragsmäßigen Begrenzung nicht realisierte Körperschaftsteuerguthaben nicht endgültig verloren geht. Allerdings wird durch solche Ausschüttungen potentielles Minderungsvolumen verbraucht, ohne dass eine Körperschaftsteuerminde-

74 Vgl. Stellungnahme des *Zentralen Kreditausschusses*, Protokoll Nr. 7 des Finanzausschusses des Deutschen Bundestages zur öffentlichen Anhörung zum Entwurf des StVergAbG vom 15.1.2003, S. 870 (892).

75 Vgl. *Elicker*, StuW 2002, 217 (218).

76 Vgl. *Perridon/Steiner*, Finanzwirtschaft der Unternehmung, S. 6, 12.

77 Die sog. Agiotheorie zur Erklärung des Zinsphänomens zieht *Weber-Grellet*, FS für Schmidt, S. 161 (162) heran. Siehe auch *Wassermann*, BB 1979, 1598.

78 Vgl. insbesondere zur Bedeutung der Höhe des gewählten Zinssatzes *Rose*, StbJb 1973/74, S. 301 (310).

79 Vgl. auch *Birk/Desens*, StuW 2004, 97.

80 Zu den Folgen des Moratoriums für die Ausschüttungspolitik vgl. u.a. *Förster*, DB 2003, 899 (901); zu den Anforderungen an die Steuerplanung für Kapitalgesellschaften siehe auch *Djanani/Brähler/Wesel*, StB 2003, 284 (287).

rung erreicht wird.[81] Das nicht genutzte Minderungspotential verfällt.[82] Es ist insoweit auch keine Verrechnung mit späteren Ausschüttungen, die nicht zur maximal möglichen Realisierung von Körperschaftsteuerguthaben führen (sog. Unterausschüttungen), möglich.[83] Negative Folge einer Überausschüttung kann sein, dass im restlichen Übergangszeitraum nicht mehr in einem ausreichenden Maße handelsrechtliches Ausschüttungsvolumen vorhanden ist, um das verbleibende Körperschaftsteuerguthaben geltend zu machen. Einem endgültigen Verlust des Guthabens kann dann jedoch noch durch das Leg-ein-hol-zurück-Verfahren entgegengewirkt werden.[84]

Da die Unternehmen grundsätzlich bestrebt sind, einen maximalen wirtschaftlichen Nutzen zu erzielen, wird von Ausschüttungen, die über das maximale Minderungsvolumen hinausgehen, abzusehen sein. Das Körperschaftsteuerguthaben ist damit in den Kapitalgesellschaften gebunden. Im Sinne einer optimalen Ausschüttungspolitik sind Ausschüttungen, soweit dies möglich ist, an den Regelungen zur Realisierung des Körperschaftsteuerguthabens auszurichten.

Im Ergebnis ist die Einschränkung bei der Nutzung des Körperschaftsteuerminderungspotentials für inländische Körperschaften mit erheblichen Zins- und Liquiditätsnachteilen verbunden.[85] Aufgrund dieser weitgehenden wirtschaftlichen Auswirkungen besteht ein besonderes Interesse daran, die Neuregelung auf ihre Verfassungsmäßigkeit zu untersuchen.

---

81 Dazu ausführlich *Schiffers*, GmbHR 2003, 673 (677).

82 *Förster*, DB 2003, 899 (903).

83 Zum Begriff der Über- bzw. Unterausschüttung vgl. *Förster*, DB 2003, 899 (902 f.); *Schiffers*, GmbHR 2003, 673 (677).

84 *Förster*, DB 2003, 899 (902); *Schiffers*, GmbH-StB 2003, 134 (136); *ders.*, GmbHR 2003, 673 (677); *Schulze zur Wiesche*, Wpg 2003, 586 (590 f.).

85 Vgl. *Lornsen-Veit/Möbus*, BB 2003, 1154 (1159).

E. Formelle Verfassungsmäßigkeit von § 37 Abs. 2a KStG i.d.F. des StVergAbG

Die formelle Verfassungsmäßigkeit von § 37 Abs. 2a KStG setzt voraus, dass die Gesetzgebungskompetenz für die getroffenen Regelungen beim Bund lag, das Gesetzgebungsverfahren ordnungsgemäß durchgeführt wurde und das Gesetz unter Wahrung der Formvorschriften zustande gekommen ist.

I. Gesetzgebungskompetenz des Bundes

1. Art. 105 Abs. 2 GG

Die Gesetzgebungskompetenz des Bundes kann lediglich dann auf Art. 105 Abs. 2 GG gestützt werden, wenn es sich bei der in § 37 Abs. 2a KStG normierten Vorschrift um eine steuergesetzliche Regelung des materiellen Steuerrechts handelt.[86] Problematisch erscheint dies im Hinblick auf das mit dem StVergAbG in § 37 Abs. 2a Nr. 1 KStG eingeführte Moratorium.

a) Steuerbegriff

Der in den Art. 105 ff. GG zugrunde gelegte Steuerbegriff ist im Grundgesetz selbst nicht definiert, sondern wird vorausgesetzt.[87] Angeknüpft wird an den auch in § 3 Abs. 1 AO verwendeten traditionellen Steuerbegriff, der dem schon frühzeitig von der Finanzwissenschaft erarbeiteten Begriff entspricht und zunächst in der Begriffsbestimmung in § 1 Reichsabgabenordnung (RAO) in die Steuergesetzgebung einging.[88] Danach sind Steuern Geldleistungen, die nicht eine Gegenleistung für eine besondere Leistung darstellen und von einem öffentlich-rechtlichen Gemeinwesen zur Erzielung von Einkünften allen auferlegt werden, bei denen der Tatbestand zutrifft, an den das Gesetz die Leistungspflicht knüpft.[89] Als Steuer ist eine Geldleistungspflicht zur allgemeinen

---

[86] *Jachmann*, in: v. M/K/S, Art. 105 GG Rn. 20.

[87] *Jachmann*, in: v. M/K/S, Art. 105 GG Rn. 3; *Pieroth*, in: Jarass/Pieroth, Art. 105 GG Rn. 3.

[88] Vgl. *Maunz*, in Maunz/Dürig, Art. 105 GG Rn. 2; *Birk*, Steuerrecht, Rn. 104; *Bestgen*, DÖV 1983, 280 (281); zum verfassungsrechtlichen Steuerbegriff siehe auch *Lang*, in: Tipke/Lang, Steuerrecht, § 3 Rn. 10 m.w.N.

[89] BVerfGE 49, 343 (353); 65, 325 (344); BFH, BStBl. II 1984, 454 (456); stellvertretend *Birk*, BB 1982, 2122 (2123); *Siekmann*, in: Sachs, vor Art. 104a GG Rn. 54 m.w.N.; *Heintzen*, in: v. Münch/Kunig, Art. 105 GG Rn. 12.

Deckung des Finanzbedarfs demnach zu qualifizieren, wenn sie dazu bestimmt ist, die Einnahmen zu vermehren.[90]

b) Einordnung von § 37 Abs. 2a KStG

aa) Beschränkung der Körperschaftsteuerminderung durch § 37 Abs. 2a Nr. 1 KStG als Zwangskredit

Das in § 37 Abs. 2a Nr. 1 KStG n.F. geregelte Moratorium führt dazu, dass bis zum 31.12.2005 keine Minderung von Körperschaftsteuerguthaben erfolgt, unabhängig davon, ob die Kapitalgesellschaft Ausschüttungen vornimmt oder nicht.[91] Auf diese Weise reduzieren sich die Ausgaben des Staates bis zum Jahresende 2005, so dass sich wirtschaftlich betrachtet der Überschuss der Einnahmen über die Ausgaben erhöht.[92] Für die Unternehmen bedeutet dies, dass ihr Anspruch auf Auszahlung des Körperschaftsteuerguthabens für die Dauer des Moratorium gestundet wird. Erst Ausschüttungen im Zeitraum von 2006 bis 2019 bewirken eine Minderung des Körperschaftsteuerguthabens. Nach Ablauf des Moratoriums werden sich folglich die Ausgaben des Staates durch die geltend gemachten Minderungen oder auszuzahlenden Erstattungen erhöhen, so dass der Überschuss wieder geringer ausfallen wird.[93] Die zunächst verbuchten Mehreinnahmen stehen dem Staat also nicht endgültig zur Verfügung.[94] Da die Kapitalgesellschaften ihren Anspruch auf Erstattung des Körperschaftsteuerguthabens grundsätzlich nicht verlieren sollen, wirkt sich die Einführung des Moratoriums wirtschaftlich wie ein zinsloser Zwangskredit aus, den sich der Staat von den als Kapitalgesellschaften geführten Unternehmen verschafft hat.[95]

bb) Abgrenzung von Zwangskredit und Steueränderung

Um die Gesetzgebungskompetenz aus Art. 105 Abs. 2 GG herleiten zu können, ist entscheidend, ob das als Zwangskredit einzustufende Moratorium zugleich

---

90 *Horlemann*, BB 1983, 2254 (2255).

91 Vgl. *Schnitger*, DStR 2003, 768 (770); *Förster*, DB 2003, 899 (901); *Korn/Strahl*, KÖSDI 2003, 13174 (13722).

92 Vgl. auch *Birk/Desens*, DB 2003, 1644. Die Neuregelung soll in 2003 zu Mehreinnahmen in Höhe von etwa einer Mrd. Euro führen, für 2004 und 2005 werden Mehreinnahmen in Höhe von jeweils zwei Mrd. Euro erwartet. Siehe Börsen-Zeitung vom 18.4.2003, S. 7.

93 Dazu *Birk/Desens*, DB 2003, 1644 f.

94 *Birk/Desens*, DB 2003, 1644; *Ott*, INF 2003, 376 (381).

95 *Birk/Desens*, DB 2003, 1644 (1645); *Djanani/Brähler/Wesel*, StB 2003, 284 (285); siehe auch *Wiese/Klass*, GmbHR 2003, 557 (559); *Haarmann*, F.A.Z. vom 9.4.2003, S. 14; *Schäfers*, F.A.Z. vom 12.4.2003.

als steuergesetzliche Regelung qualifiziert werden kann. Dabei ist für die verfassungsrechtliche Einordnung der öffentlichen Last nicht die Bezeichnung durch den Gesetzgeber maßgeblich, sondern der materielle Gehalt, den sie aufgrund der gesetzlichen Ausgestaltung erhalten hat.[96]

Wie bereits festgestellt,[97] hat der Gesetzgeber das Moratorium eingeführt, um einen Beitrag zur Mehrung der Einnahmen zu leisten. So sollen unter anderem mit Hilfe dieser Regelung die Körperschaftsteuereinnahmen erhöht und eine Verstetigung des Körperschaftsteueraufkommens erreicht werden. Die wirtschaftliche Mehrbelastung der Unternehmen, die sich infolge des Moratoriums ergibt, entspricht ihrer Wirkung nach einer ausdrücklich vorgenommen Steuererhöhung. Insoweit wird § 37 Abs. 2a Nr. 1 KStG den Anforderungen des Steuerbegriffs gerecht.

(1) Das Moratorium als Maßnahme zur vorübergehenden Einnahmeerzielung

Die infolge des Moratoriums erzielten Einnahmen fließen dem Staat allerdings nicht endgültig zu. Es ist daher zu berücksichtigen, dass es sich – wie das Bundesverfassungsgericht bereits in seinem Urteil vom 6. November 1984[98] zum Investitionshilfegesetz[99] entschieden hat – bei einer Abgabe, die zwar der Erzielung von (vorübergehenden) Einnahmen diene, aber keine (endgültigen) Einkünfte bewirke, nicht um eine Steuer, sondern um eine Zwangsanleihe handle.[100] Auf dieser Grundlage wäre der Rückschluss möglich, dass § 37 Abs. 2a Nr. 1 KStG nicht als steuergesetzliche Regelung zu qualifizieren ist. Zu fragen ist daher, ob diese für das InvHG geltende Aussage auf das Moratorium übertragen werden kann. Dazu müssten das Moratorium und das InvHG in vergleichbarer Weise ausgestaltet sein. Das Bundesverfassungsgericht, das auf die Einheit zwischen Geldleistung und Rückgewährsanspruch bereits bei der gesetzgeberischen Intention abstellt,[101] hat die Einordnung des InvHG als Zwangsanleihe davon

---

96 *Trzaskalik*, DB 1984, 421; vgl. auch *Arndt*, S. 55; BVerfGE 49, 343 (353) zum Kommunalabgabengesetz in Schleswig-Holstein; BVerfGE 55, 274 (304 f.) zum Berufsausbildungsplatzförderungsgesetz; BVerfGE 67, 256 (276) zum Investitionshilfegesetz 1982; BVerfGE 92, 91 (114) zur Feuerwehrabgabe; *Vogel/Waldhoff*, in: BK-GG, Vor Art. 104a bis 115 Rn. 343.

97 Vgl. A. und E. I. 1. b) aa).

98 BVerfGE 67, 256 ff.

99 Investitionshilfegesetz (InvHG), Art. 10 des Gesetzes zur Wiederbelebung der Wirtschaft und Beschäftigung und zur Entlastung des Bundeshaushalts (Haushaltsbegleitgesetz 1983) vom 20.12.1982, BGBl. I 1982, 1857 (1867).

100 BVerfGE 67, 256 (283); *Heun*, in: Dreier, Art. 105 GG Rn. 13; *Siekmann*, in: Sachs, vor Art. 104a GG Rn. 53; vgl. *Birk/Desens*, DB 2003, 1644 (1645); kritisch *Henseler*, NVwZ 1985, 398 (399).

101 BVerfGE 67, 256 (283).

abhängig gemacht, dass die Rückzahlung der Abgabe von vornherein vorgesehen ist.[102] Insoweit könnte sich ein Unterschied zum Moratorium ergeben, das lediglich bestimmt, dass das Körperschaftsteuerguthaben innerhalb eines bestimmten Zeitraumes nicht realisiert werden kann. Unberücksichtigt bliebe bei einer solchen isolierten Betrachtung allerdings, dass der Gesetzgeber in § 37 Abs. 2a KStG, in dem das Moratorium normiert ist, zugleich eine Regelung getroffen hat, die die Rückzahlung in Form von Erstattungen und Minderungen zeitlich verzögert, ab 2006 gewährt. Auch für die Regelung des Moratoriums in § 37 Abs. 2a Nr. 1 KStG gilt daher, dass von vornherein ersichtlich war, dass eine Rückzahlung zu erfolgen hat.[103] In dieser Hinsicht besteht kein Unterschied zur Zwangsanleihe. Zusätzlich ist aber zu berücksichtigen, dass nach dem InvHG die Geldleistung vom Staat zunächst gefordert und dann zurückgezahlt wird; im Hinblick auf den materiellen Gehalt entspricht dies jedoch einer Situation, in der der Staat die Geltendmachung der gegen ihn gestellten Minderungs- oder Erstattungsansprüche herauszögert, obwohl deren Existenz anerkannt wird.[104] Das InvHG und das Moratorium sind demnach in vergleichbarer Weise ausgestaltet, so dass insoweit die Aussage des Bundesverfassungsgerichts auf das Moratorium übertragbar ist. § 37 Abs. 2a Nr. 1 KStG ist vor diesem Hintergrund nicht als steuergesetzliche Regelung zu qualifizieren.

Wird die Einordnung des Moratoriums als steuergesetzliche Regelung allein mit der Begründung ausgeschlossen, dass diese Maßnahme lediglich zur Erzielung vorübergehender Einnahmen beitrüge, bliebe unberücksichtigt, dass auch – aufgrund unstreitig steuerlicher Vorschriften – bei der Ermittlung der für einen Veranlagungszeitraum geschuldeten Körperschaftsteuer nur vorübergehende Einnahmen des Staates entstehen können, sofern zugleich Minderungstatbestände erfüllt sind.[105] Können Verluste oder Wertminderungen aufgrund gesetzlicher Regelungen, wie beispielsweise bei Vorgaben für die Abschreibung von Wirtschaftsgütern gem. § 7 EStG i.V.m. § 8 Abs. 1 KStG, erst zu einem späteren Zeitpunkt geltend gemacht werden, führt dies zunächst zu höheren Einnahmen des Staates, die bei vollständiger Geltendmachung dann wieder entsprechend gemindert werden. Danach kommt auch diesen Vorschriften eine kreditähnliche Wirkung zu. Grundlegend unterscheiden sich diese Regelungen von dem Moratorium jedoch dadurch, dass sie die Ermittlung der steuerlichen Bemessungsgrundlage betreffen.[106] Das Moratorium beschränkt hingegen die Möglichkeit der Körperschaften, einen eigenständigen Anspruch auf Minderung von Körper-

102 BVerfGE 67, 256 (257); vgl. dazu *Birk/Desens*, DB 2003, 1644 (1647).
103 *Birk/Desens*, DB 2003, 1644 (1647); vgl. auch *Djanani/Brähler/Wesel*, StB 2003, 284 (286).
104 Siehe dazu *Birk/Desens*, DB 2003, 1644 (1647).
105 Zum Folgenden *Birk/Desens*, DB 2003, 1644 (1645).
106 Vgl. *Birk/Desens*, DB 2003 1644 (1645 f.).

schaftsteuerguthaben geltend zu machen, der unabhängig von dem staatlichen Körperschaftsteueranspruch ist und diesem entgegengehalten werden kann. Damit wirken sich die durch das Moratorium versagten Minderungs- oder Erstattungsansprüche[107] gerade nicht auf die Bemessungsgrundlage aus.[108] Die Beschränkung in § 37 Abs. 2a Nr. 1 KStG stellt somit materiell keine Regelung dar, die sich kraft Sachzusammenhangs als steuergesetzliche Regelung i.S.d. Art. 105 Abs. 2 GG qualifizieren ließe.[109]

Aus der Zinslosigkeit ist die für die Steuereigenschaft des Moratoriums erforderliche endgültige Erzielung von Einnahmen ebenfalls nicht abzuleiten. In dem Verzicht auf Zinsen kann zwar das Erbringen einer Geldleistung gesehen werden;[110] der Zinsverzicht führt aber dennoch im Ergebnis nicht zu Einnahmen. Abgesehen davon, dass der Verzicht auf den Zins gegenüber der darlehensartigen Überlassung der Geldbeträge schon der Höhe nach lediglich von untergeordneter Bedeutung ist,[111] sind die vom Staat ersparten Zinsaufwendungen nicht als Einkünfte zu werten, sondern stellen vielmehr nicht getätigte Ausgaben dar.[112]

(2) Das Moratorium im Vergleich mit einer anrechenbaren Quellensteuer

Zu erwägen ist jedoch, ob das Moratorium gem. § 37 Abs. 2a Nr. 1 KStG mit der Wirkung einer anrechenbaren und gegebenenfalls zu erstattenden Quellensteuer verglichen werden kann und infolgedessen als steuergesetzliche Vorschrift einzuordnen ist. Bei der Quellensteuer handelt es sich um eine besondere Form der Steuererhebung,[113] die als verfahrensrechtliche Regelung von der Gesetzgebungskompetenz zur Erhebung der Einkommen- und Körperschaftsteuer erfasst ist.[114] Wird die Quellensteuer auf die Einkommensteuer oder Körperschaftsteuer bei der Veranlagung angerechnet (§ 36 Abs. 2 Nr. 2 EStG i.V.m. § 31 Abs. 1 KStG), führt die Quellenbesteuerung weder zu einer endgültigen

107 *Günkel/Fenzl/Hagen*, DStR 2000, 445 (450); *Semmler*, DStR 2001, 1337; *Frotscher*, in: Frotscher/Maas, § 37 KStG Rn. 19.

108 Zum Vergleich der Wirkung von steuerlichen Abschreibungsregelungen mit dem Moratorium gem. § 37 Abs. 2a Nr. 1 KStG siehe *Birk/Desens*, DB 2003, 1644 (1645 f.).

109 *Birk/Desens*, DB 2003, 1644 (1646).

110 Vgl. *Bühler*, Allgemeines Steuerrecht, S. 5 f. zur Zwangsanleihe nach dem Gesetz vom 8. April 1922 /20; *Bestgen*, DÖV 1983, 280 (282 f.) zur Investitionshilfeabgabe 1982.

111 *Bestgen*, DÖV 283, 280 (283).

112 BVerfGE 67, 256 (283); vgl. *Bestgen*, BB 1983, 1662 (1663); *Birk/Desens*, DB 2003, 1644 (1645); a.A. noch zum InvHG *Birk*, BB 1982, 2121 (2123 f.); *Birk*, in: H/H/R, InvHG, Anm. 3.

113 *Birk*, Steuerrecht, Rn. 575; *Lang*, in: Tipke/Lang, Steuerrecht, § 8 Rn. 27; *Crezelius*, Steuerrecht II, § 4 Rn. 28.

114 Vgl. *Kruse*, Steuerrecht I, § 3 II d) (S. 74), § 3 III (S. 81).

Belastung des Steuerpflichtigen noch zu endgültigen Einkünften des Staates.[115] Sie hat vielmehr die Aufgabe, den Steueranspruch bereits an der Quelle zu sichern, um eine gleichmäßige Besteuerung zu gewährleisten.[116]

Hinsichtlich des Moratoriums ergibt sich ein Zusammenhang zwischen der Körperschaftsteuerminderung und der Besteuerung der Dividende nur bei Ausschüttungen an eine Körperschaft. Nach § 37 Abs. 3 KStG erhöht sich die Körperschaftsteuer und das Körperschaftsteuerguthaben bei der empfangenden Körperschaft um den Betrag, der bei der ausschüttenden Körperschaft zur Minderung der Körperschaftsteuer und des Guthabens geführt hat.[117] Durch das Moratorium verändern sich die Rechtsfolgen von § 37 Abs. 3 KStG, der Steuerneutralität im Verhältnis zwischen der ausschüttenden und der die Ausschüttung empfangenden Körperschaft herstellt,[118] dergestalt, dass bei einer Ausschüttung an eine andere Körperschaft das Körperschaftsteuerguthaben und der Steueranspruch der ausschüttenden Gesellschaft nicht gemindert werden. Korrespondierend dazu tritt bei der empfangenden Körperschaft keine Erhöhung der Körperschaftsteuer und des Körperschaftsteuerguthabens ein. Bei der die Ausschüttung empfangenden Körperschaft wird damit eine Erhöhung des Ausschüttungspotentials möglich, ohne dass hiermit eine Erhöhung des noch zu realisierenden Körperschaftsteuerguthabens einher geht; eine Sicherung des Steueranspruches erfolgt durch das Moratorium jedoch nicht.[119] Mangels endgültiger Sicherung eines Steueranspruchs ist die Wirkung des Moratoriums nicht mit der einer Quellensteuer vergleichbar. Auch auf diesem Wege lässt sich § 37 Abs. 2a Nr. 1 KStG nicht als steuerliche Regelung qualifizieren.[120]

(3) Das Moratorium als steuergesetzliche Übergangsregelung

Zu fragen ist, ob das Moratorium gem. § 37 Abs. 2a Nr. 1 KStG eine steuerliche Übergangsregelung darstellt und aus diesem Grunde von der Gesetzgebungskompetenz des Art. 105 Abs. 2 GG erfasst wird. So kommt es bei der 40 %-Besteuerung von thesaurierten Gewinnen zu einer vorläufige Belastung, die auf den unter dem Anrechnungsverfahren geltenden gespaltenen Körperschaftsteuertarif zurückzuführen ist. Die vom Gesetzgeber nach dem Wechsel zum Halbeinkünfteverfahren in § 37 Abs. 2 KStG vorgesehene Regelung, die

---

115 *Birk/Desens*, DB 2003, 1644 (1646); vgl. auch *Crezelius*, Steuerrecht II, § 11 Rn. 14.
116 *Birk*, Steuerrecht, Rn. 575a; *Birk/Desens*, DB 2003, 1644 (1646).
117 Vgl. *Eisgruber*, DStR 2000, 1493 (1498); *Klapdor/Hild*, DStZ 2000, 737 (739); *Schiffers*, GmbHR 2003, 673 (675 f.); kritisch zu § 37 Abs. 3 KStG *Frotscher*, in: Frotscher/Maas, § 37 KStG Rn. 29.
118 *Frotscher*, in: Frotscher/Maas, § 37 KStG Rn. 28.
119 *Birk/Desens*, DB 2003, 1644 (1646).
120 Siehe dazu *Birk/Desens*, DB 2003, 1644 (1646).

eine Herabschleusung der vorläufigen Belastung von 40 % auf die 30 %-ige Ausschüttungsbelastung vorsieht, steht mit dem Systemwechsel bei der Körperschaftsteuer in einem unmittelbaren Zusammenhang. Es handelt sich hierbei um eine steuerliche Vorschrift i.S.d. Art. 105 Abs. 2 GG, die einen angemessenen Übergang vom gespaltenen Steuertarif zu dem im Halbeinkünfteverfahren geltenden, einheitlichen und definitiven Körperschaftsteuersatz schaffen sollte.[121]

Gleiches könnte auch für das Moratorium gelten, das nunmehr die Realisierung von Körperschaftsteuerguthaben verbietet. Nach der Gesetzessystematik der §§ 36 ff. KStG ff. entfällt allerdings spätestens mit der Ausschüttung jeder Grund an der vorläufigen 40 %-igen Steuerbelastung festzuhalten.[122] Das Moratorium bewirkt insoweit eine weitergehende Belastung, die allein fiskalpolitisch motiviert ist[123] und in keinem Sachzusammenhang mit steuerlichen Regelungen steht.[124] Die Steuergesetzgebungskompetenz gem. Art. 105 Abs. 2 GG lässt sich auch auf diese Weise nicht begründen. Allein die Anknüpfung des Moratoriums an die steuerliche Regelung in § 37 Abs. 2 KStG kann nicht zu einem anderen Ergebnis führen. Es bliebe sonst unberücksichtigt, dass sich das Bundesverfassungsgericht in seinem Urteil zum Investitionshilfegesetz 1982 gegen eine erweiternde Interpretation des verfassungsrechtlichen Steuerbegriffes ausgesprochen hat.[125] Mit der engen Fassung des Steuerbegriffs werden erhebliche Nachteile und Unabwägbarkeiten für die die Finanzverfassung ordnende Funktion des Steuerbegriffes vermieden.[126] Des weiteren wird dazu beigetragen, die Formenklarheit der Finanzverfassung zu wahren und Interpretationskämpfe auszuschließen, die sich im Hinblick auf die Zulässigkeit der Ablösung des verfassungsrechtlichen Steuerbegriffes von dem Steuerbegriff der Abgabenordnung ergeben könnten.[127] Gegen eine Ausdehnung des Steuerbegriffs spricht außerdem, dass die Regelung zur Verteilung des Staatsaufkommens in Art. 106 GG lediglich auf Ausgaben gerichtet ist, die dem Staat endgültig zustehen.[128]

---

121 Dazu ausführlich *Birk/Desens*, DB 2003, 1644 (1646).

122 *Birk/Desens*, DB 2003, 1644 (1646).

123 Vgl. *Fatouros*, DStZ 2003, 179 (184); nach *Djanani/Brähler/Wesel*, StB 2003, 284 (285) liegt eine durch keine Steuersystematik begründbare Steuererstattungsverweigerung des Fiskus vor.

124 So auch *Birk/Desens*, DB 2003, 1644 (1647).

125 BVerfGE 67, 256 (286 f.); vgl. *Vogel/Waldhoff*, in: BK-GG, Vor Art. 104 bis 115 Rn. 372.

126 BVerfGE 67, 256 (286).

127 BVerfGE 67, 256 (286).

128 BVerfGE 67, 256 (287).

(4) Ergebnis

Das als materieller Zwangskredit ausgestaltete Moratorium in § 37 Abs. 2a Nr. 1 KStG ist nicht als steuergesetzliche Regelung zu qualifizieren. Der Bundesgesetzgeber kann damit nicht auf die Gesetzgebungskompetenz aus Art. 105 Abs. 2 GG zurückgreifen, auch wenn das Körperschaftsteuermoratorium im Regelungszusammenhang mit einer kompetenzgemäß erhobenen Steuer normiert wurde.[129]

2. Art. 74 Abs. 1 Nr. 11 GG

Die Gesetzgebungskompetenz könnte auf Art. 74 Abs. 1 Nr. 11 GG (Recht der Wirtschaft) gestützt werden, wenn das Moratorium gem. § 37 Abs. 2a Nr. 1 KStG die Voraussetzungen einer Sonderabgabe erfüllt, die neben der Steuer ein weiteres Mittel der Einnahmeerzielung darstellt.[130] Um die bundesstaatliche Finanzverfassung mit ihren detaillierten Regelungen in Art. 104a ff. GG vor der Aushöhlung durch Sonderabgaben, die gerade keine Steuern sind, zu schützen und zugleich die Belastungsgleichheit der Steuerpflichtigen zu gewährleisten, wird die Zulässigkeit von Sonderabgaben an enge Voraussetzungen geknüpft.[131] Neben einem wirtschaftsregulierenden oder –lenkenden Inhalt, den das Moratorium aufweisen muss, um von Art. 74 Abs. 1 Nr. 11 GG erfasst zu werden,[132] ist für eine Sonderabgabe mit Finanzierungszweck erforderlich, dass ein Sachzweck verfolgt wird, der über die bloße Mittelbeschaffung hinaus geht.[133] Die Abgabe darf nur einer homogenen Gruppe auferlegt werden, die durch eine vorgegebene Interessenlage oder durch besondere Gemeinsamkeiten von der Allgemeinheit klar abgrenzbar ist.[134] Weitere Voraussetzungen sind, dass die mit der Abgabe belastete Gruppe der zu finanzierenden Aufgabe evident näher steht

---

129 *Birk/Desens*, DB 2003, 1644 (1647).

130 Vgl. *Jachmann*, in: v. M/K/S, Art. 105 GG Rn. 7; *Heintzen*, in: v. Münch/Kunig, Art. 105 GG Rn. 24 ff.; *Lang*, in: Tipke/Lang, Steuerrecht, § 3 Rn. 21.

131 BVerfGE 67, 256 (278); 75, 108 (147); 82, 159 (179); 91, 186 (202); *Birk*, Steuerrecht, Rn. 112 f.; *Birk/Desens*, DB 2003, 1644 (1647); *Lang*, in: Tipke/Lang, Steuerrecht, § 3 Rn. 21; vgl. *Jachmann*, v. M/K/S, Art. 105 GG Rn. 14; *Vogel/Waldhoff*, in: BK-GG, Vor Art. 104a bis 115 Rn. 440, 449.

132 Vgl. BVerfGE 67, 256 (275); *Birk*, Jura 1985, 143 (146); *Vogel/Waldhoff*, in: BK-GG, Vor Art. 104a bis 115 Rn. 440.

133 BVerfGE 67, 256 (275); 75, 108 (147); 82, 159 (179); *Birk*, Steuerrecht, Rn. 113; *Siekmann*, in: Sachs, Vor Art. 104a GG Rn. 140, 146; *Heintzen*, in: v. Münch/Kunig, Art. 105 GG Rn. 25.

134 BVerfGE 67, 256 (276); 82, 159 (180); *Birk*, Steuerrecht, Rn. 113; *Birk*, Jura 1985 143 (144); *Lang*, in: Tipke/Lang, Steuerrecht, § 3 Rn. 22; *Siekmann*, in: Sachs, Vor Art. 104a GG Rn. 146; *Heintzen*, in: v. Münch/Kunig, Art. 105 GG Rn. 25; *Vogel/Waldhoff*, in: BK-GG, Vor Art. 104a bis 115 Rn. 438.

als jede andere Gruppe oder die Allgemeinheit der Steuerzahler[135] und dass das Aufkommen gruppennützig verwendet wird.[136]

Mit dem Moratorium wird lediglich die Erzielung von vorübergehenden Mehreinnahmen bezweckt,[137] ein anderer, wenn auch nur untergeordneter Lenkungszweck wird dagegen nicht verfolgt.[138] Auch die Tatsache, dass das Körperschaftsteuereinkommen in den letzten Jahren eingebrochen war,[139] führt nicht dazu, dass es sich bei den belasteten Körperschaften um eine homogene Gruppe handelt, die eine besondere Verantwortung für die Finanzierung des allgemeinen Staatshaushaltes trägt.[140] An der gruppennützigen Verwendung fehlt es ebenfalls, da die vorübergehenden Einnahmen in den allgemeinen Staatshaushalt fließen.[141] Die kumulativ erforderlichen Kriterien sind nicht erfüllt, so dass sich die Gesetzgebungskompetenz nicht aus Art. 74 Abs. 1 Nr. 11 GG herleiten lässt.

3. Art. 115 GG

Als Zwangskredit kommt für das in § 37 Abs. 2a Nr. 1 KStG geregelte Moratorium eine Gesetzgebungskompetenz aus Art. 115 Abs. 1 S. 1 GG in Betracht. So bedarf die Aufnahme von Krediten nach dieser Vorschrift einer der Höhe nach bestimmten oder bestimmbaren Ermächtigung durch ein Bundesgesetz. Indem der Wortlaut der Vorschrift auf den Begriff der Ermächtigung zurückgreift, wird allerdings schon deutlich, dass Art. 115 Abs. 1 S. 1 GG lediglich das Verhältnis von Exekutive und Legislative betrifft.[142]

---

135 BVerfGE 67, 256 (276); 82, 159 (180); *Birk*, Steuerrecht, Rn. 113; *Birk*, Jura 1985 143 (145); *Lang*, in: Tipke/Lang, Steuerrecht, § 3 Rn. 23; *Siekmann*, in: Sachs, Vor Art. 104a GG Rn. 146; *Heintzen*, in: v. Münch/Kunig, Art. 105 GG Rn. 25; *Vogel/Waldhoff*, in: BK-GG, Vor Art. 104a bis 115 Rn. 438.

136 BVerfGE 67, 256 (276 f.); 82, 159 (180); *Birk*, Steuerrecht, Rn. 113; *Birk*, Jura 1985 143 (145); *Lang*, in: Tipke/Lang, Steuerrecht, § 3 Rn. 24; *Siekmann*, in: Sachs, Vor Art. 104a GG Rn. 146; *Heintzen*, in: v. Münch/Kunig, Art. 105 GG Rn. 25; *Vogel/Waldhoff*, in: BK-GG, Vor Art. 104a bis 115 Rn. 438.

137 Vgl. BT-Drucks. 15/119, S. 21, 44.

138 *Birk/Desens*, DB 2003, 1644 (1648); vgl. auch *Djanani/Brähler/Wesel*, StB 2003, 284 (285 f.).

139 Zum Steueraufkommen: *Deutsche Bundesbank*, Monatsbericht Dezember 2002, S. 15 (19, 23 f.).

140 Dazu auch *Birk/Desens*, DB 2003, 1644 (1648).

141 *Birk/Desens*, DB 2003, 1644 (1648).

142 BVerfGE 67, 256 (281); *Birk*, Jura 1985, 143 (145); *Birk/Desens*, DB 2003, 1644 (1648); *Kirchhof*, in: Isensee/Kirchhof, HbdStR IV, § 88 Rn. 266.

Auch bei Betrachtung des Zwecks der Regelung, die das Budgetrecht sichert, ergibt sich, dass Art. 115 Abs. 1 S. 1 GG seine Wirkung nur im Inter-Organ-Verhältnis zwischen Parlament und Regierung entfaltet. Die Kreditaufnahme wird allein unter dem Aspekt der Gewaltenteilung geregelt.[143]

Für die Begründung von Kompetenzen des Bundes im Verhältnis zu den Ländern oder für besondere Befugnisse des Staates im Verhältnis zum Einzelnen kann Art. 115 Abs. 1 S. 1 GG nicht herangezogen werden. Auch auf diese Vorschrift lässt sich die Gesetzgebungskompetenz für das Moratorium daher nicht stützen.[144]

4. Ergebnis

Das in § 37 Abs. 2a Nr. 1 KStG geregelte Moratorium, das aufgrund seiner Wirkung einen Zwangskredit darstellt, ist mit den Vorschriften über die Gesetzgebungskompetenz des Bundes unvereinbar. Es handelt sich weder um eine steuergesetzliche Regelung noch um eine Sonderabgabe. Auch aus Art. 115 Abs. 1 S. 1 GG lässt sich die Gesetzgebungskompetenz des Bundes nicht herleiten. Das Gesetz ist insoweit formell verfassungswidrig.

II. Gesetzgebungsverfahren

Die verfassungsrechtlichen Anforderungen für den ordnungsgemäßen Ablauf des Gesetzgebungsverfahrens sind in Art. 76 – 78 sowie Art. 82 GG geregelt. Auch wenn § 37 Abs. 2a KStG keine steuergesetzliche Regelung ist und sich die Zustimmungspflichtigkeit des Bundesrates nicht aus Art. 105 Abs. 3 GG i.V.m. 106 Abs. 3 GG ergeben kann, war die Vorschrift jedenfalls Gegenstand des StVergAbG, das nach Art. 105 Abs. 3 GG i.V.m. Abs. 106 Abs. 3 GG zustimmungsbedürftige Regelungen enthielt. Da der Beschluss des Bundesrates das Gesetz als Ganzes erfasst, ist das Gesetz in seiner Gesamtheit auch dann zustimmungsbedürftig, wenn es nur eine einzige zustimmungsbedürftige Norm enthält.[145] Das StVergAbG bedurfte daher insgesamt nach Art. 105 Abs. 3 GG i.V.m. 106 Abs. 3 GG für sein Zustandekommen gem. Art. 78 GG der Zustimmung des Bundesrates.

---

143 BVerfGE 67, 256 (281); *Birk*, Jura 1985, 143 (145).

144 Siehe auch *Birk/Desens*, DB 2003, 1644 (1648).

145 BVerfGE 8, 274 (294 f.); 48, 127 (177 f.); 55, 274 (318 f.); *Lücke*, in: Sachs, Art. 77 GG Rn. 15; *Masing*, in: v. M/K/S, Art. 77 GG Rn. 51; *Bryde*, in: v. Münch/Kunig, Art. 77 GG Rn. 21; *Stern*, Staatsrecht II, § 27 IV.2.b), S. 145.

Der ursprüngliche Gesetzesbeschluss des Bundestages vom 21.2.2003[146] erhielt im Bundesrat jedoch keine Mehrheit.[147] Erst der Beschlussempfehlung des Vermittlungsausschusses[148], die nach der Anrufung des Gremiums durch die Bundesregierung[149] erarbeitet worden war, stimmte der Bundesrat am 11.4.2003 zu.[150]

Um das Gesetz im Hinblick auf das Gesetzgebungsverfahren als verfassungsgemäß bewerten zu können, müsste der Vermittlungsausschuss befugt gewesen sein, die vom Bundestag und Bundesrat abschließend angenommene Beschlussempfehlung vorzulegen. Dies erscheint insoweit zweifelhaft, als der Vermittlungsvorschlag eine vollständig umgestaltete Regelung zur Realisierung von Körperschaftsteuerguthaben vorsah, die erstmals auch das in § 37 Abs. 2a Nr. 1 KStG geregelte Moratorium enthielt.[151] Im folgenden soll daher untersucht werden, ob der Vermittlungsausschuss mit dem Vorschlag zur veränderten Ausgestaltung von § 37 KStG seine Kompetenzen in verfassungsrechtlich nicht mehr tragbarer Weise überschritten hat.

1. Dispositionsrahmen des Vermittlungsausschusses

Die Grenzen für Beschlussempfehlungen des Vermittlungsausschusses sind gesetzlich nicht geregelt, ergeben sich aber aus der Stellung und Funktion des Ausschusses.[152] Als gemeinsame Einrichtung von Bundestag und Bundesrat wird der Vermittlungsausschuss eingesetzt, um Gesetzgebungsziele auf der Grundlage des bisherigen Gesetzgebungsverfahrens zu verwirklichen und Meinungsverschiedenheiten zwischen Bundestag und Bundesrat auszugleichen.[153]

---

146 BT-Drucks. 15/119, 15/287 i.d.F. von 15/480; vgl. auch BT-Plenarprotokoll 15/29 vom 21.2.2003, S. 2244A, 2248 ff.; BR-Drucks. 120/03.

147 Vgl. BR-Plenarprotokoll, 786. Sitzung am 14.3.2003, S. 51D; vgl. dazu auch die Empfehlung der Ausschüsse: BR-Drucks. 120/1/03.

148 Vgl. BT-Drucks. 15/481.

149 BT-Drucks. 15/612; BR-Drucks. 169/03.

150 Vgl. BR-Plenarprotokoll, 787. Sitzung am 11.4.2003, S. 110A.

151 Kritisch insoweit *Lornsen-Veit/Möbus*, BB 2003, 1154 (1157); *Wiese/Klass*, GmbHR 2003, 557 (559); vgl. auch *Grube*, F.A.Z. vom 23.4.2003, S. 23; a.A. *Hey*, DB 2003, Editorial zu Heft 18, S. I, die davon ausgeht, dass der Vermittlungsausschuss im Rahmen seiner Kompetenzen tätig geworden ist.

152 BVerfGE 101, 297 (306); 72, 175 (187 ff.); vgl. *Fischer*, in: Nationale und internationale Dimensionen des Steuerrechts, S. 27 (34); *Gast-de Haan*, DStR 2003, 12 (13); zur Stellung des Vermittlungsausschusses siehe auch *Franßen*, FS für Hirsch, S. 273 (281).

153 Vgl. *Schenke*, Die verfassungsrechtlichen Grenzen der Tätigkeit des Vermittlungsausschusses, S. 22; *Bryde*, in: v. Münch/Kunig, Art. 77 GG Rn. 7; *Dietlein*, NJW 1983, 80 (81); *ders.*, AöR 106 (1981), 525; *Fischer*, in: Nationale und internationale Dimensionen des Steuerrechts, S. 27 (32); *P. Kirchhof*, NJW 2001, 1332 (1333); *Masing*, in: v. M/K/S, Art. 77 GG Rn. 57 f.

Wird der Vermittlungsausschuss im Sinne einer Kompromissfindung tätig, darf der Einigungsvorschlag Änderungen des Gesetzesbeschlusses dennoch nicht unbeschränkt vorsehen.[154]

Zulässig sind Änderungen, Ergänzungen und Streichungen der vom Bundestag beschlossenen Vorschrift durch den Vermittlungsausschuss lediglich, wenn und soweit der Einigungsvorschlag im Rahmen des Anrufungsbegehrens und des ihm zugrunde liegenden Gesetzgebungsverfahrens liegt.[155] Dabei wird das zum Anrufungsbegehren führende Gesetzgebungsverfahren durch die eingeführten Anträge und Stellungnahmen bestimmt.[156] Der Beschlussvorschlag des Vermittlungsausschusses soll eine Brücke zwischen schon in den Gesetzgebungsorganen erörterten Alternativen schlagen, ohne eine – dem Vermittlungsausschuss nicht zustehende – Gesetzesvorlage einzubringen, das Gesetzgebungsverfahren zu verkürzen oder die Gesetzgebungszuständigkeiten und Verantwortlichkeiten zu verfälschen.[157] Auf der Grundlage seiner Debatte über ihm vorliegende Anträge und Stellungnahmen muss der Bundestag den Vermittlungsvorschlag als ein ihm zuzurechnendes und von ihm zu verantwortendes Ergebnis seines parlamentarischen Verfahrens erkennen und anerkennen können. Der Vermittlungsvorschlag ist deshalb in dem Rahmen gebunden, der nach den bisherigen Beratungen im Bundestag inhaltlich und formal vorgezeichnet ist.[158] Eine Regelung, die außerhalb der bisherigen Auffassungsunterschiede im Parlament oder der gegenläufigen Positionen von Bundesrat und Bundestag bleibt, darf somit nicht Inhalt des Vermittlungsvorschlages werden.[159]

2. Einbringung des Vorschlages für ein Moratorium im Vermittlungsausschuss

Um entscheiden zu können, ob es sich bei dem in § 37 Abs. 2a Nr. 1 KStG geregelten Moratorium um einen zulässigen Kompromissvorschlag oder einen zu weitgehenden Vermittlungsvorschlag handelt, der mit einer Gesetzesinitiative

---

[154] Vgl. *Lücke*, in: Sachs, Art. 77 GG Rn. 28 m.w.N.; *Fischer*, in: Nationale und internationale Dimensionen des Steuerrechts, S. 27 (33).

[155] BVerfGE 101, 297 (307); *Gast-de Haan*, DStR 2003, 12 (13); *Kokott* (Zweitbearbeitung), in: BK-GG, Art. 77 Rn. 54; vgl. auch *Lornsen-Veit/Möbus*, BB 2003, 1154 (1156).

[156] BVerfGE 101, 297 (307); *Wisser*, DStR 2003, 1191 (1192).

[157] BVerfGE 101, 297 (307); BFH, BStBl. II 2001, 374 (375).

[158] BVerfGE 101, 297 (307).

[159] BVerfGE 101, 297 (308); BFH, BStBl. II 2000, 162 (166); BStBl. II 2001, 374 (375); vgl. auch *Fischer*, in: Nationale und internationale Dimensionen des Steuerrechts, S. 27 (35); *Cornils*, DVBl. 2002, 497 (501); *Dietlein*, NJW 1983, 80 (81).

vergleichbar ist,[160] sind die divergierenden Meinungspositionen von Bundestag und Bundesrat zu ermitteln, die den Beratungs- und Empfehlungsspielraum des Vermittlungsausschusses bestimmen. Anhaltspunkte für die bei der Suche nach einem Kompromiss zu beachtenden Eckpositionen ergeben sich aus dem Ablauf des Gesetzgebungsverfahrens und den zugehörigen Materialien.[161]

a) Ablauf des Gesetzgebungsverfahrens

Ausgangspunkt des vom Bundestag am 11.4.2003 beschlossenen StVergAbG war der Gesetzesentwurf der Fraktionen SPD und BÜNDNIS 90/DIE GRÜNEN sowie der Bundesregierung vom 2.12.2002[162], der für die Realisierung von Körperschaftsteuerguthaben vorsah, dass für alle nach dem Kabinettsbeschluss vom 21.11.2002 beschlossenen Gewinnausschüttungen die Körperschaftsteuerminderung nur noch 1/7 anstelle der bisher vorgesehenen Minderung von 1/6 beträgt. Zudem sollte die Minderung auf die Hälfte der im Jahr der Ausschüttung festzusetzenden Körperschaftsteuer begrenzt werden. Im Zuge der Beratung des Finanzausschusses,[163] der eine öffentliche Anhörung vorausging,[164] kam es zu einer Änderung dergestalt, dass auf die in dem Entwurf vorgesehene Begrenzung der Verrechnung der Körperschaftsteuerguthaben in § 37 KStG verzichtet wurde. Die Verstetigung des Körperschaftsteueraufkommens sollte nunmehr erreicht werden, indem die ausschüttungsabhängige Auszahlung des Guthabens auf jährlich 1/14 des am 31.12.2002 verbleibenden Körperschaftsteuerguthabens beschränkt wird. Entgegen der ursprünglichen Absicht sollte die Minderung weiterhin 1/6 der Ausschüttung betragen.[165] In dieser Form wurde die Vorschrift am 21.2.2003 vom Bundestag angenommen,[166] vom Bundesrat jedoch abgelehnt. Erst im Rahmen des Vermittlungsverfahrens, dem kein konkretes Anrufungsbegehren der Bundesregierung zugrunde lag, entstand das StVergAbG und

---

160 Die Abgrenzung kann im einzelnen schwierig sein, vgl. *Kokott* (Zweitbearbeitung), in: BK-GG, Art. 77 Rn. 54; dazu auch *Cornils*, DVBl. 2002, 497 (501 f.); *Dietlein*, NJW 1983, 80 (83 f.); *Franßen*, FS für Hirsch, S. 273 (282).

161 Vgl. BVerfGE 72, 175 (189 f.); 101, 297 (307); *Dietlein*, NJW 1983, 80 (81); *Fischer*, in: Nationale und internationale Dimensionen des Steuerrechts, S. 27 (35); *Henseler*, NJW 1982, 849 (850); *Lornsen-Veit/Möbus*, BB 2003, 1154 (1157); *Rubel*, in: Umbach/Clemens, Grundgesetz-MAK, Art. 77 Rn. 51; dazu auch *Masing*, in: v. M/K/S, Art. 77 GG Rn. 87; vgl. ferner Vorlagebeschluss des BFH, NJW 2002, 773 ff.

162 BT-Drucks. 15/119.

163 BT-Drucks. 15/480 und 15/481 (Beschlussempfehlung und Bericht des Finanzausschusses).

164 Vgl. Protokoll Nr. 7 des Finanzausschusses des Deutschen Bundestages zur öffentlichen Anhörung zum Entwurf des StVergAbG vom 15.1.2003.

165 BT-Drucks. 15/480, S. 6, 20.

166 BR-Drucks. 120/03.

damit auch § 37 KStG in der vom Bundestag und Bundesrat am 11.4.2003 beschlossenen Form.

b) Positionen von Bundestag und Bundesrat

Mangels Angaben zum Vermittlungsauftrag ist das Anrufungsbegehren der von der Bundestagsmehrheit getragenen Bundesregierung zur Konkretisierung der Meinungsposition des Bundestages nicht geeignet. Aus dem staatsrechtlichen Grundsatz der Unverrückbarkeit parlamentarischer Beschlüsse, der die Abänderung eines einmal gefassten Gesetzesbeschlusses grundsätzlich nicht zulässt,[167] lässt sich allerdings ableiten, dass das oberste Ziel der Bundesregierung die Bestätigung oder zumindest eine möglichst weitgehende Aufrechterhaltung des Gesetzesbeschlusses war.[168]

Dagegen wird die Position des Bundesrates im Hinblick auf die vorangegangene Zustimmungsverweigerung dahingehend zu bestimmen sein, dass der Gesetzesbeschluss insgesamt nicht zustande kommen sollte.[169] Für einen möglichen Kompromiss, der vom Vermittlungsausschuss zu erarbeiten war, konnte demnach auf die Bestätigung oder Aufhebung des Gesetzesbeschlusses hingewirkt werden, zugleich kam aber auch die Empfehlung der nur teilweisen Beibehaltung, Änderung oder Aufhebung in Betracht.[170] Für eine weitergehende Eingrenzung der Position des Bundesrates, die den Dispositionsrahmen des Vermittlungsausschusses beschränkt, liegen keine Anhaltspunkte vor. Der Bundesrat hat zwar in einer Stellungnahme zu dem Gesetzesentwurf seine ablehnende Haltung zum Ausdruck gebracht,[171] inhaltlich wurde jedoch nur im Rahmen allgemeiner Ausführungen auf die Auswirkungen des Gesetzentwurfes hingewiesen, auf die Regelung des § 37 KStG i.d.F. des Gesetzesentwurfes wurde im einzelnen nicht eingegangen.

Die Ergänzung von § 37 KStG um das in Abs. 2a geregelte Moratorium sowie die umgestaltete Körperschaftsteuerminderungsmöglichkeit nach Ablauf des Moratoriums sind insoweit nicht von vornherein als unzulässige Kompromissvorschläge einzustufen.

---

167 Vgl. dazu *Maunz*, in: Maunz/Dürig, Art. 78 GG Rn. 8 f.; *Lücke*, in: Sachs, Art. 77 GG Rn. 3, Art. 78 GG Rn. 1.

168 *Dietlein*, NJW 1983, 80 (81, 83).

169 Vgl. *Dietlein*, NJW 1983, 80 (83).

170 *Dietlein*, NJW 1983, 80 (83); kritisch dazu *Franßen*, FS für Hirsch, S. 273 (288 f.).

171 Vgl. BT-Drucks. 15/287.

c) Kompetenzgrenzen des Vermittlungsausschusses

Der Dispositionsrahmen des Vermittlungsausschusses ist allerdings nicht nur mittels der divergenten Positionen von Bundestag und Bundesrat zu bestimmen. Eine unbestrittene Kompetenzgrenze des Vermittlungsausschusses stellt das Initiativoligopol des Art. 76 Abs. 1 GG dar.[172] Danach darf der Vermittlungsausschuss nicht an den dort genannten Berechtigten vorbei die Initiative ergreifen und eigenständig Gesetzesentwürfe entwickeln.[173] Zur Einhaltung der Grenzen des Vermittlungsauftrages ist zusätzlich zu beachten, dass der sachliche Zusammenhang mit der zu regelnden Materie erhalten bleibt.[174] Auch die Rechte der Abgeordneten und deren Mitwirkung bei der Gesetzgebung beschränken den Handlungsspielraum bei der Kompromißsuche.[175] Ob diesen Grenzen der zulässigen Vermittlungstätigkeit bei § 37 KStG der Beschlussempfehlung in ausreichendem Maße Rechnung getragen wurde, erscheint aufgrund der neu eingebrachten Inhalte zweifelhaft. Von entscheidender Bedeutung ist daher, auf welche Weise ein vom Vermittlungsausschuss unterbreiteter Änderungsvorschlag von einer unzulässigen eigenständigen Gesetzesinitiative abzugrenzen ist.

Um ein Einigungsziel erreichen zu können, wird regelmäßig eine Abweichung der Beschlussempfehlung von dem Gesetzesbeschluss wie auch von etwaigen Gegenentwürfen erforderlich sein.[176] Die Kompromissfindung im Vermittlungsausschuss, die notwendigerweise ein Moment kreativer Eigeninitiative bedingt, setzt insoweit voraus, dass sich die Vermittlungsfunktion nicht in der bloßen Kombination unversehrt bleibender Teilstücke konkurrierender Gesetze erschöpft.[177] Zu begrenzen ist die Substanz der vermittlungsfähigen Regelungsgegenstände neben dem Gesetzesbeschluss durch die dazu abgegebenen Stellungnahmen, Beschlussempfehlungen, Änderungsanträge und Entschließungen, die vor Beginn des Vermittlungsverfahrens in das Gesetzgebungsverfahren ein-

---

172 *Kokott* (Zweitbearbeitung), in: BK-GG, Art. 77 Rn. 55 *Rubel*, in: Umbach/Clemens, Grundgesetz-MAK, Art. 77 Rn. 46 f.

173 Vgl. *Cornils*, DVBl. 2002, 497 (500); *Fischer*, in: Nationale und internationale Dimensionen des Steuerrechts, S. 27 (34).

174 Dieses Kriterium wird in der Literatur als maßgeblich hervorgehoben: *Pieroth*, in: Jarass/Pieroth, Art. 77 GG Rn. 13 m.w.N.; *Dietlein*, NJW 1983, 80 (83); *Henseler*, NJW 1982, 849 (851); *Hübner/Schaden*, DStR 1999, 2093 (2095 f.); *Kokott* (Zweitbearbeitung), in: BK-GG, Art. 77 Rn. 60 f.; vgl. auch *Cornils* DVBl. 2002, 497 (500).

175 BVerfGE 72, 175 (191 f.); 101, 297 (306 f.); vgl. dazu *Cornils*, DVBl. 2002, 497 (503 f.); *Wisser*, DStR 2003, 1191 (1194).

176 *Cornils*, DVBl. 2002, 497 (500).

177 Vgl. *Dietlein*, NJW 1983, 80 (84); *Schmidt-Jortzig/Schürmann*, in: BK-GG, Art. 76 Rn. 101 f.; besonders weitgehend *Hasselsweiler*, Der Vermittlungsausschuß, S. 46.

geführt worden sind.[178] Nicht erforderlich ist allerdings, dass der Kompromissvorschlag stets in der Mitte beider Extrempositionen anzusiedeln ist.[179]

d) Bedeutung für den Vermittlungsvorschlag in § 37 Abs. 2a KStG n.F.

In den Ausschusserörterungen hat die Regelung zur Realisierung von Körperschaftsteuerguthaben breiten Raum eingenommen,[180] die Möglichkeit, das nunmehr in § 37 Abs. 2a Nr. 1 KStG geregelte Moratorium einzuführen, wurde jedoch vor dem Vermittlungsverfahren nicht erwogen. Auch die beschränkte Realisierung von Körperschaftsteuerguthaben gem. § 37 Abs. 2a Nr. 2 KStG in ihrer jetzigen Form wurde nicht schon im Rahmen des Gesetzgebungsverfahrens angeregt. Zu berücksichtigen ist allerdings, dass der Spielraum für Ergänzungs- und Änderungsvorschläge im Vermittlungsverfahren um so weiter ist, je umfassender die Regelungsmaterie und das Regelungsziel eines Gesetzesbeschlusses sind.[181] Da die in § 37 Abs. 2a KStG n.F. getroffene Regelung dem Gesetzesziel Rechnung trägt, indem die Vorschrift in der geltenden Fassung die Verstetigung des Körperschaftsteueraufkommens begünstigt und so einen Beitrag zu der durch das StVergAbG angestrebten Haushaltskonsolidierung darstellt,[182] könnte auf der Grundlage dieses weitgefassten Gesetzesziels der Rückschluss möglich sein, dass mit dem Vermittlungsvorschlag die Grenze der Vermittlungstätigkeit noch nicht überschritten wurde. Zumindest bestand für die Abgeordneten die Gelegenheit, sich mit den beabsichtigten Änderungen des Inhalts von § 37 KStG während des laufenden Gesetzgebungsverfahrens auseinanderzusetzen.[183] Auch eine noch weitergehende Reduzierung der Körperschaftsteuerminderung war anlässlich der Anhörung des Finanzausschusses am 15.1.2003 als Option bereits in die Diskussion eingebracht worden.[184]

---

178 Vgl. BVerfGE 72, 175 (190); 101, 297 (307); *Henseler*, NJW 1982, 849 (850); ausführlich *Cornils*, DVBl. 2002, 497 (501); ähnlich *Masing*, in v. M/K/S, Art. 77 GG Rn. 85.

179 *Maunz*, in: Maunz/Dürig, Art. 77 GG Rn. 16.

180 Vgl. BT-Drucks. 15/481, S.19 f.

181 BVerfGE 72, 175 (190); *Dietlein*, NJW 1983, 80 (84); *Kokott* (Zweitbearbeitung), in: BK-GG, Art. 77 Rn. 59; *Wisser*, DStR 2003, 1191 (1193); vgl. auch *Masing*, in: v. M/K/S, Art. 77 GG Rn. 87.

182 Vgl. zur Gesetzesbegründung BT-Drucks. 15/119, S. 1, 44.

183 Vgl. dazu BT-Drucks. 15/481, S.12, 19 f.; BT-Plenarprotokoll 15/29 vom 12.2.2002, S. 2230B, 2237C; BT-Plenarprotokoll 15/41 vom 11.4.2003, S. 3374A; vgl. auch BR-Plenarprotokoll, 784. Sitzung am 20.12.2002, S. 588D; BR-Plenarprotokoll, 784. Sitzung am 20.12.2002, S. 588D.

184 Siehe dazu Protokoll Nr. 7 des Finanzausschusses des Deutschen Bundestages zur öffentlichen Anhörung zum Entwurf des StVergAbG vom 15.1.2003, u.a. S. 35 ff., 62 f.

Da aber gerade die Technik, mit der gesetzgeberische Ziele erreicht werden sollen, mit einer Gesetzesinitiative festgelegt wird,[185] stellt sich die Frage, ob die Empfehlung, die Minderung von Körperschaftsteuerguthaben weiter zu strekken, einen hinlänglichen Anknüpfungspunkt für eine weitere Konkretisierung durch den Vermittlungsausschuss bietet.

Dass das Moratorium sowie die daran anschließende in § 37 Abs. 2a Nr. 2 KStG n.F. vorgesehene Regelung zur Streckung der Körperschaftsteuerminderung als mögliche Ausgestaltungen im Gesetzgebungsverfahren zunächst nicht in die Erwägungen einbezogen worden sind, führt nicht dazu, dass es sich um eine neue Technik handelt, mit der das gesetzgeberische Ziel erreicht werden soll. Im Ergebnis bewirkt das Moratorium nämlich nichts anderes als eine Reduzierung der Körperschaftsteuerminderung für einen bestimmten Zeitraum, und zwar auf Null. Insoweit wurde keine neue Thematik aufgegriffen, die über die zu regelnde Materie hinausging. Der Sachzusammenhang mit den bestehenden Regelungsansätzen aus dem Gesetzgebungsverfahren blieb damit gewahrt.[186] Zudem wirken sich die Art und der Umfang der Änderung nicht dergestalt aus, dass § 37 Abs. 2a KStG den Charakter eines neuen Gesetzes erhält. Nach Wortwahl und Ausgestaltung liegt keine eigene Lösung für die Ordnung des Regelungsgegenstandes vor, sondern vielmehr die Modifikation einer fremden Ordnungsvorstellung, so dass die Grenze der zulässigen Ergänzung des Gesetzesbeschlusses eingehalten wurden[187] und es sich im Ergebnis nicht um eine unzulässige Gesetzesinitiative handelt.[188]

Als problematisch kann zwar angesehen werden, dass der Vermittlungsausschuss seinen Vorschlag lediglich an allgemein gehaltenen Vorgaben ausgerichtet hat. Im Sinne einer effizienten Durchführung des Vermittlungsverfahrens ist jedoch zu befürworten, dass der Vermittlungsausschuss eigeninitiativ die empfohlene Reduzierung der Körperschaftsteuerminderung in der konsensfähigen Form des § 37 Abs. 2a KStG n.F. konkretisieren durfte, um das weit gefasste Gesetzgebungsziel einer Verstetigung des Körperschaftsteueraufkommens zu erreichen.

---

185 *Herzberg*, DStR 2001, 553 (554).

186 Vgl. *Kokott* (Zweitbearbeitung), in: BK-GG, Art. 77 Rn. 60; *Ossenbühl*, in: Isensee/Kirchhof, HbdStR III, § 63 Rn. 56.

187 Zur Abgrenzung vgl. *Henseler*, NJW 1982, 849 (853); *Hübner/Schaden*, DStR 1999, 2093 (2096).

188 Vgl. dazu *Stern*, Staatsrecht II, § 37 III.7.a), S. 627, nach dem der Vermittlungsausschuss nicht als „dritte Kammer" tätig werden darf, sondern sich Vorschläge innerhalb des vom Bundestag vorgegebenen Gesetzesgegenstand und -rahmen zu halten haben, wenngleich diese Grenze in der Praxis häufig überschritten werde.

Eine Bindung des Vermittlungsausschusses bei der Kompromissfindung nicht nur an anderweitig eingeführte Regelungsideen, sondern darüber hinaus auch an konkrete Regelungsvorschläge, würde den Vermittlungsausschuss in seinen Möglichkeiten ganz erheblich beschränken und die Erfolgsaussichten eines Vermittlungsverfahrens verringern.[189] Um sicherzustellen, dass der Vermittlungsausschuss seine Funktion ausfüllen kann, ist dem Vermittlungsausschuss ein Konkretisierungsrecht zuzugestehen. Danach muss sich auch das nach Art. 77 Abs. 2 S. 5 GG bestehende Recht, Änderungen des Gesetzesbeschlusses vorzuschlagen, darauf erstrecken, Anregungen zur Gesetzesreife entwickeln und entsprechend ausformulieren zu können.[190] Unklar bleibt dabei lediglich, wie dicht der programmatische Gehalt der aufgegriffenen Anregung sein muss.[191]

Von einer Überschreitung der Kompetenzen des Vermittlungsausschusses ist jedenfalls dann auszugehen, wenn der Einigungsvorschlag dazu führt, dass der Parlamentsvorbehalt nicht beachtet worden ist. Da der Vermittlungsausschuss einen vollständig umgestalteten Regelungsvorschlag zur Realisierung des Körperschaftsteuerguthabens vorgelegt hat, könnte bezweifelt werden, dass die Rechte der Abgeordneten auf Mitwirkung an der Gesetzgebung in hinreichender Weise berücksichtigt wurden. Schließlich wurde lediglich eine erschwerte Realisierung, nicht aber ein zeitlich befristetes Moratorium der Realisierung von Körperschaftsteuerguthaben diskutiert. In seiner Substanz könnte der Vermittlungsvorschlag daher als über das Ergebnis der Beratungen des Bundestages hinausgehend zu bewerten sein.[192]

---

189 Vgl. *Cornils*, DVBl. 2002, 497 (502).

190 Vgl. dazu den Beschluss zur Absetzbarkeit des Arbeitszimmers, in dem es das Bundesverfassungsgericht für zulässig gehalten hat, dass die im Vermittlungsvorschlag enthaltene Regelung lediglich auf eine nicht gesetzestechnische Aufforderung der Fraktion BÜNDNIS 90/DIE GRÜNEN an die Bundesregierung zurückging, BVerfGE 101, 297 (300 ff., 308 f.); dazu auch *Cornils*, DVBl. 2002, 497 (502).

191 *Cornils*, DVBl. 2002, 497 (502). Hinzuweisen ist insoweit auch auf das vor dem BVerfG anhängige Verfahren zu dem § 12 Abs. 2 Satz 4 UmwStG zugrunde liegenden Gesetzgebungsverfahren. So war die Streichung dieser Vorschrift, um Verlustnutzungsmöglichkeiten einzuschränken und auf diese Weise Steuersenkungen gegenzufinanzieren, erstmals Gegenstand des vom Vermittlungsausschuss vorgelegten Einigungsvorschlages. § 12 Abs. 2 Satz 4 UmwStG wird aufgrund dessen überwiegend als formell verfassungswidrig angesehen. Vgl. dazu BFH, BStBl. II 2002, 27 (28, 30 f.); *Hübner/Schaden*, DStR 1999, 2093 ff.; *Heimann/Frey*, GmbHR 2001, 171 (173); *Fischer*, in: Nationale und internationale Dimensionen des Steuerrechts, S. 27 (45 f.); a.A. *Cornils*, DVBl. 2002, 497 (507). Im Gegensatz zum vorstehenden Sachverhalt hat der Vermittlungsausschuss mit seinem Vorschlag zu § 37 Abs. 2a KStG lediglich Änderungen einer bereits im Gesetzgebungsverfahren diskutierten Vorschrift vorgesehen.

192 So *Streck/Binnewies*, DB 2003, 1133 (1134).

Unberücksichtigt bliebe dann aber, dass der auszuarbeitende Kompromiss nicht zwangsläufig zwischen den Eckpositionen liegen muss, sondern durchaus auch zu einer Verschärfung der Rechtslage führen kann.[193] Zwar handelt es sich vorliegend um Maßnahmen, die in ihrer endgültigen Gestalt noch nicht Gegenstand von Beratungen waren; entscheidend ist jedoch, dass es dem einzelnen Abgeordneten während des Gesetzgebungsverfahrens möglich war, „sich zu informieren“ und „seine Vorstellungen in geeigneter Weise in die Gesetzesberatungen einfließen zu lassen“.[194] Danach hatten die Abgeordneten die Chance, sich mit den Regelungen zur Realisierung von Körperschaftsteuerguthaben durch Fragen, Stellungnahmen und Vorschläge auseinanderzusetzen. Auf der Grundlage einer weit verstandenen Konkretisierungsbefugnis des Vermittlungsausschusses erscheint es daher vertretbar, davon auszugehen, dass das Beratungsrecht der Abgeordneten zwar berührt, aber nicht in unzulässiger Weise übergangen worden ist, da das Regelungsthema nicht ohne das Plenum erreicht zu haben, Gegenstand im Vermittlungsausschuss war.

3. Ergebnis

Die verfassungsrechtlich begründeten Leitgedanken der Funktionsfähigkeit des Vermittlungsausschusses einerseits und der demokratischen Ausgestaltung des Gesetzgebungsverfahrens andererseits stehen in einem Spannungsverhältnis.[195] Soll beurteilt werden, ob der Vermittlungsausschuss seine Kompetenzgrenzen beachtet hat, ist davon auszugehen, dass dem Vermittlungsausschuss ein erheblicher Spielraum verbleibt.[196] Vor diesem Hintergrund handelt es sich bei dem vorliegenden Vermittlungsvorschlag zu § 37 Abs. 2a KStG wohl noch um eine im Rahmen der ordnungsgemäßen Kompetenzausübung zustande gekommene Vorschrift, die insoweit als formell verfassungsgemäß bewertet werden kann.

---

193 *Maunz*, in: Maunz/Dürig, Art. 77 GG Rn. 16.

194 BVerfGE 72, 175 (192); grundlegend dazu BVerfGE 44, 308 (316 f.); vgl. auch *Cornils*, DVBl. 2002, 497 (503).

195 BVerfGE 72, 175 (191); vgl. auch *Cornils*, DVBl.. 2002, 497 (502).

196 *Ossenbühl*, in: Isensee/Kirchhof, HbdStR III, § 63 Rn. 56; vgl. auch *Kokott* (Zweitbearbeitung), in: BK-GG, Art. 77 Rn. 62, nach dem der Vermittlungsausschuss bei Zweifeln hinsichtlich seiner Kompetenzausübung die Einschätzungsprärogative hat, wodurch die verfassungsgerichtliche Kontrolle dennoch nicht auf eine bloße Willkürkontrolle beschränkt wird.

III. Ergebnis

§ 37 Abs. 2a KStG i.d.F. des StVergAbG ist im Hinblick auf die Gesetzgebungskompetenz als formell verfassungswidrig anzusehen. Die Durchführung des Gesetzgebungsverfahrens dürfte sich jedoch noch in den Grenzen des verfassungsrechtlich Zulässigen bewegen. Die formelle Verfassungswidrigkeit kann somit nicht zusätzlich auf eine Kompetenzüberschreitung des Vermittlungsausschusses gestützt werden.

F. Materielle Verfassungsmäßigkeit von § 37 Abs. 2a KStG i.d.F. des StVergAbG

Im folgenden ist zu untersuchen, ob § 37 Abs. 2a KStG und die sich hierauf beziehende Anwendungsvorschrift in § 34 Abs. 13b KStG materiell verfassungsgemäß sind. Als nächstliegender Verfassungsmaßstab ist die Eigentumsgarantie heranzuziehen. Eine weitere Schranke für staatliche Eingriffe in bestehende Rechtspositionen bildet das Rückwirkungsverbot, auf das im Anschluss an die Prüfung des Art. 14 GG einzugehen ist. Abschließend sind die Vorschriften auf ihre Vereinbarkeit mit dem in Art. 3 Abs. 1 GG verankerten Grundsatz der Besteuerungsgleichheit zu überprüfen. Auch wenn sich im Rahmen der formellen Verfassungsmäßigkeit ergeben hat, dass § 37 Abs. 2a KStG n.F. nicht als steuergesetzliche Regelung zu qualifizieren ist,[197] sind bei dieser weiteren Untersuchung der genannten Vorschriften steuerrechtliche Wertungen zu berücksichtigen, da § 37 Abs. 2a KStG seiner Wirkung nach einer Besteuerung entspricht und vom Gesetzgeber als Steuergesetz behandelt wurde.

I. Kapitalgesellschaft

Die in § 37 Abs. 2a KStG i.V.m. § 34 Abs. 13b KStG normierte Regelung führt zu einer eingeschränkten Realisierungsmöglichkeit des Körperschaftsteuerguthabens bei Ausschüttungen. Um die Nutzung des noch vorhandenen Körperschaftsteuerguthabens zu optimieren, erfordert diese veränderte Gesetzeslage – soweit möglich – eine Anpassung der Gewinnausschüttungspolitik bei den Kapitalgesellschaften. Die Neuregelung wirkt sich damit gleichermaßen auf der Ebene der Anteilseigner aus, die das Anteilseigentum an der Kapitalgesellschaft zur Ertragserzielung nutzen. Vor diesem Hintergrund stellt sich zunächst die Frage, ob im Rahmen der materiellrechtlichen Beurteilung der genannten Vorschriften eine verfassungsrechtliche Prüfung allein auf der Ebene der Anteilseigner bzw. der Gesellschafter anzusetzen hat, oder ob auf die Rechtspositionen der Kapitalgesellschaft gesondert einzugehen ist. Dazu müsste die Kapitalgesellschaft nach Maßgabe von Art. 3 Abs. 1 GG i.V.m. Art. 19 Abs. 3 GG Zuordnungssubjekt der gleichmäßigen Besteuerung nach der wirtschaftlichen Leistungsfähigkeit sein.[198]

---

[197] Siehe E. I.

[198] Vgl. dazu u.a. *Lang*, Entwurf eines Steuergesetzbuchs, S. 134 Tz. 488 f.

1. Die Kapitalgesellschaft als Träger wirtschaftlicher Leistungsfähigkeit

a) Besteuerung nach dem Leistungsfähigkeitsprinzip

Aus dem Gleichheitssatz des Art. 3 Abs. 1 GG folgt für das Steuerrecht ein Grundsatz der Steuergerechtigkeit. Danach sind die Steuerpflichtigen je nach Finanz- und Nachfragekraft gleichmäßig zu belasten und zur Finanzierung von Staatsaufgaben heranzuziehen.[199] Um eine gerechte Verteilung der steuerlichen Lasten zu erreichen, ist die Besteuerung an der wirtschaftlichen Leistungsfähigkeit des Einzelnen auszurichten.[200] Insoweit kann der Grundsatz der Besteuerung nach der wirtschaftlichen Leistungsfähigkeit als eine Konkretisierung des Gebotes gleicher steuerlicher Lastenverteilung aus dem allgemeinen Gleichheitssatz abgeleitet werden.[201] Ihm kommt der Rang eines obersten Rechtsgrundsatzes zu, der die gesamte Ordnung des Steuerrechts prägt.[202]

Nach dem Leistungsfähigkeitsprinzip als Fundamentalprinzip[203] gerechter Besteuerung, ist die individuelle Steuerbelastung nach der Fähigkeit des Einzelnen zu bemessen, die Steuerleistungen je nach seinen wirtschaftlichen Verhältnissen erbringen zu können.[204] Erforderlich ist daher, dass das zu versteuernde Einkommen die individuelle Leistungsfähigkeit des Steuerpflichtigen widerspiegelt. Dabei stellt die zunächst zu ermittelnde, objektive Komponente der Leistungs-

---

199 BVerfGE 84, 239 (268); BVerfG, BStBl. II 1995, 655 (660); vgl. dazu *Birk*, Die Verwaltung 35 (2002), S. 91 (93); *P. Kirchhof*, StbJb 1999/2000, S. 17 (25 f.).

200 BVerfGE 43, 108 (120); 61, 319 (343 f.); 66, 214 (223); 68, 287 (310); 74, 182 (199 f.); siehe auch BVerfGE 82, 60 (86); 89, 346 (352); 99, 216 (232); vgl. *P. Kirchhof*, StuW 1984, 297 (304 f.); *Papier*, FS für Vogel, S. 117 (128).

201 *J. Lang*, in: Tipke/Lang, Steuerrecht, § 4 Rn. 81; *Birk*, Steuerrecht, Rn. 152 f.; *Frenz*, StuW 1997, 116 (124); *Tipke*, SteuerRO I, S. 480, 488 ff., 500 f.; vgl. auch *P. Kirchhof*, Besteuerung im Verfassungsstaat, S. 22 ff.; anders *Weber-Grellet*, FS für Posser, S. 395 (407), der den Grundsatz der Leistungsfähigkeit aus einer Zusammenschau des Demokratieprinzips, der Freiheitsrechte, der Gleichheitsrechte und des Sozialstaatsgedankens ableitet; ähnlich BFH, BStBl. II 2001, 552 (553). Vgl. auch *Jachmann*, StuW 1996, 97 (98); *dies.*, DStZ 2001, 225 f., nach der die Besteuerungsgleichheit als proportionale Gleichheit einer Wertekonkretisierung bedarf, die maßgeblich durch das Sozialstaatsprinzip erfolgt.

202 Vgl. *J. Lang*, FS für Kruse, S. 313 (315, 318); *ders.*, DStJG 24 (2001), S. 49 (56).

203 *Hey*, in: H/H/R, Einf. KSt Anm. 27; *Lang*, DStJG 24 (2001), S. 49 (57); *Lang*, in: Tipke/Lang, Steuerrecht, § 4 Rn. 81; *Pezzer*, FS für Tipke, S. 419 (424); *Tipke*, SteuerRO I, S. 491; *vgl.* auch *Kirchhof*, in: Kirchhof/Söhn/Mellinghoff, § 2 EStG Rn. A 282; ablehnend *Kruse*, StuW 1990, 322 (327 f.); *ders.*, Steuerrecht I, § 2 III. 2.d), S. 51 f.

204 BVerfGE 61, 319 (343 f.); 93, 121 (135); BVerfG, BStBl. II 1995, 655 (660); *Frenz*, StuW 1997, 116 (124); *P. Kirchhof*, Besteuerung im Verfassungsstaat, S. 17; *Jachmann*, Steuergesetzgebung zwischen Gleichheit und wirtschaftlicher Freiheit, S. 9 ff.; *Birk*, Steuerrecht, Rn. 33, 153; *Kruse*, StuW 1990, 322 (326); *Tipke*, SteuerRO I, S. 481.

fähigkeit das Ergebnis einer gegenüber persönlichen Lebensumständen neutralen Mehrung von Zahlungsfähigkeit, insbesondere das Ergebnis wirtschaftlicher Ertragserzielung, dar.[205] Als Maßstab für die Besteuerung von Unternehmen ergibt sich die objektive Leistungsfähigkeit insoweit aus dem Gewinn oder Verlust[206] und damit aus dem Markteinkommen, auf das bei Kapitalgesellschaften die Körperschaftsteuer zugreift.[207] Die subjektive Leistungsfähigkeit berücksichtigt zusätzlich individuelle Merkmale, die die Zahlungsfähigkeit einer natürlichen Person bestimmen.[208] Existenzsichernder Aufwand kann an dieser Stelle in Abzug gebracht werden.[209] Eine subjektive Leistungsfähigkeit in dem Sinne, dass Einkommen für Zwecke des Konsums erwirtschaftet wird, existiert bei Körperschaften jedoch nicht.

b) Zuordnungssubjekt wirtschaftlicher Leistungsfähigkeit

Nach Art. 3 Abs. 1 i.V.m. Art. 19 Abs. 3 GG erstrecken sich die Grundrechte und damit die Besteuerungsgleichheit auch auf inländische juristische Personen, die danach Grundrechtsträger und auch Zuordnungssubjekt steuerlicher Leistungsfähigkeit sind.[210] Dass das Leistungsfähigkeitsprinzip seinem Wesen nach überhaupt auf juristische Personen anwendbar ist, ist jedoch nicht unumstritten.

Für die alleinige Anerkennung von natürlichen Personen als Zurechnungssubjekt steuerlicher Leistungsfähigkeit wird angeführt, dass die Zurechnung steuerlicher Leistungsfähigkeit im Dienste der Verteilung der Steuer als Gemeinlast auf die staatliche Allgemeinheit – und damit auf die Staatsangehörigen als Mitglieder der staatlichen Gemeinschaft – erfolge.[211] Damit wird das Leistungsfähigkeitsprinzip auf eine ausschließlich interpersonelle Verteilung der Steuerlasten unter Ausschluss juristischer Personen beschränkt.[212] Für die Ablehnung einer eigenständigen Leistungsfähigkeit von Körperschaften spreche zudem, dass die Besteuerung nach der Leistungsfähigkeit von allen Beteiligten ein gerechtes Opfer,

---

205 *Jachmann*, DStJG 23 (2000), S. 9 (12).

206 *J. Lang*, in: Tipke/Lang, Steuerrecht, § 8 Rn. 80; *ders.*, DStJG 24 (2001), S. 49 (59).

207 *Seer*, StbJb 2000/2001, S. 15 (17).

208 *Jachmann*, Steuergesetzgebung zwischen Gleichheit und wirtschaftlicher Freiheit, S. 11; *Seer*, StbJb 2000/2001, S. 15 (17); zur steuerlichen Leistungsfähigkeit im Bereich der KSt vgl. auch *Friauf*, StuW 1973, 97 (107); *Birk*, Steuerrecht, Rn. 156.

209 *Birk*, Die Verwaltung 35 (2002), S. 91 (96).

210 *J. Lang*, DStJG 24 (2001), S. 49 (58).

211 Vgl. *Jachmann*, DStJG 23 (2000), S. 9 (17).

212 *Andel*, Finanzwissenschaften, S. 313; *Haller*, Die Steuern, S. 176 f.; wohl auch *J. Lang*, StuW 1989, 3 (9); *Stolterfoht*, FS für Schmidt, S. 497 (501 f.); vgl. *Frenz*, StuW 1997, 116 (124).

eine Einbuße der Bedürfnisbefriedigung verlange, die nur natürliche Personen auf sich nehmen können, die einen persönlichen Bedarf zu befriedigen hätten; bei juristischen Personen sei ein solches Opfer nicht denkbar.[213]

Gewahrt werden könne das Leistungsfähigkeitsprinzip über eine Zurechnung der Einkünfte der Unternehmen an die Gesellschafter und damit durch eine ausschließliche Anknüpfung an deren Leistungsfähigkeit.[214] Dabei werden allerdings auch thesaurierte Unternehmensgewinne den Gesellschaftern zugerechnet, ohne dass ein tatsächlicher Mittelzufluss erfolgt.[215] Ein solches Vorgehen ist jedoch ebensowenig mit dem Leistungsfähigkeitsprinzip vereinbar wie die vollständige Nichtberücksichtigung einbehaltener Gewinne. Schließlich führt die Bildung von Rücklagen aus erwirtschafteten Gewinnen dazu, dass das Unternehmen selbst eine Steigerung der Leistungsfähigkeit zu verzeichnen hat.[216]

Das dem opfertheoretischen Ansatz zugrunde gelegte enge personenbezogene Verständnis des Leistungsfähigkeitsprinzips kann auch vor dem Hintergrund der wirtschaftlichen Verselbständigung der Körperschaften, die in ihrer Existenz vom Wechsel der hinter ihnen stehenden Personen grundsätzlich unabhängig sind, nicht überzeugen.[217]

Zwar erwirtschaften Körperschaften kein Einkommen für Zwecke des Konsums, so dass es insoweit an der subjektiven Leistungsfähigkeit fehlt;[218] dennoch können sie als juristische Personen Zurechnungssubjekt objektiver Leistungsfähig-

---

213 *BMF*, Gutachten der Steuerreformkommission 1971, S. 306 Tz. IV/54; ähnlich *Schneider*, in: Handbuch der Finanzwissenschaft (Neumark), Bd. II, S. 533 ff.; *ders.*, StuW 1975, 97 (100 f.); vgl. dazu *Pezzer*, FS für Tipke, S. 419 (424); *ders*, in: Besteuerung von Einkommen, S. 235 (241); dazu ausführlich *Tipke*, SteuerRO II, S. 1170 ff.

214 Vgl. dazu *Frenz*, StuW 1997, 116 (124).

215 *Frenz*, StuW 1997, 116 (124); ausführlich *Hey*, in: H/H/R, Einf. KSt Anm. 17, 19; zur Kritik am Konzept der Teilhabersteuer vgl. *Jachmann*, Steuergesetzgebung zwischen Gleichheit und wirtschaftlicher Freiheit, S. 106 f.; siehe auch *Pezzer*, FS für Tipke, S. 419 (429 f.).

216 Nach BFH, BStBl. II 1999, 450 (462) ist die Körperschaftsteuer insoweit die notwendige Konsequenz aus der Verselbständigung der juristischen Person, deren einbehaltene Gewinne sonst steuerfrei bleiben würden. Vgl. dazu auch *Jachmann*, DStJG 23 (2000), S. 9 (24); *Pezzer*, in: Besteuerung von Einkommen, S. 235 (243); *Stolterfoht*, FS für Schmidt, S. 497 (504 f.).

217 *Pezzer*, DStJG 20 (1997), S. 5 (13); *ders.*, in: Besteuerung von Einkommen, S. 235 (241); *Jachmann*, Steuergesetzgebung zwischen Gleichheit und wirtschaftlicher Freiheit, S. 61; *dies.*, DStJG 23 (2000), S. 9 (16 f.); *Tipke*, SteuerRO II, S. 1171 ff. m.w.N.

218 Vgl. *Crezelius*, DStJG 22 (1999), S. 73 (108).

keit sein.[219] Die juristischen Personen stellen sich typischerweise als eigenständige, im Wettbewerb tätige Organismen dar,[220] die Wertschöpfung betreiben. Das so erzielte Ergebnis ihrer selbständig wirtschaftenden Tätigkeit ist dabei ebenso als Ausdruck von Leistungsfähigkeit zu verstehen wie bei natürlichen Personen.[221] Betreibt eine juristische Person ein Unternehmen, ist sie demnach der gleichheitsrechtlich relevante Unternehmensträger, dem die im Unternehmen erzielte Leistungsfähigkeit als Subjekt der entsprechenden gleichmäßigen Besteuerung nach der Leistungsfähigkeit nach Art. 19 Abs. 3 GG zuzuordnen ist.[222]

c) Freiheitsrechtlicher Grundrechtsschutz von Kapitalgesellschaft und Anteilseigner

Als Maßstab steuerlicher Verteilungsgerechtigkeit erlangt das Leistungsfähigkeitsprinzip seine wesentliche Prägung durch die verfassungsrechtlichen Wertentscheidungen des Grundgesetzes. Eine freiheitsrechtliche Fundierung der Besteuerung nach der wirtschaftlichen Leistungsfähigkeit ergibt sich insoweit, als im Rahmen des Art. 3 Abs. 1 GG die wertsetzende Bedeutung der Grundrechte zu beachten ist.[223]

Tritt eine Gesellschaft als solche im Rechtsverkehr auf und erzielt Erträge, ist ihr diese Ausübung wirtschaftlicher Freiheit nach Maßgabe von Art. 12 und

---

219 Vgl. *Pezzer*, DStJG 20 (1997), S. 5 (13); *Jachmann*, Steuergesetzgebung zwischen Gleichheit und wirtschaftlicher Freiheit, S. 61; *dies.*, DStJG 23 (2000), S. 9 (16 f.); *Tipke*, SteuerRO II, S. 1173 m.w.N.; anders aber *BMF*, Gutachten der Steuerreformkommission 1971, Schriftenreihe Heft 17, S. 306 Tz. IV/54; *Grass*, Unternehmensformneutrale Besteuerung, S. 55; *Flume*, StbJb 1973/74, S. 53 (67 ff.); *Bach*, StuW 1991, 116 (127 f.); *Knobbe-Keuk*, DB 1989, 1303 (1306); *Haller*, Die Steuern, 1981, S. 176 f.; *Schneider*, in: Handbuch der Finanzwissenschaft (Neumark), Bd. II, S. 533 ff.; *ders.*, StuW 1975, 97 (101).

220 BT-Drucks. 7/1470, S. 326.

221 *Pezzer*, DStJG 20 (1997), S. 5 (13); *Jachmann*, DStJG 23 (2000), S. 9 (17); vgl. dazu auch *Jachmann*, Steuergesetzgebung zwischen Gleichheit und wirtschaftlicher Freiheit, S. 18.

222 *Jachmann*, DStJG 23 (2000), S. 9 (16 f.); *dies.*, Steuergesetzgebung zwischen Gleichheit und wirtschaftlicher Freiheit, S. 16 f.; a.A. *Frenz*, StuW 19997, 116 (124), nach dem auch das Unternehmen selbst als Träger von Leistungsfähigkeit anzuerkennen ist. Vgl. dazu auch *Lang*, DStJG 24 (2001), S. 49 (59).

223 *Jachmann*, Steuergesetzgebung zwischen Gleichheit und wirtschaftlicher Freiheit, S. 13; *Frenz*, StuW 1997, 116 (126); ähnlich *Birk*, Steuerrecht, Rn. 157, 161; *ders.*, Die Verwaltung 35 (2002), S. 91 (104); vgl. auch *Lehner/Waldhoff*, in: Kirchhof/Söhn/Mellinghoff, § 1 EStG, Rn. A 157, 147 ff., nach dem Art. 14 GG entscheidende Hilfe bei der Konkretisierung bietet.

Art. 14 i.V.m. Art. 19 Abs. 3 GG zuzurechnen.[224] Im Sinne der Besteuerungsgleichheit erfolgt mittels der Ertragsbesteuerung eine gleichmäßige Abschöpfung der erwirtschafteten Leistungsfähigkeit.[225] Die unter Wahrnehmung der grundgesetzlich garantierten Freiheiten erwirtschafteten Erträge unterliegen bei der Kapitalgesellschaft insoweit dem ertragsteuerlichen Zugriff.[226] Vor diesem Hintergrund erlangt allein die freiheitsrechtliche geschützte Position der Kapitalgesellschaft Bedeutung. Wird berücksichtigt, dass hinter der Körperschaft natürliche Personen als Anteilseigner stehen, ist jedoch zu fragen, ob und inwieweit eine von der Leistungsfähigkeit der Anteilseigner getrennte objektive Leistungsfähigkeit des Unternehmens angenommen werden kann.

Stellt sich die Körperschaft lediglich als Instrument zur Einkunftserzielung der Anteilseigner dar, ist das durch die Körperschaft erwirtschaftete Einkommen direkt als Gewinn der Anteilseigner zu erfassen und wird damit letztlich als Einkommen der Ausschüttungsempfänger behandelt.[227] Bei Vornahme einer Ausschüttung führen dann die von der Kapitalgesellschaft erwirtschafteten Erträge auch unmittelbar bei den Anteilseignern zu einer Steigerung ihrer Leitungsfähigkeit und werden insoweit doppelt besteuert.[228] Vor diesem Hintergrund könnte die Grundrechtsträgerschaft der hinter der Kapitalgesellschaft stehenden natürlichen Person, aus deren Perspektive in die Freiheit des Einsatzes des Anteilseigentums sowohl durch die Besteuerung der ausgeschütteten Gewinne bei der Körperschaft als auch durch die Besteuerung derselben Gewinne beim Anteilseigner selbst eingegriffen wird,[229] als maßgeblich anzusehen sein. Es wäre dann lediglich auf die Rechtspositionen der Anteilseigner einzugehen.

Nicht hinlänglich berücksichtigt würde bei der alleinigen Betrachtung der Rechtsposition der Anteilseigner allerdings der Sinn und Zweck des Art. 19 Abs. 3 GG. So findet der eigenständige Grundrechtsschutz juristischer Personen

---

224 *Jachmann*, DStJG 23 (2000), S. 9 (17).

225 Vgl. *Jachmann*, DStJG 23 (2000), S. 9 (16).

226 Vgl. *Jachmann*, DStJG 23 (2000), S. 9 (17).

227 Vgl. *Kirchhof*, in: Kirchhof/Söhn/Mellinghoff, § 2 EStG Rn. A 88.

228 Vgl. *Pezzer*, DStJG 20 (1997), S. 5 (9); *ders.*, FS für Tipke, S. 419 (426); *Jachmann*, DStJG 23 (2000), S. 9 (21); zur Rechtfertigung der Doppelbelastung ausführlich *Tipke*, SteuerRO II, S. 1165 ff. Nach dem ursprünglich geltenden Anrechnungsverfahren wurde die Doppelbelastung durch die Vollanrechnung der auf den ausgeschütteten Gewinn entrichteten Körperschaftsteuer auf die vom Anteilseigner zu zahlende Einkommensteuer vermieden. Durch das nunmehr anzuwendende Halbeinkünfteverfahren wird die Doppelbelastung gemindert, indem nach § 3 Nr. 40 d) EStG lediglich die Hälfte der Dividende der Einkommensbesteuerung beim Anteilseigner unterliegt. Zur allgemeinen Behandlung von Ausschüttungen bei der Körperschaft und beim Anteilseigner vgl. auch *Birk*, Steuerrecht, Rn. 1093 ff.

229 Vgl. *Jachmann*, DStJG 23 (2000), S. 9 (21).

seine Berechtigung gerade in der organisatorischen Verselbständigung und in ihrer Fähigkeit zur eigenständigen Willensbildung.[230] Verbunden hiermit ist ein grundrechtliches Schutzbedürfnis der juristischen Person, das typischerweise von dem seiner Mitglieder abweicht und über die Summierung der Grundrechtsbetätigung der Mitglieder hinausgeht.[231] Ausgehend von der steuerdogmatischen Selbständigkeit des Unternehmens belastet die Körperschaftsteuer die vom Anteilseigner abgeschichtete Leistungsfähigkeit. Die einkommensteuerliche Belastung der Einkünfte des Anteilseigners stellt sich insoweit nicht als Doppelbesteuerung, sondern als erstmalige Besteuerung eines Einkommens dar, das die Leistungsfähigkeit eines vom Körperschaftsteuersubjekt getrennt zu betrachtenden Steuersubjekts indiziert;[232] die Leistungsfähigkeitsindikatoren der beiden Steuersubjekte sind zu trennen.[233] Die Kapitalgesellschaft ist demnach nicht lediglich als Mittel zur Erzielung von Einkünften der Anteilseigner zu verstehen.[234] Vielmehr wird sie als Grundrechtsträger und Zurechnungssubjekt steuerlicher Leistungsfähigkeit nach Art. 19 Abs. 3 GG zur unternehmerischen Ertragserzielung tätig. Hiervon ist die Beteiligung des Anteilseigners an der Erzielung von Leistungsfähigkeit durch die Nutzung seines Anteilseigentums zu unterscheiden.[235] Insoweit ist der Vorgang der Ertragserzielung selbst als Gegenstand der grundrechtlichen Freiheitsausübung anzusehen. Zur Beurteilung der Leistungsfähigkeit wird folglich bei der Kapitalgesellschaft und bei den Anteilseignern an unterschiedliche Tätigkeiten angeknüpft.[236]

Vor diesem Hintergrund wird dem freiheitsrechtlichen Grundrechtsschutz lediglich dann umfassend Rechnung getragen, wenn die vom Gesetzgeber als steuergesetzliche Regelung eingeordnete Vorschrift in § 37 Abs. 2a i.V.m. § 34 Abs. 13b KStG nicht nur aus der Perspektive des Anteilseigners auf ihre materielle Verfassungsmäßigkeit untersucht wird, sondern zunächst eine Überprüfung auf der Ebene der Kapitalgesellschaft erfolgt, da diese nach Maßgabe von Art. 19

230 *Huber*, in: v. M/K/S, Art. 19 GG Rn. 237; vgl. *P. Kirchhof*, DStJG 24 (2001), S. 9 (18).

231 *Huber*, in: v. M/K/S, Art. 19 GG Rn. 236 ff.; vgl. dazu auch *Jachmann*, Steuergesetzgebung zwischen Gleichheit und wirtschaftlicher Freiheit, S. 19.

232 *Pezzer*, DStJG 20 (1997), S. 5 (10); vgl. dazu *Lang*, DStJG 24 (2001), S. 49 (97); siehe auch *Stolterfoht*, FS für Kruse, S. 485 (494 f.).

233 Diese Sicht entspricht dem „Trennungsprinzip". Das Gegenkonzept geht insoweit von einer „Transparenz" zwischen Unternehmen und Anteilseigner aus. Vgl. *Lang*, DStJG 24 (2001), S. 49 (97 f.).

234 So aber *Wagner*, Finanzwissenschaft, S. 420; vgl. *Pezzer*, DStJG 20 (1997), S. 5 (9, 11).

235 Dazu *Jachmann*, Steuergesetzgebung zwischen Gleichheit und wirtschaftlicher Freiheit, S. 67; *dies.*, DStJG 23 (2000), S. 9 (22).

236 Vgl. *Jachmann*, Steuergesetzgebung zwischen Gleichheit und wirtschaftlicher Freiheit, S. 38.

Abs. 3 GG ebenfalls Zuordnungssubjekt der gleichmäßigen Besteuerung nach der wirtschaftlichen Leistungsfähigkeit ist.[237]

2. Art. 14 GG

Die materiell-rechtliche Verfassungsmäßigkeit der mit dem StVergAbG eingeführten Regelung in § 37 Abs. 2a KStG und der Anwendungsvorschrift in § 34 Abs. 13b KStG soll im Hinblick auf die Rechtsposition der Kapitalgesellschaft zunächst anhand der in Art. 14 GG gewährleisteten Eigentumsgarantie überprüft werden. Entscheidend ist insoweit, ob das Körperschaftsteuerguthaben dem Schutzbereich von Art. 14 GG unterfällt, ob das Moratorium (§ 37 Abs. 2a Nr. 1 KStG) sowie die zeitliche Streckung der Realisierung von Körperschaftsteuerguthaben (§ 37 Abs. 2a Nr. 2 KStG) einen Eingriff in den Schutzbereich darstellen und ob sich diese Eingriffe rechtfertigen lassen.

a) Schutzbereich des Art. 14 GG

Der Begriff des Eigentums im Sinne des Art. 14 Abs. 1 GG ist nicht mit dem zivilrechtlichen Eigentumsbegriff identisch, sondern geht vielmehr über diesen hinaus. Er umfasst jedes vom Gesetzgeber zu einem bestimmten Zeitpunkt gewährte, vermögenswerte Recht, das dem Berechtigten von der Rechtsordnung in der Weise zugeordnet ist, dass er die damit verbundenen Befugnisse nach eigener Entscheidung zu seinem Nutzen ausüben darf.[238] Die Eigentumsgarantie dient damit der Sicherung persönlicher Freiheit im vermögensrechtlichen Bereich durch die Sicherung der materiellen Grundlagen der Persönlichkeitsentfaltung.[239] Die konkrete Reichweite des Eigentumsschutzes ergibt sich aus der Bestimmung von Inhalt und Schranken des Eigentums gem. Art. 14 Abs. 1 S. 2 GG durch den Gesetzgeber.[240] Infolge der Wandelbarkeit können Inhalt und Funktion des Eigentums an die jeweiligen gesellschaftlichen und wirtschaftli-

---

237 Vgl. auch *Lang*, Entwurf eines Steuergesetzbuchs, S. 134 Tz. 488 f.

238 Grundlegend BVerfGE 58, 300 (336); 58 (71); 83, 201 (209); 89, 1 (6); *Wieland*, in: Dreier, Art. 14 GG Rn. 31, 48; *Bryde*, in: v. Münch/Kunig, Art. 14 GG Rn. 12; *Jarass*, in: Jarass/Pieroth, Art. 14 GG Rn. 7 f.; ähnlich *Burgi*, NVwZ 1994, 527 (529); ausführlich zum Schutzbereich *v. Brünneck*, Die Eigentumsgarantie des Grundgesetzes, S. 392. Zur Normgeprägtheit des Eigentumsbegriffes vgl. auch *Grochtmann*, Art. 14 GG – Rechtsfragen der Eigentumsdogmatik, S. 105 ff.

239 Vgl. BVerfGE 50, 290 (339); 68, 193 (222); 83, 201 (208); 93, 121 (137); 97, 350 (370 f.); 100, 1 (32); 102, 1 (15); *Papier*, FS für Vogel, S. 117 (123).

240 BVerfGE 24, 367 (396); 79, 29 (40); *Nüßgens/Boujong*, Eigentum, Sozialbindung, Enteignung, Rn. 127; vgl. *Schönfeld*, BayVBl. 1996, 673 (674); zur Normgeprägtheit des verfassungsrechtlichen Eigentums vgl. auch *Depenheuer*, in: v. M/K/S, Art. 14 GG Rn. 29 f.

chen Verhältnisse angepasst werden.[241] Daraus folgt auch, dass der Gesetzgeber eine bestehende gesetzliche Regelung grundsätzlich durch eine neue Vorschrift ablösen und dabei Rechtspositionen, die nach altem Recht rechtmäßig erworben worden sind, inhaltlich umgestalten oder durch neue Rechte ersetzen kann.[242] Änderungen des eigentumsrelevanten einfachen Rechts definieren damit zugleich den Schutzbereich und können Eingriffe darstellen.[243]

Soweit § 37 Abs. 2a KStG als steuergesetzliche Vorschrift bewertet wird, ist allerdings bereits die Frage zu stellen, ob sich bei einer Steueränderung überhaupt Berührungspunkte mit Art. 14 Abs. 1 GG ergeben können.[244] Gegen die Anwendung der Eigentumsgarantie kann insoweit angeführt werden, dass Art. 14 Abs. 1 GG nur das Eigentum und nicht das Vermögen von Steuersubjekten als faktische Zusammenfassung der einzelnen Vermögensgegenstände bzw. der in diesen verkörperten Vermögenswerte schütze.[245] Da die Zahlung von Steuern als abstrakte Geldsummenschuld aus beliebigen Quellen erfolgen könne und Steuern das Vermögen in seiner Gesamtheit belasten, sei die Eigentumsgarantie des Art. 14 Abs. 1 GG durch Steuertatbestände als grundsätzlich nicht berührt anzusehen.[246] Etwas anderes gelte lediglich, wenn die Geldleistungspflicht den Steuerpflichtigen übermäßig belastet und seine Vermögensverhältnisse grundlegend beeinträchtigt.[247]

---

241 *Bryde*, in: v. Münch/Kunig, Art. 14 GG Rn. 11; *Nüßgens/Boujong*, Eigentum, Sozialbindung, Enteignung, Rn. 127; *Pieroth/Schlink*, Staatsrecht II, Rn. 899.

242 *Nüßgens/Boujong*, Eigentum, Sozialbindung, Enteignung, Rn. 136.

243 *Pieroth/Schlink*, Staatsrecht II, Rn. 899; vgl. auch *Grochtmann*, Art. 14 – Rechtsfragen der Eigentumsdogmatik, S. 280 ff. m.w.N.

244 Ausführlich zu den verschiedenen im Schrifttum vertretenen Standpunkten *Englisch*, StuW 2003, 237 (238 ff.).

245 BVerfGE 4, 7 (17); 8, 274 (330); 10, 354 (371); 19, 119 (128 f.); 30, 250 (271 f.); 65, 196 (209); 77, 308 (339); 78, 249 (277); 95, 267 (300); *Depenheuer*, in: v. M/K/S, Art. 14 GG Rn. 164; *Bryde*, in: v. Münch/Kunig, Art. 14 GG Rn. 23 m.w.N.; *Papier*, in: Maunz/Dürig, Art. 14 GG Rn. 60; *Pieroth/Schlink*, Staatsrecht, Rn. 907; a.A. Sondervotum *Böckenförde*, BVerfGE 93, 149 (154); *W. Leisner*, in: Isensee/Kirchhof, HbdStR VI, § 149 Rn. 127; *ders.*, NJW 1995, 2591 (2594).

246 Vgl. BVerfGE 91, 207 (220); dazu *Jarass*, in: Jarass/Pieroth, Art. 14 GG Rn. 17; *Depenheuer*, in: v. M/K/S, Art. 14 GG Rn. 165 mit weiteren Nachweisen zum Verhältnis von Eigentumsgarantie und Besteuerungsgewalt; *Streck/Binnewies*, DB 2002, 1956 (1960); *Friauf*, DStJG 12 (1989), S. 3 (19 ff.); so auch *Böckenförde*, Sondervotum zu den Einheitswertbeschlüssen, BVerfGE 93, 149 (154 f.). Zum Schutz des Vermögens durch Art. 14 GG siehe auch *Papier*, FS für Vogel, S. 117 (122 ff.); vgl. *Hey*, Steuerplanungssicherheit als Rechtsproblem, S. 141.

247 BVerfGE 14, 221 (241); 23, 288 (314 f.); 63, 312 (327); 343 (368); 68, 287 (310 f.); vgl. *Jachmann*, StuW 1996, 97 (100).

Mit dem Erfordernis einer konfiskatorischen oder erdrosselnden Wirkung der Geldleistungsverpflichtung ist die Intensität der Belastung für die Eröffnung des Schutzbereiches maßgeblich.[248] Einen dogmatischen Widerspruch weist diese Lösung insoweit auf, als Steuergesetze, die die Eigentumsgarantie nicht berühren sollen, dennoch eigentumsrechtliche Relevanz erlangen, wenn sie im Einzelfall zu einer übermäßigen Belastung führen.[249] Vor diesem Hintergrund sollte vielmehr davon ausgegangen werden, dass die Eigentumsgarantie vom steuerlichen Zugriff immer berührt ist.[250] Durch die Einbeziehung des Vermögens in den Eigentumsschutz verliert der Eigentumsbegriff zwar seine scharfe Kontur.[251] Gerade in einem Land mit einer hohen, permanenten Steuerlast sollte Art. 14 Abs. 1 GG jedoch auch auf Abgaben anwendbar sein, um dem Ziel des Eigentumsgrundrechts, die ökonomischen Grundlagen persönlicher Freiheit zu garantieren, gerecht zu werden.[252] Indem der Steueranspruch mit einem konkreten Gegenstand aus dem eigenen Vermögen befriedigt werden muss, entsteht durch die Besteuerung eine Gefährdungslage für das Eigentum des Steuerpflichtigen, die der Situation eines vollständig staatsgesteuerten Eingriffes entspricht.[253] Auch die freie Wahl des Mittels, das zur Begleichung der Steuerschuld aus dem Vermögen herangezogen werden soll, neutralisiert den Eingriffscharakter des Steuergesetzes nicht. Soweit sich der staatliche Steuerzugriff als abstrakte Geldwertschuld darstellt, erhält der Steuerschuldner lediglich eine Ersetzungsbefugnis.[254] Um den ökonomischen Schutz der persönlichen Freiheit auch bei

---

248 BVerfGE 14, 221 (241); 23, 288 (314); 29, 327 (331); 30, 250 (271 f.); 31, 8 (23); 87, 153 (169); vgl. auch *Bryde*, in: v. Münch/Kunig, Art. 14 GG Rn. 23; ausführlich *Depenheuer*, in: v. M/K/S, Art. 14 GG Rn. 167 ff.; zum Verbot der erdrosselnden Steuer vgl. *Jachmann*, Verfassungsrechtliche Grenzen der Besteuerung, S. 35 ff; vgl. *Hey*, Steuerplanungssicherheit als Rechtsproblem, S. 141.

249 Vgl. *Depenheuer*, in: v. M/K/S, Art. 14 GG Rn. 167; *F. Kirchhof*, StuW 2002, 185 (191).

250 BVerfGE, BStBl. II 1995, 655 (661); BVerfGE 93, 121 (137); 105, 17 (30); *F. Kirchhof*, StuW 2002, 185 (191) m.w.N.; *Papier*, FS für Vogel, S. 117 (123); *Tipke*, SteuerRO I, S. 449 ff.; *Mellinghoff*, DStR 2003, Beihefter 3, 3 (10 f.); vgl. auch *P. Kirchhof*, DStR 1979, 275 (282); zum Meinungsstand vgl. *Tipke*, SteuerRO I, S. 438 ff.; *Depenheuer*, in: v. M/K/S, Grundgesetz I, Art. 14 Rn. 169 ff.; zu den grundlegend unterschiedlichen dogmatischen Konzepten, mit denen begründet wird, dass im Zusammenhang mit Steuern auch Art. 14 GG zu berücksichtigen ist, siehe *Hey*, Steuerplanungssicherheit als Rechtsproblem, S. 143 f.

251 *Papier*, in: Maunz/Dürig, Art. 14 GG Rn. 160; vgl. auch *Papier*, FS für Vogel, S. 117 (123); *ders.*, Stbg 1999, 49 (52); *Depenheuer*, in: v. M/K/S, Art. 14 GG Rn. 169.

252 *P. Kirchhof*, AöR 128 (2003), 1, 12 ff.; *F. Kirchhof*, StuW 2002, 185 (191); vgl. auch *Jachmann*, FS für Schiedermair, S. 391 (392 ff.).

253 *F. Kirchhof*, StuW 2002, 185 (191).

254 *Depenheuer*, in: v. M/K/S, Art. 14 GG Rn. 89 und 173.

einem Steuerzugriff zu gewährleisten, sind demnach auch Steuern an der Eigentumsgarantie zu messen.

Wird – angesichts der eingeschränkten Nutzungsmöglichkeiten des Körperschaftsteuerguthabens und der hieraus resultierenden nachteiligen Auswirkungen auf die Höhe der zu zahlenden Körperschaftsteuer – nicht beachtet, dass § 37 Abs. 2a KStG n.F. die Behandlung einer Vermögensposition der Kapitalgesellschaften betrifft und gerade keine Besteuerung erfolgt, steht selbst dies einer verfassungsrechtlichen Beurteilung unter Heranziehung von Art. 14 Abs. 1 GG folglich nicht entgegen.

aa) Steuerguthaben als Schutzgut von Art. 14 GG

Das Körperschaftsteuerminderungsguthaben der Kapitalgesellschaften stellt einen Vermögenswert dar, der auch nach der Umstellung des Anrechnungsverfahrens auf das Halbeinkünfteverfahren gem. §§ 36 ff. KStG i.d.F. des StSenkG weiterhin realisiert werden konnte.[255] Bei einer Realisierung des Körperschaftsteuerguthabens im Zuge von Ausschüttungen konnte für den Veranlagungszeitraum, in dem die Ausschüttung erfolgte, einer Minderung der Körperschaftsteuer geltend gemacht werden, die dem Betrage nach der jeweiligen Minderung des Körperschaftsteuerguthabens entsprach. Die auf dem Körperschaftsteuerguthaben beruhenden Minderungsansprüche stellen somit Ansprüche gegen den Staat dar. Als vermögenswerte Rechte werden öffentlich-rechtliche Ansprüche neben dem Forderungseigentum zwischen Privaten von dem Schutz der Eigentumsgarantie erfasst, wenn sie das Äquivalent eigener Leistungen des Inhabers sind.[256] Die Gleichstellung subjektiv öffentlicher Positionen mit privatrechtlichem Eigentum setzt insoweit voraus, dass der Sachverhalt, der ein subjektiv-öffentliches Recht begründet, dem einzelnen eine Rechtsposition verschafft, die derjenigen eines Eigentümers entspricht und die so stark ist, dass ihre ersatzlose Entziehung dem rechtsstaatlichen Gehalt des Grundgesetzes widerspricht.[257]

Dass Steuererstattungen von der Eigentumsgarantie geschützt sind, ist allgemein anerkannt.[258] Es liegt daher nahe, die durch das Steuerguthaben verkörperten

---

[255] Vgl. *Frotscher*, in: Frotscher/Maas, § 36 KStG Rn. 5, § 37 KStG Rn. 18c.

[256] BVerfGE 4, 219 (240 f.); 53, 257 (289 ff.); 69, 272 (301); vgl. *Jarass*, in: Jarass/Pieroth, Art. 14 GG Rn. 11 m.w.N.; *Hey*, StuW 1998, 298 (308) m.w.N.

[257] BVerfGE 40, 65 (83); ähnlich *Hey*, StuW 1998, 298 (308).

[258] BVerfGE 70, 278 (285); *Pieroth/Schlink*, Staatsrecht II, Rn. 909; *Hey*, in: H/H/R, Steueref., vor § 36 KStG Rn. 25; vgl. *Streck/Binnewies*, DB 2002, 1956 (1961); *Birk/Desens*, StuW 2004, 97 (99); dazu auch *F. Kirchhof*, StuW 2002, 185 (191), der es vor diesem Hintergrund für nur schwer erklärbar hält, dass Art. 14 GG nicht zugleich vor der Auferlegung von Steuern schützt.

Körperschaftsteuerminderungsansprüche ebenfalls als von Art. 14 GG geschützt anzusehen, auch wenn die Realisierung erst bei Vornahme einer Ausschüttung möglich ist. Für eine Vergleichbarkeit mit Steuererstattungsansprüchen, die nach § 37 Abs. 2 S. 1 AO auch bei einem späteren Wegfall des rechtlichen Grundes für die Steuerzahlung entstehen können,[259] spricht, dass mit der Auskehrung an die Anteilseigner aus den steuerlich höher belasteten Rücklagen der Tatbestand, durch den die höhere steuerliche Belastung veranlasst war, nicht mehr vorlag und damit nachträglich eine Erstattung zuviel gezahlter Steuern erforderlich wurde.[260]

Problematisch erscheint der Vergleich von Körperschaftsteuerminderungsansprüchen mit Steuererstattungsansprüchen allerdings, wenn davon ausgegangen wird, dass es sich bei der entrichteten Körperschaftsteuer um eine aufgrund der Gesetze und damaligen Tatbestandsverwirklichung unbedingt entstandene Tarifsteuer handelt.[261] Gegen die Annahme einer endgültig entstandenen Steuer ist jedoch anzuführen, dass die Körperschaftsteuerguthaben aus betriebswirtschaftlicher Sicht als Steuervorauszahlungen zu bewerten sind[262] und die Thesaurierungsbelastung insoweit eine Zwischenstufe der Besteuerung bis zur Ausschüttung darstellt. Demnach kann nicht davon ausgegangen werden, dass aufgrund eines Entgegenkommens gegenüber der Großindustrie eine „Vergoldung“ der versteuerten Gewinnrücklagen erfolgt.[263] Zwar unterscheidet sich die Situation der Kapitalgesellschaften aufgrund der Erstattungsmöglichkeit von der eines Einzelunternehmers oder eines Personengesellschafters, der selbst bei einer nachweislichen Reinvestition der erwirtschafteten Gewinne anlässlich einer späteren Senkung des Steuersatzes den ursprünglich zu entrichtenden Mehrbetrag gerade nicht zurückfordern kann.[264] Allerdings erfolgte bei diesen Steuerpflichtigen von vornherein eine Gewinnbesteuerung unabhängig von der späteren Gewinnverwendung.

---

259 Zum Steuererstattungsanspruch siehe *Birk*, Steuerrecht, Rn. 294 ff.

260 Vgl. BT-Drucks. 7/1470, S. 330, wonach die Besteuerung des thesaurierten Gewinns, der weiterhin im Wettbewerb eingesetzt werden konnte, an der Besteuerung des Gewinns einer natürlichen Person mit vergleichbarer Leistungsfähigkeit auszurichten war.

261 So *Frotscher*, in: Frotscher/Maas, § 37 KStG Rn. 18c; zustimmend *Dötsch*, in: Dötsch/Eversberg/ Jost/Witt, § 37 KStG Rn. 50 a.E.

262 Vgl. *Streck/Binnewies*, DB 2003, 1133; *Schwedhelm/Binnewies*, DB 2001, 503 (507); BFH, BStBl. II 2001, 261 (262); BFH/NV 1998, 746 (748).

263 *Treptow*, Protokoll Nr. 7 des Finanzausschusses des Deutschen Bundestages zur öffentlichen Anhörung zum Entwurf des StVergAbG vom 15.1.2003, S. 59; anders aber *Jarass*, ebd., S. 36.

264 *Jarass*, Protokoll Nr. 7 des Finanzausschusses des Deutschen Bundestages zur öffentlichen Anhörung zum Entwurf des StVergAbG vom 15.1.2003, S. 36; vgl. auch *Kuhn*, ebd., S. 58; zur Spreizung zwischen ESt und KSt vgl. *Müller-Gatermann*, GmbHR 2000, 650 (653, 655).

Wollte man den Schutz des Körperschaftsteuerguthabens durch Art. 14 Abs. 1 GG mit der Begründung ablehnen, dass es sich bei der Besteuerung von thesaurierten Gewinne um eine definitiv entstandene Steuerbelastung handele,[265] würde dem in einem Rechtsstaat zu gewährenden Vertrauensschutz, nach dem Vermögenspositionen nicht ohne weiteres entzogen werden können, nicht in ausreichender Weise Rechnung getragen. Schließlich konnten die Kapitalgesellschaften davon ausgehen, dass nach dem geltenden Recht, das zur Entstehung der Guthaben führte, bei einer Ausschüttung eine Herabschleusung auf den niedrigeren Ausschüttungssteuertarif erfolgt.

Da auch Anwartschaften als wesensgleiches Minus zum Eigentum von Art. 14 GG erfasst werden,[266] ist der Grundrechtsschutz nicht schon angesichts des Erfordernisses einer noch vorzunehmenden Ausschüttung als Voraussetzung für die Realisierung des Guthabens in Frage zu stellen. Maßgeblich ist vielmehr, ob das Körperschaftsteuerguthaben sich als vermögenswertes Gut darstellt, das die wesentlichen Merkmale verfassungsrechtlich geschützten Eigentums aufweist. Insoweit ist entscheidend, dass das Körperschaftsteuerguthaben ausschließlich den Kapitalgesellschaften als privaten Rechtsträgern zugeordnet ist und lediglich von ihnen über diese Vermögensposition verfügt werden kann. Der Umfang des Guthabens ist durch die Leistung der Kapitalgesellschaft, auf deren Grundlage Gewinne erwirtschaftet und thesauriert worden sind, bestimmt. Die Berechtigung, Steuerguthaben verwerten zu können, steht somit im Zusammenhang mit einer eigenen Leistung, die als besonderer Schutzgrund für die Eigentumsposition anerkannt ist.[267] Die Minderungsansprüche der Körperschaften, die durch das Körperschaftsteuerguthaben verkörpert werden, fallen als grundrechtlich geschützte Anwartschaftsrechte somit in den Schutzbereich von Art. 14 GG.[268] Da es zusätzlich Ausdruck von Art. 14 Abs. 1 GG sein kann, dass eigene Ressourcen und damit Eigentum den Vorstellungen des Eigentümers entsprechend ge-

---

265 So *Sinn*, Der Irrtum des Herrn Eichel, Die Zeit vom 1.8.2002, S. 26; Erwiderung hierzu von *Zitzelsberger*, Alles falsch, Herr Sinn!, Die Zeit vom 8.8.2002, S. 22.

266 BVerfGE 100, 1 (32); vgl. *Papier*, in: Maunz/Dürig, Art. 14 GG Rn. 87, 155 ff.; *ders.*, SGb 1994, 105 (108).

267 Vgl. BVerfGE 100, 1 (32) zum grundrechtlichen Schutz von Rentenanwartschaften.

268 Im Ergebnis ebenso schon *BMF*, Brühler Empfehlungen, Schriftenreihe Heft 66, S. 63; *Raber*, DB 1999, 2596 (2599); *Hey*, in: H/H/R, Steuerref. II, vor § 36 KStG Rn. 25; *dies.*, Steuerplanungssicherheit als Rechtsproblem, S. 539 f.; *Streck/Binnewies*, DB 2003, 1133; *Birk/Desens*, StuW 2004, 97 (100). Im Rahmen der Anhörung des Finanzausschusses wurden die Ansprüche auf das Körperschaftsteuerguthaben als eigentumsähnliche Ansprüche (*Schlachter*, S. 36 f.) oder auch als verfassungsrechtlich garantierter Steuererstattungsanspruch bezeichnet (*Stellungnahme der DIHK*, S. 266 (303)), vgl. Protokoll Nr. 7 des Finanzausschusses des Deutschen Bundestages zur öffentlichen Anhörung zum Entwurf des StVergAbG vom 15.1.2003.

nutzt wird,[269] ist darüber hinaus die Nutzungsmöglichkeit des Körperschaftsteuerguthabens von der Eigentumsgarantie erfasst.

Verlangt man mit Blick auf Art. 14 Abs. 1 S. 2 GG, dass das Innehaben eines Gegenstandes oder Rechts nur dann als Eigentum im Sinne des Art. 14 GG einzuordnen ist, wenn das Zuordnungsverhältnis dem Grunde nach durch einfache Gesetze rechtlich strukturiert wurde,[270] wird man sich zumindest nach der Einführung der §§ 36 ff. KStG zur Realisierung von Körperschaftsteuerguthaben durch das StSenkG einer Anerkennung des Körperschaftsteuerguthabens als Schutzgut des Art. 14 GG nicht mehr verschließen können. Eine Bewertung der Realisierungsmöglichkeit des Körperschaftsteuerguthabens als Steuervergünstigung, deren Missbrauch durch ein Gesetz zu verhindern wäre, kommt nicht in Betracht, da die Minderung des Körperschaftsteuerguthabens bei Ausschüttungen lediglich der Rückzahlung einer zu hoch angesetzten Steuer dient, auf die der Steuerpflichtige einen Anspruch hat.[271]

Im Rahmen seiner Gestaltungskompetenz hat der Gesetzgeber in § 36 ff. KStG i.d.F. des StSenkG Regelungen geschaffen, in denen zugleich die Nutzungsmöglichkeiten des Körperschaftsteuerguthabens einfach-gesetzlich konstituiert wurden, so dass auch diesen selbst eigentumsrechtliche Relevanz zukommt.[272] An dieser Stelle kann daher offen bleiben, ob der Schutz von Nutzungsmöglichkeiten ihre gesetzliche Normierung im Sinne des Art. 14 Abs. 1 S. 2 GG voraussetzt oder auch eine Herleitung unmittelbar aus der Eigentumsgarantie möglich ist.[273] Festzuhalten bleibt im Ergebnis, dass der Schutzbereich der Eigentumsgarantie das Körperschaftsteuerguthaben, das die Minderungsansprüche verkörpert, und seine Realisierungsmöglichkeit umfasst.

---

269 BVerfGE 24, 367 (389); 50, 290 (339); 52, 1 (39); 53, 257 (290); 83, 201 (208 f.); 88, 366 (377); 89, 1 (6); 95, 267 (300); *Frenz*, StuW 1997, 116 (126); vgl. *Grochtmann*, a.a.O. S. 126 ff.; zum Schutz der Eigentumsnutzung siehe auch *W. Leisner*, in: Isensee/Kirchhof, HbdStR VI, § 149 Rn. 82.

270 Vgl. *Grochtmann*, Art. 14 – Rechtsfragen der Eigentumsdogmatik, S. 115 f.

271 *Frotscher*, in: Frotscher/Maas, § 37 KStG Rn. 29; vgl. auch *Stellungnahme des Zentralen Kreditausschusses*, Protokoll Nr. 7 des Finanzausschusses des Deutschen Bundestages zur öffentlichen Anhörung zum Entwurf des StVergAbG vom 15.1.2003, S. 870 (892).

272 *Grochtmann*, Art. 14 – Rechtsfragen der Eigentumsdogmatik, S. 116 f.

273 Die einfach-gesetzliche Normierung von Nutzungsmöglichkeiten verlangt *Grochtmann*, Art. 14 – Rechtsfragen der Eigentumsdogmatik, S. 116 f.; vgl. auch *W. Leisner*, BB 1992, 73 (74 f.); für eine verfassungsunmittelbare Verortung des Nutzungsschutzes *Lubberger*, Eigentumsdogmatik, S. 248 ff.; vgl. dazu die kritische Stellungnahme von *Grochtmann*, a.a.O., S. 135 ff.; zumindest die Garantie einer „Kern-Nutzung“ durch Art. 14 GG fordert *W. Leisner*, in: Isensee/Kirchhof, HbdStR VI, § 149 Rn. 82.

bb) Abgrenzung von Art. 14 GG zu Art. 12 GG

Gegen die Einbeziehung der Nutzungsmöglichkeit von Körperschaftsteuerguthaben in den Schutzbereich von Art. 14 Abs. 1 GG könnte einzuwenden sein, dass mit dem grundrechtlichen Schutz der Realisierung des Körperschaftsteuerguthabens auch die hiermit in Zusammenhang stehenden Vermögensvorteile als Erwerbschancen, die sich nach der Rechtsänderung nicht mehr realisieren lassen, von Art. 14 Abs. 1 GG erfasst werden. Hierin liegt möglicherweise eine unangemessene Erweiterung des Schutzbereiches. Zwar wird neben dem Bestand des Eigentums auch die Nutzung und Verwendung von Art. 14 Abs. 1 GG geschützt, in den Schutzbereich fällt grundsätzlich aber nicht die Erwartung auf den Fortbestand äußerer Umstände, insbesondere einer günstigen Gesetzeslage, die kein subjektives Recht zugunsten des Eigentümers vermittelt.[274]

Unter Berücksichtigung der sich für die Kapitalgesellschaften günstig auswirkenden Nutzung des Körperschaftsteuerguthabens und der hiermit verbundenen Körperschaftsteuerminderungsmöglichkeit, die durch das StVergAbG eingeschränkt wurde, könnte insoweit bei einer verfassungsrechtlichen Prüfung vielmehr auf Art. 12 Abs. 1 GG zurückzugreifen sein, der im Gegensatz zur Eigentumsgarantie Chancen und Verdienstmöglichkeiten nicht aus dem Schutzbereich ausschließt.[275]

Die Anwendungsbereiche von Art. 14 GG und Art. 12 GG sind unter Heranziehung allgemeiner Grundsätze voneinander abzugrenzen.[276] Danach schützt die Eigentumsgarantie das Erworbene als Ergebnis einer Betätigung, die Berufsfreiheit dagegen den Erwerb und damit die Betätigung selbst.[277] Maßgeblich ist insoweit, ob die Behandlung des Körperschaftsteuerguthabens seiner sozialen Funktion nach der Eigentums- und Vermögenssphäre zugeordnet werden kann und damit der Schutzbereich von Art. 14 GG einschlägig ist, oder ob der Gesetzgeber durch die Einschränkung der Realisierungsmöglichkeit auf das

274 Vgl. BVerfGE 28, 119 (142); 30, 292 (334 f.); 43, 291 (390); *Jarass*, in: Jarass/Pieroth, Art. 14 GG Rn. 22; *Eschenbach*, Der verfassungsrechtliche Schutz des Eigentums, S. 217.

275 Zum Ausschluss von Chancen und Erwartungen aus dem Schutzbereich der Eigentumsgarantie vgl. BVerfGE 30, 292 (334 f.); 39, 210 (237); *Grochtmann*, Art. 14 – Rechtsfragen der Eigentumsdogmatik, S. 79 und 278; dazu auch *Frz. Klein*, BayVBl. 1980, 527 (528).

276 Vgl. BVerfGE 30, 292 (335); 84, 133 (157); 88, 366 (377); *Depenheuer*, in: v. M/K/S, Art. 14 GG Rn. 99 m.w.N.; *Frz. Klein*, BayVBl. 1980, 527 (528); *Jachmann*, Nachhaltige Entwicklung und Steuern, S. 68.

277 BVerfGE 84, 133 (157); 88, 366 (377); *Depenheuer*, in: v. M/K/S, Art. 14 GG Rn. 99; vgl. auch *Jachmann*, Steuergesetzgebung zwischen Gleichheit und wirtschaftlicher Freiheit, S. 38.

Körperschaftsteuerguthaben als Ergebnis der Berufsausübung zugreift und damit vorrangig berufsregelnd tätig wird.[278]

Bei der Beschränkung der zulässigen Geltendmachung von Körperschaftsteuerminderungsansprüchen ist bereits bestehendes Körperschaftsteuerguthaben und damit das Erworbene Bezugspunkt, so dass die Anwendung von Art. 14 GG nahe liegt. Soweit infolge der beschränkten Nutzungsmöglichkeit des Körperschaftsteuerguthabens und der hierdurch entstehenden Zins- und Liquiditätsnachteile ein Eingriff in die Erwerbs- und Leistungstätigkeit des Unternehmens anzunehmen wäre, der Art. 12 GG unterfällt, bleibt dieser nachrangig. Im Vordergrund steht vielmehr, dass durch die gesetzliche Bestimmung der Nutzungsmöglichkeit des Körperschaftsteuerguthabens die Innehabung, Nutzung und Verwendung von Vermögensgütern beschränkt wird, so dass Maßstab Art. 14 GG sein muss.[279]

Diese Betrachtung trägt dem Umstand Rechnung, dass sich eine übermäßige Beschränkung der Eigentumsgarantie ergeben würde, wenn der Rückgriff auf Art. 14 Abs. 1 GG lediglich in Fällen in Betracht käme, in denen die Substanz und die personelle Zuordnung betroffen sind.[280] Ein an Art. 14 Abs. 1 GG orientierter Anspruch auf Steuerplanungssicherheit soll zwar nicht zu einer Renditeversicherung führen; allerdings kann der Schutz von Art. 14 Abs. 1 GG auch nicht allein auf den Bestand des Eigentums in seiner materialen Zusammensetzung beschränkt werden. Um den Träger des Eigentumsgrundrechts einen Freiraum im vermögensrechtlichen Bereich zu gewährleisten und ihm eine eigenverantwortliche Gestaltung des Lebens zu ermöglichen,[281] ist die Eigentumsgarantie auch auf die Möglichkeit zu erstrecken, Eigentumspositionen gewinnbringend einzusetzen.[282] Dabei konkretisiert sich eine Chance bereits in dem Moment zur Dispositionsgrundlage, in dem der Steuerpflichtige Anstrengungen zu ihrer Ausnutzung unternimmt. Erst die Sicherung der in der Rechtsposition verkörperten Gebrauchsmöglichkeit, Ertragsfähigkeit und Verfügungsfähigkeit erlauben es jedoch, das Eigentum gestaltend zu nutzen.[283]

---

278 Vgl. *Jachmann*, StuW 1996, 97 (100 f.).

279 Vgl. *Papier*, in: Maunz/Dürig, Art. 14 GG Rn. 169 f.

280 *Isensee*, FS für Klein, S. 611 (622).

281 Vgl. BVerfGE 68, 193, 222; 79, 292 (303 f.); 97, 350 (370 f.).

282 *Hey*, Steuerplanungssicherheit als Rechtsproblem, S. 150; *Wendt*, in: Sachs, Art. 14 GG Rn. 48.

283 *Hey*, Steuerplanungssicherheit als Rechtsproblem, S. 151; vgl. zur freiheitssichernden Funktion des Eigentums aufgrund von Tauschchancen *P. Kirchhof*, Besteuerungsgewalt und Grundgesetz, S. 12; *Isensee*, FS für Klein, S. 611 (622).

Vor diesem Hintergrund kann die Einbeziehung der Nutzungsmöglichkeit von Körperschaftsteuerguthaben in den Schutzbereich des Art. 14 GG nicht als eine unangemessene Erweiterung der Eigentumsgarantie angesehen werden, zumal eine weite Fassung des Schutzbereiches durch die Anwendung strengerer Maßstäbe hinsichtlich der Eingriffsqualität staatlichen Handelns ausgeglichen werden kann.[284] Die Prüfung der materiellen Verfassungsmäßigkeit kann insoweit auf Art. 14 GG, dessen Schutzbereich – wie oben dargestellt – eröffnet ist, begrenzt werden.[285]

b) Eigentumseingriff

Die Neuregelung zur Realisierung von Körperschaftsteuerguthaben in § 37 Abs. 2a KStG lässt die Zuordnung des Körperschaftsteuerguthabens zu den bisherigen Inhabern, wie zunächst auch den Bestand[286] des Körperschaftsteuerguthabens, unberührt, sieht aber eine weitgehende Beschränkung der Realisierungsmöglichkeit vor. Entscheidend ist daher, ob die Einschränkung der Nutzungsmöglichkeit des Körperschaftsteuerguthabens als Eingriff in den Schutzbereich von Art. 14 Abs. 1 GG zu qualifizieren ist.

Anzunehmen ist ein Eingriff in ein Grundrecht immer dann, wenn für den einzelnen die Ausübung eines Verhaltens, das vom Schutzbereich eines Grundrechts umfasst ist, rechtlich oder tatsächlich unmöglich gemacht oder wesentlich erschwert wird.[287] Voraussetzung ist demnach, dass das Körperschaftsteuerguthaben als schutzfähige Position entzogen oder die Nutzung, Verfügung und Verwertung Beschränkungen unterworfen wird.[288]

---

284 *Hey*, Steuerplanungssicherheit als Rechtsproblem, S. 152 ff.; zum Verhältnis von Schutzbereich und Eingriff s.a. *Weber-Dürler*, VVDStRL Bd. 57 (1998), S. 57 (82 ff.).

285 Unerheblich ist daher die im Rahmen von Art. 12 GG diskutierte Frage, ob der Steuereingriff eine berufsregelnde Tendenz aufweist. Zur Begrenzungswirkung der Berufsfreiheit gegenüber Besteuerungseingriffen siehe *Hey*, Steuerplanungssicherheit als Rechtsproblem, S. 165 f.

286 Nach § 37 Abs. 2 KStG mindert sich das Körperschaftsteuerguthaben letztmalig in dem VZ, in dem das 18. Wirtschaftsjahr endet, das auf das Wirtschaftsjahr folgt, auf dessen Schluss nach § 37 Abs. 1 KStG das Körperschaftsteuerguthaben ermittelt wird. Noch vorhandenes Restguthaben verfällt am Ende des Übergangszeitraumes.

287 Sog. moderner Eingriffsbegriff; siehe statt aller *Pieroth/Schlink*, Staatsrecht II, Rn. 240; vgl. auch *Grochtmann*, Art. 14 GG – Rechtsfragen der Eigentumsdogmatik, S. 275 ff.

288 Vgl. *Jarass*, in: Jarass/Pieroth, Art. 14 GG Rn. 19; *Birk*, in: Hübschmann/Hepp/Spitaler, § 4 AO Rn. 596; dazu auch *Streck/Binnewies*, DB 2002, 1956 (1960); ausführlich zu der Frage, inwieweit eine Steuererhebung auf der Grundlage eines konkreten Steuertatbestandes als Eigentumseingriff qualifiziert werden kann: *Jachmann*, Steuergesetzgebung zwischen Gleichheit und wirtschaftlicher Freiheit, S. 36 f.; *dies.*, Nachhaltige Entwicklung und Steuern, S. 67 ff.; vgl. auch *Papier*, in: Maunz/Dürig, Art. 14 GG Rn. 169 f.

aa) Moratorium gem. § 37 Abs. 2a Nr. 1 KStG

Infolge des in § 37 Abs. 2a Nr. 1 KStG i.d.F. des StVergAbG geregelten Moratoriums wird das Körperschaftsteuerguthaben der Kapitalgesellschaften bei Gewinnausschüttungen vom 12.4.2003 bis zum 31.12.2005 nicht mehr gemindert. Auch wenn der Anspruch auf das Guthaben zunächst nicht verfällt, bedeutet das Moratorium für die Kapitalgesellschaften eine zeitlich begrenzte Beschränkung der Nutzungsmöglichkeit ihres Steuerguthabens. Die Vorschrift greift damit in subjektive Rechte der Kapitalgesellschaften ein, die diesen aufgrund der ursprünglich bestehenden Rechtslage erwachsen sind. Zwar ist zu berücksichtigen, dass die Eigentumsfreiheit als spezielles, verhaltenschützendes Freiheitsgrundrecht nicht generell vor allen staatlichen Maßnahmen mit Vermögensgüterbezug, sondern nur vor nach dem Maßstab dieses Grundrechts unzulässigen Einengungen des wirtschaftlichen Betätigungsfreiraums schützt.[289] Da mit Einführung des Moratoriums eine zentrale Verwendungsmöglichkeit des Körperschaftsteuerguthabens vorläufig entfällt,[290] ergibt sich aber auch vor diesem Hintergrund keine andere Bewertung. Die sich aufgrund von § 37 Abs. 2a Nr. 1 KStG ergebende Änderung der Realisierungsmöglichkeit für Körperschaftsteuerguthaben als zielgerichtete Beschränkung der Nutzungsmöglichkeit, die für Kapitalgesellschaften zu einer Belastung führt und zudem das Überdenken der Ausschüttungspolitik erforderlich macht, stellt damit einen Eingriff in ein grundrechtlich geschütztes Eigentumsgut dar.[291]

bb) Streckung von Körperschaftsteuerguthaben gem. § 37 Abs. 2a Nr. 2 KStG

Die Geltendmachung von Körperschaftsteuerminderungsansprüchen ist ab dem 1.1.2006 gem. § 37 Abs. 2a Nr. 2 KStG n.F. durch einen Höchstbetrag begrenzt.[292] Dieser kann als Konsequenz einer zeitlichen Befristung der Realisierungsmöglichkeit des Körperschaftsteuerguthabens gem. § 37 Abs. 2 S. 2 KStG nach Ablauf des Übergangszeitraumes im Jahr 2019[293] nicht mehr geltend gemacht werden. Die Körperschaften sind daher in der Nutzung des Guthabens erheblich eingeschränkt und müssen ihre Gewinnausschüttungspolitik auf die aktuelle Regelung abstellen, um eine möglichst weitgehende Realisierung zu

---

289 Vgl. *Eschenbach*, Der verfassungsrechtliche Schutz des Eigentums, S. 646.

290 Keine Anwendung findet das Moratorium bei einer Liquidation (vgl. § 40 Abs. 4 S. 7 KStG n.F.) und bei einer Umwandlung einer Kapitalgesellschaft in eine Personengesellschaft (vgl. § 10 S. 2 UmwStG). Siehe auch C. III.

291 Vgl. auch *Grube*, F.A.Z. vom 23.4.2003, S. 23; *Lornsen-Veit/Möbus*, BB 2003, 1154 (1156); *Streck/Binnewies*, BB 2003, 1133 f.; *dies.*, BB 2002, 1956 ff.

292 Vgl. C. I. 2.

293 Es wird davon ausgegangen, dass das Wirtschaftsjahr dem Kalenderjahr entspricht.

erreichen und den Entzug der schutzfähigen Position am Ende der Übergangszeit zu verhindern. In welchem Umfang Körperschaftsteuerguthaben mit Ablauf der Übergangsfrist tatsächlich verfällt, ist zum jetzigen Zeitpunkt jedoch nicht absehbar. Für die Kapitalgesellschaften entsteht aufgrund der getroffenen Regelung nach dem Ablauf des Moratoriums jedenfalls aber ein faktischer Ausschüttungszwang,[294] der besonders dann im Widerspruch zu den Unternehmensinteressen steht, wenn die wirtschaftliche Situation Ausschüttungen nicht oder nur begrenzt zulässt.[295] Werden vermehrte Gewinnausschüttungen allein aus steuerlichen Gründen vorgenommen, kann sich eine zusätzliche Verzerrung von Gewinnverwendungsentscheidungen ergeben.[296]

Da die Realisierung des Körperschaftsteuerguthabens mit Zins- und Liquiditätswirkungen verbunden ist,[297] haben die Kapitalgesellschaften nicht nur ein Interesse daran, das Körperschaftsteuerguthaben innerhalb des gesamten Übergangszeitraumes überhaupt realisieren zu können. Entscheidend ist darüber hinaus auch, dass der Zeitpunkt und der Umfang der Realisierung frei bestimmt werden kann. Wird davon ausgegangen, dass das Körperschaftsteuerguthaben einen von Art. 14 Abs. 1 GG geschützten Anspruch gegen den Staat verkörpert, führt insoweit nicht nur die zeitliche Begrenzung der Nutzungsmöglichkeit als eine nachträgliche Befristung bereits entstandener Ansprüche zu einem rechtfertigungsbedürftigen Eingriff in eine grundrechtlich geschützte Rechtsposition.[298] Auch die in § 37 Abs. 2a Nr. 2 KStG vorgesehene Streckung des Körperschaftsteuerguthabens im Anschluss an das Moratorium stellt demnach einen Eingriff in den Schutzbereich von Art. 14 Abs. 1 GG dar.

cc) Zwischenergebnis

Sowohl das Moratorium als auch die anschließende Streckung des Körperschaftsteuerguthabens bei Ausschüttungen führen zu einem Eingriff in die Eigentumsgarantie,[299] der lediglich unter den in Art. 14 GG genannten Voraussetzungen zulässig ist.

---

294 Vgl. *Förster*, DB 2003, 899 (901).

295 Vgl. dazu *Kiesel*, BB 2000, 1014 (1015), der darauf hinweist, dass durch eine solche Regelung auch der politische Ansatz des Reformvorhabens konterkariert wird, die Innenfinanzierung durch die Begünstigung der Thesaurierung zu stärken.

296 *Hey*, in: H/H/R, Steuerref., vor § 36 KStG Rn. 34.

297 *Lornsen-Veit/Möbus*, BB 2003, 1154 (1159); vgl. auch Teil D.

298 So schon zur ursprünglichen Befristung auf 15 Jahre *Hey*, a.a.O., vor § 36 KStG Rn. 34.

299 Auch wenn es sich bei den Regelungen um Inhalts- und Schrankenbestimmungen handeln sollte, ist unter Berufung auf ihren vergangenheitsbezogenen, das konkrete Eigentum in der Hand des Grundrechtsträgers belastenden Gehalt das Vorliegen eines Eingriffes nicht auszuschließen. Zur Eingriffsqualität von Inhalts- und Schrankenbestimmungen s. *Grochtmann*, Art. 14 GG – Rechtsfragen der Eigentumsdogmatik, S. 277 ff.

c) Abgrenzung von Inhaltsbestimmung und Enteignung

Für die vom Gesetzgeber zu beachtenden Voraussetzungen einer verfassungsrechtlichen Rechtfertigung ist die Art der Eigentumsbeeinträchtigung maßgeblich. Von entscheidender Bedeutung ist demnach, ob sich das Moratorium und die anschließende Streckung des Körperschaftsteuerguthabens als Inhaltsbestimmung oder als Enteignung darstellt. Liegt eine Inhaltsbestimmung des Eigentums i.S.d. Art. 14 Abs. 1 S. 2 GG vor, werden die Absätze 1 und 2 des Art. 14 GG als verfassungsrechtlicher Prüfungsmaßstab herangezogen. Handelt es sich um Regelungen, die als Enteignungen zu bewerten sind, müssen sie den Anforderungen des Art. 14 Abs. 3 GG genügen.[300] Für den Umfang des Eigentumsschutzes ist die Unterscheidung insoweit erheblich, als vom Gesetzgeber vorgesehene, dem Grundsatz der Verhältnismäßigkeit entsprechende Inhalts- und Schrankenbestimmungen grundsätzlich entschädigungslos hinzunehmen sind,[301] Enteignungen nach Art. 14 Abs. 3 S. 1 GG hingegen nur zum Wohle der Allgemeinheit vorgenommen werden und lediglich durch oder aufgrund eines Gesetzes erfolgen dürfen, das Art und Ausmaß der Entschädigung regelt.[302]

Die Abgrenzung von Inhaltsbestimmung und Enteignung wird in der Dogmatik des Eigentumsschutzes vom Begriff der Enteignung ausgehend vorgenommen.[303] Dabei ist zu berücksichtigen, dass der Enteignungsbegriff in der deutschen Rechtsentwicklung einem starken Wandel unterlag.[304] Nach dem nunmehr geltenden engen und formalen Enteignungsbegriff ist eine Enteignung im Sinne des Art. 14 Abs. 3 GG auf die vollständige oder zumindest teilweise Entziehung vermögenswerter Rechte zur Erfüllung bestimmter öffentlicher Aufgaben gerichtet.[305]

---

300 Vgl. *Jarass*, NJW 2000, 2841 f.; *Ossenbühl*, AöR 124 (1999), 1 (9).

301 Siehe *Maurer*, FS für Dürig, S. 293 (310), der auch auf Ausnahmefälle eingeht.

302 Vgl. *Ossenbühl*, AöR 124 (1999), 1 (9); *Papier*, SGb 1994, 105 (110); *Pieroth/Schlink*, Staatsrecht II, Rn. 922 ff., 938 f.; vgl. auch *Depenheuer*, in: v. M/K/S, Art. 14 GG Rn. 258.

303 *Ossenbühl*, AöR 124 (1999), 1 (10); vgl. dazu auch *Jarass*, NJW 2000, 2841 (2842).

304 Zur historischen Entwicklung vom engen zum weiten Enteignungsbegriff und zurück vgl. *Depenheuer*, in: v. M/K/S, Art. 14 GG Rn. 410 ff.; *Ossenbühl*, AöR 124 (1999), 1 (11 ff.).

305 BVerfGE 24, 367 (394); 38, 175 (180); 42, 263 (299); 52, 1 (27); 56, 249 (270 ff.); 66, 248 (257); 70, 191 (199 f.); 72, 66 (76); 74, 264 (280); 79, 174 (191); 83, 201 (211); 100, 226 (240); *Bryde*: in: v. Münch/Kunig, Art. 14 GG Rn. 54; *Burgi*, NVwZ 1994, 527 (528); *Depenheuer*, in: v. M/K/S, Art. 14 GG Rn. 408; *Dolde*, in: Festgabe BVerwG, S. 305 (306); *Jarass*, NJW 2000, 2841 (2843); *Eschenbach*, Der verfassungsrechtliche Schutz des Eigentums, S. 370; *Burgi*, NVwZ 1994, 527 (528); *Streck/Binnewies*, DB 2002, 1956 (1962); ausführlich zum Enteignungsbegriff des BVerfG: *Maurer*, FS für Dürig, S. 293 (303 f.).

Gekennzeichnet ist eine Enteignung durch den gezielten und konkret-individuellen Zugriff auf das Eigentum Einzelner bzw. Weniger.[306] Inhalts- und Schrankenbestimmungen sind dagegen durch die generelle und abstrakte Festlegung von Rechten und Pflichten durch den Gesetzgeber hinsichtlich solcher Rechtsgüter, die als Eigentum zu verstehen sind, gekennzeichnet. Durch sie wird der Inhalt des Eigentums in allgemeiner Form bestimmt und ausgeformt.[307]

Die dogmatische Vorstellung einer zugleich enteignenden Inhalts- und Schrankenbestimmung hat das Bundesverfassungsgericht aufgegeben.[308] Es handelt sich bei gesetzlichen Inhalts- und Schrankenbestimmungen einerseits und Enteignungen andererseits vielmehr um eigenständige Institute, die nebeneinander stehen.[309] Auch wenn eine Inhalts- und Schrankenbestimmung rechtswidrig bzw. unzumutbar ist, wandelt sie sich nicht in eine den Anforderungen des Art. 14 Abs. 3 GG unterliegende Enteignungsnorm um.[310] Schwierigkeiten bei der Abgrenzung einer Inhalts- und Schrankenbestimmung von einer Enteignung können sich dadurch ergeben, dass im Zuge der inhaltlichen Bestimmung des Eigentums häufig zugleich mindernd auf bestehende Positionen eingewirkt wird und insbesondere einzelne Nutzungsmöglichkeiten beschränkt, wenn nicht sogar entzogen werden.[311]

Vor dem Hintergrund, dass bereits die ursprüngliche Übergangsregelung i.d.F. des StSenkG, die faktisch eine dreißigprozentige Definitivbelastung mit Körperschaftsteuer herbeiführte, eine Abschaffung von Eigentumsrechten infolge der Umgestaltung des Besteuerungssystems vom Anrechnungsverfahren zum Halbeinkünfteverfahren bewirkt haben soll und als Enteignung des „gefangenen

---

306 BVerfGE 79, 174 (191); *Papier*, in: Maunz/Dürig, Art. 14 GG Rn. 532; *Depenheuer*, in: v. M/K/S, Art. 14 GG Rn. 408.

307 BVerfGE 52, 1 (27); 58, 300 (330); 72, 66 (76); *Bryde*, in: v. Münch/Kunig, Art. 14 GG Rn. 54; *Depenheuer*, in: v. M/K/S, Art. 14 GG Rn. 408; *Jarass*, NJW 2000, 2841 (2843); *W. Leisner*, BB 1992, 73 (74); ähnlich *Grochtmann*, Art. 14 – Rechtsfragen der Eigentumsdogmatik, S. 226.

308 BVerfG, NJW 1998, 367 f.; vgl. auch BVerfGE 100, 226 (240); *Dolde*, in: Festgabe BVerwG, S. 305 (307).

309 BVerfG 52, 1 (27 f.); 58, 137, (145); 58, 300 (330 f.); *Bryde*, in: v. Münch/Kunig, Art. 14 GG Rn. 52, 55 m.w.N.; *Jarass*, NJW 2000, 2841 (2844); *Maurer*, FS für Dürig, S. 293 (314); siehe auch *Depenheuer*, in: v. M/K/S, Art. 14 GG Rn. 408.

310 BVerfGE 79, 174 (192); 84, 366 (367); *Jarass*, NJW 2000, 2841 (2842); *Depenheuer*, in: v. M/K/S, Art. 14 GG Rn. 409; *Ossenbühl*, AöR 124 (1999), 1 (10).

311 Vgl. *Burgi*, NVwZ 1994, 527 (528); vgl. auch *Depenheuer*, in: v. M/K/S, Art. 14 GG Rn. 409, 415; *Dolde*, in: Festgabe BVerwG, S. 305 (307).

Eigenkapitals" bezeichnet worden war,[312] könnte es nahe liegen, insbesondere das in § 37 Abs. 2a Nr. 1 KStG normierte Moratorium als Enteignung i.S.d. Art. 14 Abs. 3 GG zu bewerten.[313] Schließlich wird die Realisierbarkeit des Körperschaftsteuerguthabens hierdurch für einen Dreijahreszeitraum vollständig ausgeschlossen. Trotz dieses schwerwiegenden Eingriffes in das Eigentumsrecht der Körperschaften, der in seinen Auswirkungen einem vorübergehenden Entzug der Guthaben entspricht, bleibt bei der Einordnung der Vorschrift jedoch zu bedenken, dass der Eingriffsintensität nach neuerer Rechtsprechung des Bundesverfassungsgerichts für die Weichenstellung zwischen Enteignung und Inhaltsbestimmung keine Bedeutung zukommt.[314]

Zu berücksichtigen ist bei der Bestimmung der Eigentumsbeeinträchtigung aber, dass auf Art. 14 Abs. 3 GG jedenfalls dann nicht zurückzugreifen ist, wenn der völlige oder teilweise Rechtsentzug im Rahmen der gesetzlichen Neuregelung eines Rechtsgebietes erfolgt.[315] Da mit § 37 Abs. 2a KStG die den grundlegenden Systemwechsel vom Anrechnungs- zum Halbeinkünfteverfahren betreffende Übergangsregelung i.d.F. des StSenkG modifiziert wurde, ist eine Einordnung der eigentumsrelevanten Vorschriften als Enteignung schon insoweit fragwürdig.

Bezweifelt werden kann des weiteren, ob die für eine Enteignung hinlängliche Individualisierung gewahrt ist. Zwar mag die Zahl der Körperschaften, die von der eingeschränkten Nutzungsmöglichkeit des Körperschaftsteuerguthabens betroffen sind, im Verhältnis zur Gesamtzahl aller Steuerpflichtigen gering sein; für sich gesehen, handelt es sich jedoch um eine größere Gruppe, so dass von

---

312 Vgl. *Schnittker/Welling*, FR 2003, 929 (930); zu den verfassungsrechtlichen Zweifeln an der Behandlung des Körperschaftsteuerguthabens im Rahmen der Systemumstellung und dem Entzug des Anrechnungsguthabens des Anteilseigners *Homburg/Theisen*, DB 2000, S. 1930 f.; *Streck/Binnewies*, DB 2002, 1956 ff.; *Schwedhelm*, BB 2003, 605 (609 f.); vgl. auch *Lornsen-Veit/Möbus*, BB 2003, 1154 (1156).

313 So *Pinne*, Protokoll Nr. 7 des Finanzausschusses des Deutschen Bundestages zur öffentlichen Anhörung zum Entwurf des StVergAbG vom 15.1.2003, S. 47; vgl. auch die *Stellungnahme des Zentralen Kreditausschusses*, ebd., S. 970 ff. (892).; *BStBK*, Nichtauszahlung von Körperschaftsteuer-Guthaben in Konflikt mit Verfassungsrecht, Veröffentlichung vom 9.4.2003, http://www.verbaende.com/news/ges text. php4?m=18171; Grube, F.A.Z. vom 23.4.2003, S. 23.

314 Siehe u.a. BVerfGE 52, 1 (27); 100, 226 (239 f.).

315 Vgl. BVerfGE 83, 201 (211 f.). Bei der Abwägung im Rahmen des Art. 14 Abs. 1 S. 2 GG bleibe allerdings das in Art. 14 Abs. 3 GG zum Ausdruck kommende Gewicht des Eigentumsschutzes zu beachten, da sich der Eingriff für die Betroffenen wie eine (Teil- oder Voll-) Enteignung auswirke, wenn bestehende Rechte abgeschafft werden, für die es im neuen Recht keine Entsprechung gibt. Vgl. *Papier*, SGb 1994, 105 (110).

der für eine Enteignung erforderlichen Individualität der Eigentumsverletzung wohl kaum auszugehen ist.[316]

Ausgeschlossen werden kann eine Enteignung auch in Fällen, in denen das betreffende Recht infolge des ihm zugrunde liegenden Sachverhalts gesondert geltend zu machen ist.[317] Diese Voraussetzung ist insoweit bedeutsam, als die gewünschten Körperschaftsteuerminderungen nicht bereits durch die Ausschüttung und die damit zusammenhängende Realisierung entsprechenden Körperschaftsteuerguthabens erreicht wird, sondern eine gesonderte Geltendmachung der entsprechenden Körperschaftsteuerminderungsansprüche zu erfolgen hat. Die Vorschrift des § 37 Abs. 2a KStG kann somit nicht zu einer Enteignung i.S.d. Art. 14 Abs. 3 GG führen.[318] Vielmehr handelt es sich um eine abstrakt-generelle Regelung, die eine Reaktion auf die Haushaltslage darstellt und nicht primär auf die Vernichtung des Körperschaftsteuerguthabens gerichtet ist. Auf der Grundlage der im Ergebnis vorliegenden Inhalts- und Schrankenbestimmung, werden im Hinblick auf die Nutzung des Körperschaftsteuerguthabens die Rechte des Eigentümers generell festlegt.

d) Anforderungen an § 37 Abs. 2a KStG als Inhalts- und Schrankenbestimmung

Für die verfassungsrechtliche Überprüfung der in § 37 Abs. 2a KStG normierten Inhalts- und Schrankenbestimmungen ist auf Art. 14 Abs. 1 und 2 GG abzustellen. Zu berücksichtigen ist in diesem Zusammenhang, dass der Gesetzgeber bei der Bestimmung von Inhalt und Schranken des Eigentums nicht frei ist. Bei der Ausgestaltung der Eigentumsgarantie sind der Bereich des einzelnen und die Belange der Allgemeinheit in einen gerechten Ausgleich zu bringen.[319] Die Befugnisse des Gesetzgebers gehen dabei um so weiter, je mehr das Eigentumsobjekt in einem sozialen Bezug und einer sozialen Funktion steht.[320] Als verfassungswidrig ist eine Inhalts- und Schrankenbestimmung einzustufen, wenn sie sich nach Abwägung der Eigentumsbeeinträchtigung mit dem gesetz-

316 Vgl. *Streck/Binnewies*, DB 2002, 1956 (1962).

317 BVerfG 70, 278 (286).

318 Vgl. *Streck/Binnewies*, DB 2002, 1956 (1962); im Ergebnis ebenso *Birk/Desens*, StuW 2004, 97 (102).

319 BVerfGE 25, 112 (117 f.); 58, 137 (147); *Papier*, in: Maunz/Dürig, Art. 14 GG Rn. 308; *ders.*, SGb 1994, 105 (109); *Bryde*, in: v. Münch/Kunig, Art. 14 GG Rn. 59; vgl. auch *W. Leisner*, BB 1992, 73 (74); *Maurer*, FS für Dürig, S. 293 (310).

320 BVerfGE 70, 191 (201); 79, 292 (302); 84, 382 (385); *Papier*, in: Maunz/Dürig, Art. 14 GG Rn. 308; *Bryde*, in: v. Münch/Kunig, Art. 14 GG Rn. 59; ausführlich zur Bedeutung der Sozialbindungsklausel in Art. 14 Abs. 2 GG: *Eschenbach*, Der verfassungsrechtliche Schutz des Eigentums, S. 433 ff.

geberischen Ziel als unverhältnismäßig erweist. Da der Eigentümer grundsätzlich auf den Fortbestand seiner Rechte vertrauen dürfen soll, ist das Prinzip des Vertrauensschutzes in besonderer Weise zu berücksichtigen.[321] Der Gesetzgeber muss infolgedessen einen schonenden Übergang vom alten in das neue Recht gewährleisten.[322]

e) Verhältnismäßigkeit

Zulässig sind Eingriffe in die nach früherem Recht entstandenen Rechtspositionen, wenn sie durch Gründe des öffentlichen Interesses unter Berücksichtigung des im Rechtsstaatsprinzip verankerten Grundsatzes der Verhältnismäßigkeit[323] gerechtfertigt sind.[324] Die jeweiligen gesetzlichen Nutzungsbeschränkungen des Körperschaftsteuerguthabens als grundrechtlich fundierte Vermögensposition müssen folglich durch legitimierende Gründe gedeckt sein. Im einzelnen ist zur Rechtfertigung eines gesetzgeberischen Eingriffes nach dem Grundsatz der Verhältnismäßigkeit als eine vom Gesetzgeber zu beachtende durchgehende rechtsstaatliche Mindestgarantie[325] ein verfassungslegitimer Grund, die Eignung des gewählten Eingriffsmittels, seine Erforderlichkeit im Sinne der Wahl des schonendsten Mittels sowie ein ausgewogenes Verhältnis zwischen der Eingriffsschwere und dem Eingriffsnutzen und damit eine Proportionalität in der Zweck-Mittel-Relation zu verlangen.[326]

Die Anwendung des Verhältnismäßigkeitsprinzips hinsichtlich steuerlicher Belastungswirkungen ist mangels eines konkreten Zwecks jenseits der Geldmittel-

---

321 Vgl. *Papier*, SGb 1994, 105 (109), der Eigentumsschutz im besonderen Maße auch als Vertrauensschutz auf vermögensrechtlichem Gebiet ansieht.

322 *Streck/Binnewies*, DB 2002, 1956 (1962); vgl. auch *P. Kirchhof*, FS für Kruse, S.17 (26).

323 Für eine Verankerung des Verhältnismäßigkeitsgrundsatzes im Rechtsstaatsprinzip: BVerfGE 86, 288 (347); 90, 145 (173); *Sachs*, in: Sachs, Art. 20 GG Rn. 146; *Stern*, Staatsrecht I, § 20 IV.7.a), S. 861; *ders.*, Staatsrecht III/2, § 84 I.4.b),c), S. 770 f. m.w.N. zur Rspr. und zum Schrifttum. Zur Fixierung des Verhältnismäßigkeitsgrundsatzes im Willkürverbot des Art. 3 Abs. 1 GG: *Wittig*, DÖV 1968, 817 ff. (819 ff.); auf die Grundrechte abstellend: *Kunig*, Das Rechtsstaatsprinzip, S. 355, 357; ebenso *Krebs*, Jura 2001, 228 (233); weitere Nachweise hierzu bei *Stern*, Staatsrecht I, § 20 IV.7.a), S. 861 (Fn. 609); vgl. auch *v. Münch*, in: v. Münch/Kunig, Vorb. Art. 1-19 GG Rn. 55.

324 BVerfGE 58, 81 (121); vgl. auch BVerfGE 36, 281 (292); 31, 275 (289).

325 *Papier*, SGb 1994, 105 (109).

326 *V. Münch*, in: v. Münch/Kunig, Art. 1-19 GG Vorb. Rn. 55; *Papier*, SGb 1994, 105 (109); vgl. auch *Streck/Binnewies*, DB 2002, 1956 (1962); *Muckel*, Kriterien des verfassungsrechtlichen Vertrauensschutzes bei Gesetzesänderungen, S. 107; *Stern*, Staatsrecht I, § 20 IV.7.a), S. 863; *ders.*, Staatsrecht III/2, § 84 II, S. 775 ff.; in der Rspr. vgl. nur BVerfGE 74, 203 (214 f.) m.w.N.; kritisch zur Definition der Verhältnismäßigkeit i.e.S. über die Zweck-Mittel-Relation *Jakobs*, DVBl. 1985, 97.

beschaffung allerdings problematisch.[327] Im Bereich der Steuergesetze wird daher zum Teil angenommen, dass – anders als bei sonstigen Eingriffsermächtigungen – eine Verbindung zwischen Eingriffszweck und Eingriffsgewicht im Einzelfall nicht herzustellen sei und demnach eine konkrete Verhältnismäßigkeitsprüfung im Sinne einer Abwägung der jeweiligen Interessen nicht durchgeführt werden könne.[328] Zutreffend ist dies nur insoweit, als von der Eignung und Erforderlichkeit der Besteuerung für die staatliche Einnahmeerzielung grundsätzlich ausgegangen werden kann.[329] Darüber hinaus bleibt für die Beurteilung der Verhältnismäßigkeit jedoch auch stets die Notwendigkeit bestehen, eine auf den einzelnen Steuerzugriff bezogene Angemessenheitsprüfung durchzuführen.[330] Ausgerichtet werden kann die Verhältnismäßigkeitsprüfung allerdings lediglich an der Eingriffsintensität der Steuer, die sich unter Zugrundelegung der Höhe der Steuer ermitteln lässt. Als Kriterium der Angemessenheit eines Steuereingriffs ist die Steuerhöhe heranzuziehen, wenn eine Betrachtung im Zusammenhang mit der jeweiligen beschränkten grundrechtlichen Freiheit erfolgt. Allein aus der Art bzw. der Intensität des Steuereingriffes in Relation zum konstanten Einnahmeerzielungszweck kann dann die Unangemessenheit abgeleitet werden.[331] Auch bei der verfassungsrechtlichen Bewertung von steuerlich relevanten Maßnahmen ist damit auf den Grundsatz der Verhältnismäßigkeit zurückzugreifen.[332]

---

327 *Jachmann*, Steuergesetzgebung zwischen Gleichheit und wirtschaftlicher Freiheit, S. 42; vgl. auch *Birk*, Die Verwaltung 35 (2002), S. 91 (113), der darauf hinweist, dass die Belastungswirkung in diesen Fällen nicht effektiv begrenzt werden kann, da bis zur Erdrosselungsgrenze keine Aussage über die Angemessenheit möglich ist. Ähnlich *Seer*, DStJG 23 (2000), S. 87 (103), nach dem das Übermaßverbot in seiner dem Polizeirecht entnommenen Struktur als Zweck-Mittel-Bindung gegenüber dem Steuereingriff aufgrund der Konturenlosigkeit des Fiskalzwecks als Maßstab versagt. Vgl. dazu auch *F. Kirchhof*, StuW 2002, 185 (198), der das Übermaßverbot als strukturell untauglich für die Beurteilung von Finanzzwecksteuern hält; dazu auch *Papier*, in: Maunz/Dürig, Art. 14 GG Rn. 176 f.; *Schuppert*, FS für Zeidler, S. 691 (701); *Tipke*, SteuerRO I, S. 418.

328 Vgl. *Papier*, in: Maunz/Dürig, Art. 14 GG Rn. 177; *ders.*, FS für Vogel, S. 117 (124); *Tipke*, SteuerRO I, S. 418; vgl. auch *Isensee*, FS für Klein, S. 611 (626), nach dem sich dieser Einwand lediglich auf typische Fiskalzwecknormen und nur bedingt auf Lenkungsnormen beziehen lässt.

329 *Bryde*, in: v. Münch/Kunig, Art. 14 GG Rn. 66 (Steuer- und Abgabenrecht); *Papier*, in: Maunz/Dürig, Art. 14 GG Rn. 170, 177; kritisch dazu *v. Arnim*, VVDStRL 39 (1981), 286 (311 ff.).

330 Vgl. *Jachmann*, Steuergesetzgebung zwischen Gleichheit und wirtschaftlicher Freiheit, S. 42; *dies.*, FS für Schiedermair, S. 391 (396).

331 *Jachmann*, Steuergesetzgebung zwischen Gleichheit und wirtschaftlicher Freiheit, S. 42.

332 Anders *Papier*, in: Maunz/Dürig, Art. 14 GG Rn. 176 f.; *ders.*, DVBl. 1980, 787 (793); *Isensee*, FS für Ipsen, S. 409 (434).

aa) Moratorium gem. § 37 Abs. 2a Nr. 1 KStG

Ausgehend von der legitimen Zielsetzung des Moratoriums in § 37 Abs. 2a Nr. 1 KStG, das eine Verstetigung des Körperschaftsteueraufkommens bewirken und zugleich zu einer an der steuerlichen Leistungsfähigkeit ausgerichteten Besteuerung beitragen soll,[333] wird im folgenden überprüft, ob diese Maßnahme sämtlichen Anforderungen des Verhältnismäßigkeitsgrundsatzes gerecht wird.

(1) *Eignung*

Erforderlich ist zunächst, dass das Moratorium zur Erreichung des genannten Zwecks geeignet ist. Diese Voraussetzung liegt vor, wenn mit Hilfe der in Art. 14 GG eingreifenden Maßnahme der gewünschte Erfolg näher rückt, das Mittel also den Zweck fördert;[334] ungeeignet ist die Maßnahme hingegen, wenn sie die Erreichung des beabsichtigten Ziels erschwert oder im Hinblick auf das Ziel überhaupt keine Wirkung entfaltet.[335]

Da im Zuge einer angepassten Ausschüttungspolitik der Unternehmen bereits seit Einführung des Halbeinkünfteverfahrens durch eine Maximierung der Ausschüttungen ein erheblicher Anteil des Körperschaftsteuerguthabens realisiert wurde, könnte bezweifelt werden, dass das Moratorium tatsächlich einen wesentlichen Beitrag zur Stabilisierung des Körperschaftsteueraufkommens leistet.[336] Die Annahme, dass die noch vorhandenen Guthaben mangels ausschüttbaren Gewinns oder um einen Widerspruch zur Ausschüttungspolitik von Publikumsgesellschaften zu vermeiden, kurzfristig sowieso nicht realisiert worden wären, ist zumindest naheliegend.[337] Geht man insoweit davon aus, dass auch ohne die Gesetzesänderung eine weiterhin kumulierte Realisierung von Steuerguthaben ausgeblieben wäre, ist die Eignung in Frage zu stellen.

Zu berücksichtigen bleibt jedoch, dass für die Eignung nicht vorausgesetzt wird, dass der angestrebte Erfolg vollständig,[338] oder mit einem Höchstmaß an Wahr-

---

333 Vgl. dazu die Begründung zum ursprünglichen Gesetzesentwurf BT-Drucks. 15/119, S. 21 ff., 44; siehe auch *Birk/Desens*, StuW 2004, 97 (102).

334 BVerfGE 30, 292 (316); 33, 171 (187); 67, 157 (173); so auch *Sommermann*, in: v. M/K/S, Art. 20 GG Rn. 304; *Pieroth/Schlink*, Staatsrecht II, Rn. 283; *Sachs*, in: Sachs, Art. 20 GG Rn. 150.

335 *Stern*, Staatsrecht III/2, § 84 II.2., S. 776 m.w.N.; vgl. auch *v. Münch*, in: v. Münch/Kunig, Art. 1-19 GG Vorb. Rn. 55.

336 Vgl. *Brodersen/Littan*, GmbHR 2003, 678 (679).

337 So *Frotscher*, in: Frotscher/Maas, § 37 KStG Rn. 18b.

338 Vgl. BVerfGE 67, 157 (175); eine Teileignung ist ausreichend. Vgl. dazu BVerfGE 30, 250 (263 f.); 47, 109 (117); 69, 1 (53); 71, 206 (215); 73, 301 (317 f.), wo lediglich geprüft wird, ob das eingesetzte Mittel objektiv oder schlechthin ungeeignet ist.

scheinlichkeit eintritt.[339] Dass das Moratorium jedenfalls bei den verbleibenden Ausschüttungen, die eine Körperschaftsteuerminderung nach sich gezogen hätten, zur Anwendung kommt und so, wenn auch in Grenzen, zu einer Verstetigung des Körperschaftsteueraufkommens beiträgt, ist daher von entscheidender Bedeutung. Da der Gesetzgeber, der im Rahmen der Eignungsbeurteilung auf Prognosen nicht verzichten kann,[340] bei der Auswahl von Maßnahmen über einen weiten Gestaltungsspielraum verfügt und mit dem Moratorium letztlich eine Verstetigung des Körperschaftsteueraufkommens zumindest begünstigt wird, ist im Ergebnis die Eignung dieses gesetzgeberischen Mittels anzunehmen.[341] Angesichts der isoliert zu betrachtenden Verstetigung des Körperschaftsteueraufkommens, die als ausdrückliches Ziel des StVergAbG formuliert wurde, kann die Eignung im Hinblick auf die fiskalischen Auswirkungen auch nicht mit der Begründung abgelehnt werden, dass eine durch das Moratorium bedingte Zurückhaltung bei Ausschüttungen zugleich mit entsprechend geringeren Einnahmen aus der vom Anteilseigner zu tragenden Kapitalertragsteuer verbunden sei.[342]

Das Moratorium könnte darüber hinaus als ein geeigneter Beitrag zu einer Besteuerung nach der wirtschaftlichen Leistungsfähigkeit zu bewerten sein. Schließlich wird infolge des Moratoriums, das die Möglichkeit einer Geltendmachung von Körperschaftsteuerminderungsansprüchen versagt, die Höhe der jeweiligen Steuerzahlung ausschließlich durch den erwirtschafteten Gewinn bestimmt. Wird der ausgewiesene Gewinn oder Verlust als Indikator der steuerlichen Leistungsfähigkeit herangezogen,[343] ergibt sich insoweit, dass das Moratorium zugleich geeignet ist, zu einer Besteuerung nach der wirtschaftlichen Leistungsfähigkeit beizutragen.

---

339 Vgl. BVerfGE 67, 157 (175); 81, 156 (192); 96, 10 (23); *Stern*, Staatsrecht III/2, § 84 II.2., S. 776 f.; *Jarass*, in: Jarass/Pieroth, Art. 20 GG Rn. 84; *Herzog*, in: Maunz/Dürig, Art. 20 GG VII. Rn. 74.

340 BVerfGE 105, 17 (34). Infolge der Zugrundelegung prognostischer Elemente werden die Anforderungen bei der Eignungsbeurteilung einer Maßnahme zusätzlich abgemildert. Siehe *Sachs*, in: Sachs, Art. 20 GG Rn. 98; vgl. auch BVerfGE 30, 250 (263); *Stern*, Staatsrecht III/2, § 84 II.2., S. 777.

341 Abgelehnt wird die Eignung aber von *Birk/Desens*, StuW 2004, 97 (103), da § 37 Abs. 2a KStG als nicht-steuerliche Regelung einen steuerlichen Aufkommenszweck nicht erfüllen könne.

342 Zu den Auswirkungen der seit 2001 vermehrt vorgenommenen steuermindernden Auskehrungen früher gebildeter Gewinnrücklagen nach dem Inkrafttreten der ursprünglichen Übergangsregelung vom Anrechnungsverfahren zum Halbeinkünfteverfahren und den Folgen für das Kapitalertragsteueraufkommen siehe *Deutsche Bundesbank*, Monatsbericht Dezember 2002, S. 15 (24, 25).

343 Vgl. dazu *J. Lang*, in: Tipke/Lang, Steuerrecht, § 8 Rn. 80; *Seer*, StbJb 2000/2001, S. 15 (17); siehe auch F. I. 1. a).

(2) Erforderlichkeit

Der Grundsatz der Verhältnismäßigkeit setzt des weiteren voraus, dass die Einführung des Moratoriums erforderlich war. Dazu müsste zur Erreichung des Erfolges das mildeste Mittel gleicher Wirksamkeit eingesetzt worden sein.[344] Für die gleiche Wirksamkeit ist zu fordern, dass die alternative Maßnahme dieselbe Steigerung der Erfolgswahrscheinlichkeit bewirkt.[345]

Als milderes Mittel im Vergleich zum Moratorium kam die in dem ursprünglichen Gesetzesentwurf vorgesehene betragsmäßige Begrenzung der Körperschaftsteuerminderung[346] für einen der Dauer des Moratoriums entsprechenden Zeitraum in Betracht. So wäre den Kapitalgesellschaften die Möglichkeit erhalten geblieben, zumindest einen Teilbetrag der Guthaben auch weiterhin realisieren zu können.[347] Da selbst eine dem Betrage nach begrenzte Realisierungsmöglichkeit von Körperschaftsteuerguthaben aufgrund der den Kapitalgesellschaft zu gewährenden Körperschaftsteuererstattungen jedenfalls mit einer Minderung des Körperschaftsteueraufkommens verbunden gewesen wäre, weist diese alternativ denkbare Maßnahme jedoch nicht die gleiche Wirksamkeit hinsichtlich einer Verstetigung des Körperschaftsteueraufkommens auf wie das Moratorium, das die Geltendmachung von Körperschaftsteuerminderungsansprüchen vollständig ausschließt. Es handelt sich folglich zwar um ein milderes, nicht aber um ein gleich geeignetes Mittel. Unter Berücksichtigung der sich auch bei einer betragsmäßigen Begrenzung der Realisierungsmöglichkeit ergebenden Beeinträchtigungen der Kapitalgesellschaften, ist ebenfalls auf der Grundlage einer zusammenfassenden Beurteilung der Wirksamkeit sowie der Beeinträchtigungsintensität des alternativen Mittels[348] festzuhalten, dass die Einführung des drei-

---

344 BVerfGE 38, 281 (302); 49, 24 (58); 100, 313 (375); *v. Münch*, in: v. Münch/Kunig, Vorb. Art. 1-19, Rn. 55; *Sachs*, in: Sachs, Art. 20 GG Rn. 152; *Sommermann*, in: v. M/K/S, Art. 20 GG Rn. 304; *Stern*, Staatsrecht III/2, § 84 II.2., S. 779 f. m.w.N.; vgl. auch *Herzog*, in: Maunz/Dürig, Art. 20 GG VII. Rn. 75.

345 *Sachs*, in: Sachs, Art. 20 GG Rn. 152; ähnlich *Jakobs*, Der Grundsatz der Verhältnismäßigkeit, S. 66 f., 76, der von Geeignetheitsgraden spricht.

346 Vgl. dazu BT-Drucks. 15/119, S. 11, 44.

347 Der ursprüngliche Gesetzesentwurf vom 2.12.2002 sah vor, dass die Minderung von Körperschaftsteuerguthaben 1/7 der Gewinnausschüttung, höchstens aber die Hälfte der festgesetzten Körperschaftsteuer des Veranlagungszeitraumes, in dem das Wirtschaftsjahr endet, in dem die Gewinnausschüttung erfolgt ist, betragen solle. Vgl. BT-Drucks. 15/119, S. 11; zu dieser zunächst geplanten Änderung und den Konsequenzen für die Ausschüttungspolitik siehe auch *Köster/Schiffers*, GmbHR 2002, 1218 (1220 f.).

348 Vgl. *Sachs*, in: Sachs, Art. 20 GG Rn. 153, nach dem auch Maßnahmen, die zwar eine geringere Wirksamkeit aufweisen, gleichzeitig aber mit wesentlich milderen Folgen verbunden sind, im Rahmen der Erforderlichkeit berücksichtigt werden sollten.

jährigen Moratoriums eine zur Erreichung des Gesetzesziels erforderliche Maßnahme darstellt.[349]

Auch im Hinblick auf den Beitrag, der zu einer Besteuerung nach der wirtschaftlichen Leistungsfähigkeit geleistet werden soll, ergibt sich, dass nicht auf ein fühlbar weniger einschränkendes Mittel zurückgegriffen werden konnte, um die Körperschaftsteuerminderung wirkungsvoll einzuschränken und eine Besteuerung zu erreichen, die allein an den erwirtschafteten Gewinn als Indikator der steuerlichen Leistungsfähigkeit anknüpft. Das Moratorium ist auch insoweit als erforderliche Maßnahme anzusehen.

(3) Verhältnismäßigkeit im engeren Sinne

Das Moratorium müsste zudem verhältnismäßig im engeren Sinne sein. Dies setzt voraus, dass bei einer Gesamtabwägung zwischen der Schwere des Eingriffes und dem Gewicht der rechtfertigenden Gründe die Grenze der Zumutbarkeit noch gewahrt ist.[350] Das durch den Eingriff in die individuelle Freiheitsposition herbeigeführte Opfer darf demnach nicht außer Verhältnis zu dem für die Allgemeinheit erstrebten Nutzen stehen.[351] Für die Beurteilung der Angemessenheit ist eine Gewichtung der mit einer Maßnahme verbundenen Vor- und Nachteile erforderlich, bei der nicht allein auf die Wertigkeit der jeweiligen Rechte, Rechtsgüter oder sonstigen Belange abzustellen ist, sondern auch der Grad der jeweiligen Beeinträchtigung Berücksichtigung finden muss.[352]

(a) Interesse des Gesetzgebers

Mit dem Moratorium soll dem gesetzgeberischen Anliegen Rechnung getragen werden, eine Verstetigung der Ausschüttungspolitik sowie die hiermit im Zusammenhang stehende Verstetigung des Körperschaftsteueraufkommens zu erreichen.[353] Angesichts dieser Zielsetzung erlangt das staatliche Finanzinteresse

---

349 In der Judikatur werden bei der Prüfung von Gesetzen lediglich Fälle eindeutig fehlender Erforderlichkeit beanstandet. Vgl. BVerfGE 30, 292 (319); 53, 135 (145 f.); *Stern*, Staatsrecht III/2, § 84 II.3.b), S. 782. BVerfGE 96, 10 (23 ff.) nimmt auch insoweit einen Einschätzungs- und Beurteilungsspielraum des Gesetzgebers an.

350 BVerfGE 78, 77 (85); 79, 256 (270); 81, 70 (92); 81, 156 (194); 83, 1 (19) m.w.N.; 102, 197 (220); *Jarass*, in: Jarass/Pieroth, Art. 20 GG Rn. 86; *Pieroth/Schlink*, Staatsrecht II, Rn. 289 ff.; vgl. auch *Stern*, Staatsrecht III/2, § 84 II.4.a), S. 783.

351 *Stober*, AöR 113 (1988), 497 (530); ähnlich *Sommermann*, in: v. M/K/S, Art. 20 GG Rn. 304; vgl. auch *Herzog*, in: Maunz/Dürig, Art. 20 GG VII. Rn. 76.

352 *Sommermann*, in: v. M/K/S, Art. 20 GG Rn. 304; zum Abwägen als einem „verhältnismäßigen Gewichten" und den Voraussetzungen für die Nachvollziehbarkeit vgl. *Ossenbühl*, DVBl. 1995, 904 (908).

353 BT-Drucks. 15/119, S. 44.

auf der Ebene der Rechtsetzung zentrale Bedeutung. Es handelt sich hierbei um ein Rechtsgut von Verfassungsrang.[354] Soweit sich diese Einordnung nicht bereits aus der Gesetzgebungskompetenz (Art. 105 GG) und der Ertragshoheit (Art. 106 GG) ableiten lässt, ergibt sie sich doch zumindest aus der Gewährleistungsfunktion des Staatsbudgets, das den Staat in die Lage versetzt, seine Aufgaben zu erfüllen.[355]

Auch eine gleichmäßige Besteuerung nach der wirtschaftlichen Leistungsfähigkeit, zu der das Moratorium beitragen soll, liegt im Interesse des Gesetzgebers.[356] Da die Regelung in § 37 Abs. 2 KStG a.F. zuließ, dass die geltend gemachten Körperschaftsteuerminderungsansprüche die zu zahlende Körperschaftsteuer sogar übersteigen konnten und Kapitalgesellschaften daher teilweise im Ergebnis trotz erwirtschafteter Gewinne keine entsprechenden Steuerzahlungen zur Finanzierung von Staatsaufgaben zu erbringen hatten,[357] konnte nach alter Rechtslage von einer ungleichmäßigen Verteilung der Steuerlasten ausgegangen werden, auf die es zu reagieren galt. Zu berücksichtigen ist in diesem Zusammenhang allerdings, dass der Steuerpflichtige seine Verhältnisse grundsätzlich so einrichten darf, dass er möglichst wenig Steuern zahlt.[358] Zudem ist zu beachten, dass es sich bei der zunächst bestehenden Realisierungsmöglichkeit von Körperschaftsteuerguthaben nicht um eine die Kapitalgesellschaften in besonderer Weise begünstigende und damit disponible Ausnahmeregelung handelte, die als Steuervergünstigung zu werten war.[359] Die ursprüngliche Übergangsvorschrift entsprach vielmehr der Steuersystematik und dem Verfassungsrecht, indem sie die Realisierung von Steuerguthaben weiterhin zuließ.[360] Dem Interesse des Gesetzgebers, zugleich einen Beitrag zu einer gleichmäßigen Besteuerung nach der wirtschaftlichen Leistungsfähigkeit zu erbringen, ist vor diesem Hintergrund im Rahmen der Abwägung kein entscheidendes Gewicht beizumessen.

---

354 *Drüen*, Periodengewinn und Totalgewinn, S. 94 f.; wohl auch *Stern*, Staatsrecht III/2, § 84 IV.5.b), S. 824. Auch das Bundesverfassungsgericht hat das Fiskalinteresse bereits als Verfassungsgut eingestuft. Vgl. BVerfGE 93, 165 (178); kritisch hierzu *Seer*, NJW 1996, 285 (288 f.).

355 *Drüen*, Periodengewinn und Totalgewinn, S. 94.

356 Vgl. die Gesetzesbegründung BT-Drucks. 15/119, S. 44.

357 Auch dies hat dazu beigetragen, dass das Körperschaftsteueraufkommen in 2001 einbrach und das Körperschaftsteueraufkommen -0,4 Mrd. Euro betrug. Vgl. *Deutsche Bundesbank*, Monatsbericht Dezember 2002, S. 15 (19, 23 f.).

358 Vgl. BFHE 66, 250 (256); 70, 299 (305); *Isensee*, FS für Ipsen, S. 409 (423).

359 Siehe *Frotscher*, in: Frotscher/Maas, § 37 KStG Rn. 29.

360 *Deutsche Bundesbank*, Monatsbericht Dezember 2002, S. 15 (25); kritisch schon zur verfassungsrechtlichen Rechtfertigung der ursprünglich geltenden Übergangsregelung *Streck/ Binnewies*, DB 2002, 1956 ff.; vgl. auch *Hey*, in: H/H/R, Steuerref., vor § 36 KStG, Rn. 25, 27 ff.

(b) Interesse der Kapitalgesellschaften

Dem Interesse des Gesetzgebers an einer Verstetigung des Ausschüttungsverhaltens ist das Interesse der Kapitalgesellschaften an der uneingeschränkten Realisierungsmöglichkeit von Körperschaftsteuerguthaben gegenüberzustellen. Für die Bestimmung der Eingriffsintensität des Moratoriums erlangen neben der Funktion des Art. 14 Abs. 1 S. 1 GG als Eigentumsbestandsgarantie[361] auch der Vertrauensschutz[362] in den Fortbestand der ursprünglichen Regelung und die auf dieser Grundlage getroffenen Dispositionen Bedeutung. Besondere Anhaltspunkte für die Intensität des Eigentumseingriffes ergeben sich aufgrund des Zins- und Liquiditätsnachteiles, der den Kapitalgesellschaften infolge der beschränkten Realisierbarkeit ihres Steuerguthabens entsteht.

(c) Abwägung der Positionen

Der Steuerpflichtige kann grundsätzlich nicht erwarten, dass sich das Steuerrecht nicht zu seinem Nachteil verändert.[363] Um den wechselnden Finanzbedürfnissen des Staates gerecht zu werden und eine Anpassung an die unterschiedlichen Gegebenheiten der Volkswirtschaft zu ermöglichen, bedarf das Steuerrecht eines besonderen Maßes an Beweglichkeit.[364] Es existiert insoweit kein absoluter Bestandsschutz.[365] Allerdings kann der Steuerpflichtige damit rechnen, dass jedenfalls eine bestimmte Schwankungsbreite nicht überschritten wird und eine Überrumpelung und Überforderung durch Rechtsänderungen unterbleibt.[366] Insoweit ist zu beachten, dass die zukunftsgerichtete Ausübung der Freiheit, eigenverantwortliche Lebensplanung und rationale wirtschaftliche Disposition ein Mindestmaß an Stetigkeit der rechtlichen Rahmenbedingungen voraussetzen und die Verlässlichkeit des Rechts eine Grundvoraussetzung für die Freiheitsausübung darstellt.[367]

361 Zur Bestandsgarantie des Art. 14 Abs. 1 GG vgl. *Depenheuer*, in: v. M/K/S, Art. 14 GG Rn. 86 ff.; *Wendt*, in: Sachs, Art. 14 GG Rn. 9; *Papier*, in: Maunz/Dürig, Art. 14 GG Rn. 8 ff.

362 Vgl. *Maurer*, in: Isensee/Kirchhof, in: HbdStR III, § 60 Rn. 49: „Eigentumsschutz ist Bestandsschutz und damit zugleich Vertrauensschutz. Der Bürger kann sich auf den Bestand seines Eigentums verlassen (darauf vertrauen), weil es durch Art. 14 Abs. 1 GG geschützt ist."

363 Vgl. dazu BVerfGE 38, 61 (83); 76, 256 (350); siehe ebenso BVerfGE 63, 312 (330 f.); 67 1 (15). Vgl. auch *Isensee*, FS für Klein, S. 611 (612); *A. Leisner*, StuW 1998, 254 (258); *W. Leisner*, FS für Berber, S. 273 (276); *P. Kirchhof*, in: Isensee/Kirchhof, HbdStR V, § 125 Rn. 50 ff., nach dem auch der Gleichheitssatz keinen Individualanspruch auf Aufrechterhaltung einer bestehenden Rechtslage gewähren könne. Allgemein *Papier*, SGb 1994, 105 (109), der darauf verweist, dass die Eigentumsgarantie nicht gebiete, einmal ausgestaltete Rechtspositionen für alle Zukunft in ihrem Inhalt unangetastet zu lassen.

364 *Isensee*, FS für Klein, S. 611 (612).

365 *Isensee*, FS für Klein, S. 611 (628).

366 *Isensee*, FS für Klein. S. 611 (612).

367 *Isensee*, FS für Klein, S. 611 (613).

Versteht man das Eigentumsgrundrecht mit dem Bundesverfassungsgericht als besondere Form der Freiheitssicherung,[368] reicht es nicht aus, sich auf eine bloße Bestandsgarantie zurückzuziehen. Wird das Eigentum zwar in seiner Substanz intakt gelassen, aber seines Wertes entkleidet, so vermittelt es seinem Inhaber keine wirtschaftlichen Entfaltungsmöglichkeiten mehr.[369] Indem die Nutzung der Guthaben für einen Zeitraum von fast drei Jahren bei Ausschüttungen ausgeschlossen ist, kommt die Vorschrift des § 37 Abs. 2a KStG n.F. in ihren Auswirkungen einer Enteignung nahe.[370] Das Körperschaftsteuer-Moratorium führt mithin zu einem sehr weitgehenden Eingriff in das Eigentumsgrundrecht der Kapitalgesellschaften, der sich darauf zurückführen lässt, dass die Nutzungsfunktion des Eigentums in Gestalt der Körperschaftsteuerguthaben vorliegend besonders in der jederzeitigen Realisierbarkeit bei Ausschüttungen ihren Ausdruck findet. Aufgrund dieser intensiven Beeinträchtigung des Grundrechts kommt der Position der Kapitalgesellschaften im Rahmen der Abwägung ein erhebliches Gewicht zu.

Als negative Folgen des Moratoriums sind insbesondere der Entzug dringend benötigter Liquidität, die nicht zuletzt auch der Stärkung der Kapitalbasis als Grundvoraussetzung von Investitionen dient,[371] sowie eine Schwächung der Wirtschaftskraft gerade in einer konjunkturell angespannten Situation zu nennen. Infolge von Zeitpräferenzen, die bei der Verfügung über Geld aufgrund des hiermit im Normalfall verbundenen Zinsnutzens Bedeutung erlangen, ist mit der eingeschränkten Realisierbarkeit des Körperschaftsteuerguthabens zugleich ein Wertverlust des Guthabens verbunden. Schließlich führt die Einbeziehung des Zeitfaktors grundsätzlich dazu, dass eine Zahlung zu einem früheren Zeitpunkt für ein Wirtschaftssubjekt wertvoller ist, als eine gleich hohe Zahlung zu einem späteren Zeitpunkt.[372]

---

368 Vgl. z.B. BVerfGE 24, 367 (389); 79, 292 (303 f.).

369 *Hey*, StuW 1998, 298 (312).

370 Vgl. zum ursprünglichen Gesetzesentwurf die *Stellungnahme der AWM*, Protokoll Nr. 7 des Finanzausschusses des Deutschen Bundestages zur öffentlichen Anhörung zum Entwurf des StVergAbG vom 15.1.2003, S. 163 (170); *BStBK*, Nichtauszahlung von Körperschaftsteuer-Guthaben in Konflikt mit Verfassungsrecht, Veröffentlichung vom 9.4.2003, http://www.verbaende.com/news/ ges_text.php4?m =18171, nach der „diese kalte Enteignung fatale Auswirkungen auf Insolvenzen und Arbeitsmarkt haben (dürfte)".

371 *Stellungnahme des Zentraler Kreditausschusses*, Protokoll Nr. 7 des Finanzausschusses des Deutschen Bundestages zur öffentlichen Anhörung zum Entwurf des StVergAbG vom 15.1.2003, S. 970 (892); *Stellungnahme des Präsidiums des Bundes der Steuerzahler e.V.*, ebd., S. 196 (202).

372 Vgl. *Wassermann*, BB 1979, 1598.

Ginge man davon aus, dass bei einer angenommenen Verzinsung von 5 % p.a.[373] die Körperschaftsteuerminderungsansprüche nach drei Jahren umfassend geltend gemacht werden könnten, ergäbe sich bei der Bewertung einer den Kapitalgesellschaften zustehenden Forderungen nach entsprechender Abzinsung[374] ein Barwert[375] von lediglich 86,38 %.[376] Auch wenn es sich insoweit nicht um einen nominellen Verlust handelt, bringt der Barwertnachteil, der entscheidend durch die Höhe des anzuwendenden oder gewählten Zinssatz bestimmt ist,[377] doch zum Ausdruck, dass § 37 Abs. 2a KStG n.F. für die Kapitalgesellschaften beachtenswerte negative Auswirkungen hat. Zusätzlich erschwerend wirkt sich aus, dass auch nach Ablauf des Moratoriums die Körperschaftsteuerguthaben jährlich lediglich bis zu einem Maximalbetrag realisiert werden dürfen.

Die Körperschaften haben allerdings nicht nur den Abzinsungsnachteil zu tragen. Darüber hinaus müssen sie unternehmerische Dispositionen auf die Neuregelung abstimmen. Insbesondere die Gestaltbarkeit der Ausschüttungspolitik wird hierdurch faktisch eingeschränkt. Trotz des gewichtigen Interesses, das die Kapitalgesellschaften vor diesem Hintergrund am uneingeschränkten Fortbestand ihrer grundrechtlich geschützten Rechtsposition haben, könnte dennoch das Änderungsinteresse des Gesetzgebers, das auf einen erhöhten Finanzbedarf zurückzuführen ist, als vorrangig zu bewerten sein, zumal das Fiskalinteresse des Staates zweifellos ein gewichtiges öffentliches Interesse darstellt.[378] So kann der Staat seinen Aufgaben nur gerecht werden, wenn er über die notwendigen Mittel verfügt.[379] Allerdings muss auch dann, wenn der Staat als Steuerstaat[380] auf Einnahmen angewiesen ist, gewährleistet bleiben, dass sich die Belastung im Rahmen des Zumutbaren bewegt. Das Fiskalinteresse des Staates kann

---

373 Zinssatz zu dem alternativ eine Finanzierung erfolgen könnte.

374 Siehe dazu *Rose*, StbJb 1973/74, S. 301 (307); zum Begriff der Abzinsung vgl. auch *Weber-Grellet*, FS für Schmidt, S. 161 (164).

375 Der Barwert einer nach 3 Jahren fälligen unverzinslichen Forderung in Höhe eines Nennwertes von 1000 Euro ist der Betrag, den man bei einer angenommenen Verzinsung von p % auf Zinseszinsen anlegen müßte, um nach 3 Jahren den Nennwert, also 1000 Euro, zu erhalten. Siehe dazu *Lantau*, BB 1954, 769 f.

376 Vgl. dazu *Spitzer*, Zinses-Zinsen- und Rentenrechnung, Tabelle II, S. 91 ff. Der Ansatz dieses Barwertes lässt unberücksichtigt, dass erwirtschaftete Zinsen von den Kapitalgesellschaften zu versteuern wären.

377 Vgl. *Rose*, StbJb 1973/74, S. 301 (310).

378 *Häberle*, Öffentliches Interesse als juristisches Problem, S. 512 ff.; *Hey*, Steuerplanungssicherheit als Rechtsproblem, S. 337; siehe dazu auch bereits F. I. 2. e) aa) (3) (a).

379 *Hey*, Steuerplanungssicherheit als Rechtsproblem, S. 337.

380 *Drüen*, Periodengewinn und Totalgewinn, S. 94; *Friauf*, DStJG 12 (1989), S. 3; *Isensee*, FS für Ipsen, S. 409 m.w.N.; *W. Leisner*, Sozialbindung des Eigentums, S. 230 f.; *Papier*, Stbg 1999, 49 (50); *Schuppert*, FS für Zeidler, S. 691; siehe auch *Weber-Grellet*, FS für Posser, S. 395.

folglich nicht mit dem Hinweis auf den notwendigen Erhalt der Handlungsfähigkeit zur Rechtfertigung einer beliebigen steuerlichen Maßnahme herangezogen werden.[381] Ebensowenig ist es möglich, zur Begründung eines Eingriffes in eine spezifisch begründete Vertrauensposition lediglich auf einen unspezifischen Finanzbedarf zu verweisen.[382]

Ausgehend von einer Interpretation des Schutzes vor Gesetzesänderungen als freiheitlicher Dispositionsschutz kommt die Rechtfertigung eines Eingriffes allein mit dem Fiskalinteresse schon deshalb nicht in Betracht, weil Grundrechte nicht unter Finanzierungsvorbehalt stehen.[383] In Verbindung mit anderen Abwägungsargumenten kann jedoch das Interesse des Staates von Belang sein, durch die Änderung von Steuergesetzen unerwartete Mindereinnahmen auszugleichen.[384] Dem Fiskalinteresse ist demnach nicht von vornherein jede Bedeutung abzusprechen.[385]

Zu erwägen ist, ob die zum Zeitpunkt der Gesetzesänderung bestehende Störung des gesamtwirtschaftlichen Gleichgewichts[386] als eine in der Verfassung nach

381 Ablehnend gegenüber der Rechtfertigung rückwirkender Maßnahmen aufgrund fiskalischer Interessen *Friauf*, StbJb 1986/87, S. 279 (289); *Hahn*, IFSt Heft 269, S. 70; *Klein*, Zulässigkeit und Schranken der Rückwirkung von Steuergesetzen, S. 62 f.; *Kruse/Drüen*, in: Tipke/Kruse, § 4 AO Rn. 23; vgl. auch *Lang*, Wpg 1998, 163 (173).

382 Vgl. *Isensee*, FS für Klein, S. 611 (628); *Mellinghoff*, DStR 2003, Beihefter 3, 3 (14); *Birk/Desens*, StuW 2004, 97 (105).

383 *Hey*, Steuerplanungssicherheit als Rechtsproblem, S. 338. *Drüen*, FR 1999, 289 (291) weist darauf hin, dass selbst der budgetäre Dispositionsschutz als Verfassungsrechtsgut nicht a priori den kollidierenden Grundrechten vorgeht.

384 *Mellinghoff*, DStR 2003, Beihefter 3, 3 (14); kritisch zur Differenzierung zwischen der Erzielung von Mehreinnahmen und dem Ausgleich von Mindereinnahmen *Hey*, BB 2002, 2312 (2314).

385 *Drüen*, FR 1999, 289 (291); ähnlich *Hey*, Steuerplanungssicherheit als Rechtsproblem, S. 338.

386 Zur Störung des gesamtwirtschaftlichen Gleichgewichts in den Jahren 2002 und 2003 siehe *Bundesministerium der Finanzen*, Monatsbericht Dezember 2002, S. 29 ff. und Monatsbericht November 2003, S. 58. Eine solche Situation kann vorliegen, wenn folgende Voraussetzungen nicht mehr gegeben sind: Stabilität des Preisniveaus, hoher Beschäftigungsstand, außenwirtschaftliches Gleichgewicht, stetiges und angemessenes Wirtschaftswachstum. Wann tatsächlich von einer Störung des gesamtwirtschaftlichen Gleichgewichts gesprochen werden kann, ist selbst unter Experten umstritten. Vgl. dazu auch BVerfGE 79, 311 ff. wonach dem Haushaltsgesetzgeber bei der Beurteilung, ob eine Störung des gesamtwirtschaftlichen Gleichgewichts vorliegt oder unmittelbar droht, und bei der Einschätzung, ob eine erhöhte Kreditaufnahme zu ihrer Abwehr geeignet ist, ein Einschätzungs- und Beurteilungsspielraum zusteht. Nimmt er die Befugnis des Art. 115 Abs. 1 Satz 2 Halbs. 2 GG in Anspruch, so trifft ihn im Gesetzgebungsverfahren eine Darlegungslast für die Erfüllung der Voraussetzungen dieser Vorschrift.

Art. 115 Abs. 1 GG anerkannte Ausnahmesituation, die zumindest eine erhöhte Staatsverschuldung rechtfertigt, auch im Rahmen der Abwägung zwischen Dispositionsschutz und Änderungsbefugnis des Gesetzgebers Relevanz hat.[387]. In diesem Zusammenhang ist zu berücksichtigen, dass als gewichtiges Argument für belastende Steuerrechtsänderungen bereits das Ziel der Haushaltskonsolidierung angeführt wird.[388] Ist schon zur Erreichung eines langfristig gesetzten Zieles dem Fiskalinteresse in besonderer Weise bei einer Abwägung Rechnung zu tragen, müsste in einer Situation, in der akuter Handlungsbedarf besteht, um einen verfassungswidrigen Haushalt abzuwenden, erst recht auf die besondere Dringlichkeit zusätzlicher Einnahmen verwiesen werden können. Die Störung des gesamtwirtschaftlichen Gleichgewichts könnte insoweit als eine den Eingriff rechtfertigende Sondersituation angesehen werden.[389] Angesichts der Europafreundlichkeit, die in Art. 23 GG zum Ausdruck kommt, läge es dann auch nahe, die Verpflichtung zur Vermeidung übermäßiger öffentlicher Defizite als Sondersituation einzustufen, die für eine Rechtfertigung herangezogen werden kann.[390] Hiergegen ist jedoch einzuwenden, dass bei einer gesteigerten Dringlichkeit, die im Falle einer besonders drückenden Schuldenlast der öffentlichen Haushalte angenommen werden kann, die Belange derjenigen, deren Rechte beschränkt werden, noch hinreichend beachtet werden müssen.[391] Die Abwägung lässt sich folglich trotz einer Störung des gesamtwirtschaftlichen Gleichgewichts nicht a priori zugunsten des staatlichen Änderungsinteresses entscheiden.[392]

Zudem ist zu berücksichtigen, dass gerade in dieser Ausnahmesituation, durch die das Fiskalinteresse zumindest zusätzliches Gewicht erhält, der staatliche Finanzbedarf aus Gründen der Belastungsgleichheit durch Gemeinlasten zu dekken wäre.[393] Dass mit dem Moratorium lediglich eine Gruppe von Steuerzahlern, nämlich die Kapitalgesellschaften, zur teilweise Finanzierung des Haushaltsde-

---

387 *Mellinghoff*, DStR 2003, Beihefter 3, 3 (14); vgl. auch *ders.*, F.A.Z. vom 14.12.2002, S. 12.

388 *J. Lang*, Wpg 1998, 163 (173).

389 *Mellinghoff*, DStR 2003, Beihefter 3, 3 (14).

390 Vgl. *Treiber*, DB 2004, 453 (457).

391 Im Ergebnis *Treiber*, DB 2004, 453 (457); vgl. auch *Friauf*, StbJb 1986/87, S. 279 (289).

392 *Hey*, Steuerplanungssicherheit als Rechtsproblem, S. 342. Die allgemeine Finanznot des Staates begründet keinen Notstand oder eine notstandsähnliche Ausnahmesituation. (*Fried. Klein*, Zulässigkeit und Schranken der Rückwirkung von Steuergesetzen, S. 63; *Eckhardt/Hillebrecht*, Problematik rückwirkender Steuergesetze, S. 70) Um Notstandsqualität zu erreichen, müsste sich die Finanznot schon zum drohenden Staatsbankrott ausweiten. (*Fried. Klein*, Zulässigkeit und Schranken der Rückwirkung von Steuergesetzen, S. 63); zum Staatsbankrott siehe *A. Leisner*, Leistungsfähigkeit des Staates, S. 47 ff.

393 Vgl. auch BVerfGE 92, 91 (121); 101, 141 (149).

fizits[394] in Anspruch genommen wird, könnte allerdings mit der sozialen Funktion des Eigentums und den Bindungen des Eigentums, die der Gesetzgeber gem. Art. 14 Abs. 1 S. 2 GG vorsehen kann, zu begründen sein. So ist es möglich, der umfänglichen Gebrauchs- und Verfügungsbefugnis des Eigentümers im Interesse des gemeinen Wohles allgemein geltende Grenzen zu ziehen.[395] Dabei kann die soziale Funktion gerade in Krisenzeiten erfordern, das Eigentum in einem erhöhten Maße für Zwecke des Allgemeinwohls heranzuziehen, während eine solche Auferlegung in Zeiten des Wohlstandes und des gesamtwirtschaftlichen Gleichgewichts als unangemessen erscheint.[396] Die dem Gesetzgeber insoweit einzuräumende Gestaltungsfreiheit ist um so größer, je mehr das Eigentumsobjekt nach Art. 14 Abs. 2 GG in einem sozialen Bezug und einer sozialen Funktion steht.[397] Das Ausmaß der Angewiesenheit Dritter auf die Nutzung fremden Eigentums lässt hierbei Rückschlüsse über den Grad des sozialen Bezuges zu.[398] Da die Nutzung des Körperschaftsteuerguthabens in der Eigentümersphäre verbleibt und allein für die Wirtschaftskraft der Kapitalgesellschaften von entscheidender Bedeutung ist, kann von einer besonders ausgeprägten Sozialpflichtigkeit jedoch nicht ausgegangen werden. Lediglich mit Blick auf die steuerlichen Effekte, die mit der Realisierung von Steuerguthaben verbunden sind, ist ein sozialer Bezug nicht vollständig auszuschließen. Insoweit ist allerdings darauf zu verweisen, dass die Auswirkungen der Realisierung von Guthaben, die erst infolge einer vorangegangenen Besteuerung von Gewinnen mit dem Thesaurierungssteuersatz entstanden sind, für den Fiskus absehbar waren.[399] Vor diesem Hintergrund erscheint es angebracht, mangels eines nennenswerten sozialen Bezuges, der auf der Nutzung und Verfügung über die Eigentumsposition beruht, hinsichtlich der Sozialpflichtigkeit des Körperschaftsteuerguthabens von einer lediglich begrenzten Gestaltungsfreiheit des eigentumsbeschränkenden Gesetzgebers auszugehen. Eine besondere soziale Funk-

---

394 *Streck/Binnewies*, DB 2003, 1133 sprechen von einem Mißbrauch des Körperschaftsteuerguthabens, um Löcher in den öffentlichen Haushalten zu stopfen.

395 *W. Leisner*, in: Isensee/Kirchhof, HbdStR VI, § 149 Rn. 133.

396 *Birk*, in: Hübschmann/Hepp/Spitaler, § 4 AO Rn. 609.

397 *Depenheuer*, in: v. M/K/S, Art. 14 GG Rn. 282; *Papier*, in: Maunz/Dürig, Art. 14 GG Rn. 311 f.; *Wendt*, in: Sachs, Art. 14 GG Rn. 111.

398 BVerfGE 70, 191 (201); 95, 64 (84 f.); *Wendt*, in: Sachs, Art. 14 GG Rn. 111; *Papier*, BB 1997, 1213 (1215); kritisch *W. Leisner*, in: Isensee/Kirchhof, HbdStR VI, § 149 Rn. 161 ff., vgl. auch *Pieroth/Schlink*, Staatsrecht II, Rn. 932 f.

399 Zu den unterschiedlichen Lösungsansätzen für die Behandlung des Steuerguthabens bei der Systemumstellung siehe bereits *BMF*; Brühler Empfehlungen, Schriftenreihe Heft 66, S. 61 ff.; siehe auch *Zitzelsberger*, Alles falscher, Herr Sinn! Die Zeit vom 8.8.2002, S. 22, der klar stellt, dass über jeder Steuerschätzung das Damoklesschwert von mehr als 36 Mrd. Euro Forderungen an die Finanzämter hing, die die Unternehmen jederzeit realisieren konnten.

tion des Körperschaftsteuerguthabens kann daher nicht für die Einführung des Moratoriums angeführt werden.

Da das Einbrechen der Körperschaftsteuereinnahmen zu einer Verschlechterung der Haushaltslage wesentlich beigetragen hat, könnten jedoch gerade die Kapitalgesellschaften vorrangig zur Finanzierung des Defizits heranzuziehen sein, so dass das Moratorium zu befürworten wäre. Schließlich sank das Körperschaftsteueraufkommen von 23,6 Mrd. Euro im Jahr 2000 auf -0,4 Mrd. Euro in 2001.[400] Dabei schlug auch zu Buche, dass die Körperschaftsteuererträge durch Ausschüttungen und die hiermit verbundene Möglichkeit, Minderungsansprüche geltend zu machen, im Jahr 2001 um schätzungsweise 21 Mrd. Euro nach bereits fast 14 Mrd. Euro im Jahr 2000 und einem – bei dem bisherigen gespaltenen Körperschaftsteuertarif annähernd normalen – Niveau von rund 12 Mrd. Euro in 1999 geschmälert wurden.[401]

Um dieser Entwicklung entgegen zu wirken und eine weitere Verringerung des Körperschaftsteueraufkommens durch die Realisierung von Steuerguthaben zu verhindern, war dem Gesetzgeber die Möglichkeit einzuräumen, auf die ungewünschten Abläufe zu reagieren.[402] Da das zukunftsgerichtete gesetzgeberische Handeln einen Rückgriff auf Erfahrungswerte nicht zulässt und insoweit Unsicherheiten entstehen, als die Auswirkungen von ergriffenen Maßnahmen kaum vollständig absehbar sind,[403] hätte das gesetzgeberische Änderungsinteresse nicht hinreichend Beachtung gefunden, wenn der Gesetzgeber uneingeschränkt an die ursprüngliche Regelung gebunden gewesen wäre und die Änderung eines verfehlten Gesetzes vor Ablauf der vorgesehenen Frist nicht mehr hätte erfolgen können.[404]

Durch das nunmehr eingeführte Moratorium wird allerdings die erst seit 2001 geltende und ursprünglich auf fünfzehn Jahre befristete Übergangsregelung vom Anrechnungs- zum Halbeinkünfteverfahren modifiziert. Damit sehen sich Unternehmen, die ihre Planung an der gerade erst eingeführten Vorschrift ausge-

---

400 Vgl. zum Körperschaftsteueraufkommen *Deutsche Bundesbank*, Monatsbericht Dezember 2002, S. 15 (23).

401 *Deutsche Bundesbank*, Monatsbericht Dezember 2002, S. 15 (24).

402 *Hey*, Steuerplanungssicherheit als Rechtsproblem, S. 330.

403 Risikogesetzgebung ist insoweit unvermeidbar, vgl. *Hey*, Steuerplanungssicherheit als Rechtsproblem, S. 330; vgl. etwa BVerfGE 25, 1 (12 f.); 50, 290 (333); siehe auch *Papier*, in: Maunz/Dürig, Art. 14 GG Rn. 314.

404 *Hey*, Steuerplanungssicherheit als Rechtsproblem, S. 294; siehe auch *A. Leisner*, StuW 1998, 254 (259), nach der der Legislative die Möglichkeit zuzugestehen ist, ihre Fehler zu korrigieren, da nur dies dem gesetzgeberischen Auftrag gerecht wird, das Recht gestaltend zu verbessern.

richtet haben, einer kurzfristigen Einschränkung ihres Erstattungsanspruches ausgesetzt.[405] Angesichts des ständigen Wandels und der Änderungsanfälligkeit des Steuerrechts, die als vertrauensreduzierendes Merkmal bewertet werden kann,[406] war eine Gesetzesänderung allerdings nicht auszuschließen. Würde den Kapitalgesellschaften infolgedessen der Schutz ihrer Eigentumsposition und der in der Eigentumsgarantie verkörperte Vertrauensschutz versagt, bliebe jedoch unberücksichtigt, dass sich die Steuerpflichtigen aufgrund der ausdrücklichen Befristung der zunächst in 2001 eingeführten Übergangsregelung in der Annahme bestärkt fühlen konnten, dass innerhalb der Übergangsfrist eine Modifizierung der bestehenden Vorschrift nicht erfolgen werde.[407] Da die ursprüngliche Übergangsregelung steuersystematisch sowie verfassungsrechtlich gerechtfertigt war,[408] bestand auch insoweit kein Anlass, sich auf eine kurzfristiger Veränderung der Rechtslage einzustellen. Vor diesem Hintergrund liegt für Kapitalgesellschaften, die auf den Fortbestand der Rechtslage vertraut haben, der Vergleich mit einer Enteignung nahe, da der von der Eigentumsgarantie geschützte Anspruch auf Erstattung für fast drei Jahre vollständig verweigert wird.[409] Eine so weitreichende Schwächung der Vertrauenssicherung verbunden mit den ne-

---

405 Vgl. dazu *Ott*, INF 2003, 376 (378); *Gemeinsame Eingabe von BDI, DIHK, ZDH, BGA, BdB, BDA und GDV* vom 8. Januar 2003 an den Finanzausschuss des Bundestages, Protokoll Nr. 7 des Finanzausschusses des Deutschen Bundestages zur öffentlichen Anhörung zum Entwurf des StVergAbG vom 15.1.2003, S. 266 (303).

406 Ein vertrauensreduzierendes Moment scheint das BVerfG in der besonderen Änderungsanfälligkeit einer Rechtsmaterie zu sehen, vgl. BVerfGE 83, 89 (110). Vgl. dazu ausführlich *Hey*, Steuerplanungssicherheit als Rechtsproblem, S. 289 f.

407 Vgl. *Hey*, Steuerplanungssicherheit als Rechtsproblem, S. 293 f., vgl. auch *Maurer*, in: Isensee/Kirchhof, HbdStR III, § 60 Rn. 58, der im Wege der Auslegung differenzieren will, ob durch die Befristung gerade der Vertrauensschutz begrenzt werden, oder ob erhöhter Vertrauensschutz gerade für den Zeitraum der Befristung gerade vermittelt werden solle. Für eine Bindungsintensivierung bei befristeten Gesetzen *Haas*, Vertrauensschutz im Steuerrecht, S. 92; *W. Leisner*, FS für Berber, S. 273 (296); *Maurer*, in: Isensee/Kirchhof, HbdStR III, § 60, Rn. 58 ff. Gegen eine Interpretation von Befristungen als erhöhte Bestandsgarantie der Bundesminister der Finanzen in BVerfGE 30, 392 (399); anders BVerfGE, NJW 2000, 2730 (2733).

408 *Deutsche Bundesbank*, Monatsbericht Dezember 2002, S. 15 (24); kritisch zur verfassungsrechtlichen Rechtfertigung der ursprünglichen Übergangsregelung *Streck/Binnewies*, DB 2002, 1956 ff.

409 *Bundessteuerberaterkammer (BStBK)*, Nichtauszahlung von Körperschaftsteuer-Guthaben in Konflikt mit Verfassungsrecht, Veröffentlichung vom 9.4.2003, http://www.verbaende.com/news/ ges_text.php4?m= 18171, wonach der Rechtsanspruch auf Auszahlung verweigert wird. Ähnlich *Pinne*, Protokoll Nr. 7 des Finanzausschusses des Deutschen Bundestages zur öffentlichen Anhörung zum Entwurf des StVergAbG vom 15.1.2003, S. 47; vgl. auch die *Stellungnahme des Zentralen Kreditausschusses*, ebd., S. 970 ff. (892).

gativen wirtschaftlichen Auswirkungen des Moratoriums dürfte mit dem öffentlichen Finanzbedarf kaum zu rechtfertigen sein.

Da den durch die hohen Sonderausschüttungen bedingten Ausfällen bei der Körperschaftsteuer - zumindest bei inländischen Anteilseignern - erhebliche Mehreinnahmen bei der Kapitalertragsteuer und bei entsprechend hohen Einkommensteuersätzen sogar leichte Mehreinnahmen bei der veranlagten Einkommensteuer gegenüber standen, so dass die Mindereinnahmen bezogen auf das Gesamtsteueraufkommen zumindest teilweise ausgeglichen wurden,[410] lässt auch die Entwicklung des Gesamtsteueraufkommens die Einführung des Moratoriums nicht als zwingende Notwendigkeit erscheinen. Eine isolierte Betrachtung des Körperschaftsteueraufkommens ergibt, dass der starke Rückgang gerade im Jahr 2001 auf verschiedene Faktoren zurückzuführen ist und nicht vorrangig mit der Nutzung des Körperschaftsteuerminderungspotentials durch die Kapitalgesellschaften begründet werden kann.[411] Neben den seit 2001 zusätzlich geschaffenen Möglichkeiten zur Steuervermeidung, wie z.B. der vollständigen Freistellung von Veräußerungsgewinnen, kommt hierbei der konjunkturellen Lage, die sich im Jahr 2001 zunehmend verschlechterte und bei den Unternehmenserträgen deutliche Spuren hinterlassen hat,[412] eine besondere Bedeutung zu. Da das Risiko einer Verschlechterung der Wirtschaftslage und des hiermit im Zusammenhang stehenden Haushaltsdefizits nicht allein von den Kapitalgesellschaften zu tragen ist, erscheint es kaum angemessen, in einer wirtschaftlich angespannten Situation mit Blick auf das Ausschüttungsverhalten der Unternehmen[413] ein Körperschaftsteuer-Moratorium einzuführen und auf diese Weise auf das eingebrochene Körperschaftsteueraufkommen zu reagieren, das in 2002 be-

---

410 Vgl. dazu *Deutsche Bundesbank*, Monatsbericht Dezember 2002, S. 15 (25) mit Berechnungen.

411 Die Möglichkeit, letztmalig eine steuerliche Abschreibungen auf den Beteiligungsbesitz vornehmen zu können, bevor die Steuerbefreiung hieraus stammender Veräußerungsgewinne in Kraft trat, stellt einen weiteren Sonderfaktor dar. (*Deutsche Bundesbank*, Monatsbericht Dezember 2002, S. 15 (24)) Zu den Ursachen für den Einbruch der Körperschaftsteuereinnahmen siehe auch die *Stellungnahme von Prof. Dr. Jarass*, Protokoll Nr. 7 des Finanzausschusses des Deutschen Bundestages zur öffentlichen Anhörung zum Entwurf des StVergAbG vom 15.1.2003, S. 701 (704 ff.).

412 *Lichtbau/Stolte*, iw-trends, Nr. 1/2002, S. 6. Die verschlechterte Ergebnissituation spiegelt sich auch in den Nettoumsatzrenditen deutscher Konzern wider, die sich von 2000 auf 2001 nahezu halbiert haben. Vor allem in den DAX-30-Konzernen als Schwergewichten der deutschen Wirtschaft haben sich die Geschäftsergebnisse deutlich verschlechtert, und die Renditen gingen von 4,9 % auf 2,4 % zurück. (S. 7). Siehe auch iwd - Informationsdienst des Instituts der deutschen Wirtschaft Nr. 7 vom 14. Februar 2002.

413 Vgl. BT-Drucks. 15/119, S. 44.

reits wieder auf 2,86 Mrd. Euro anstieg und in 2003 ein Volumen von 7,26 Mrd. Euro erreicht hat.[414]

Wenn sich vor diesem Hintergrund das für die Rechtfertigung erforderliche besondere Gewicht des gesetzgeberischen Interesses wohl nicht feststellen lässt, könnte doch zumindest die konkrete Ausgestaltung des Moratoriums dazu führen, dass die Regelung noch als zumutbar zu beurteilen ist. Schließlich ist das Moratorium auf knapp drei Jahre und damit auf einen relativ kurzen Zeitraum begrenzt.[415] Die zeitlich überschaubare Anwendungsdauer von § 37 Abs. 2a Nr. 1 KStG n.F. ändert jedoch nichts daran, dass die Kapitalgesellschaften trotz einer entsprechenden Verlängerung des Übergangszeitraumes um drei Jahre[416] und der Möglichkeit, die Guthaben zu einem späteren Zeitpunkt realisieren zu können, entscheidend in ihrer freien Disposition beschränkt sind. Zudem ergibt sich bereits für einen Dreijahreszeitraum ein erheblicher Abzinsungsnachteil der Kapitalgesellschaften.

Auch die Tatsache, dass die Änderung der Übergangsregelung die Nutzung von Körperschaftsteuerguthaben unverändert bei Umwandlungen und Liquidationen zulässt,[417] kann nicht dergestalt Berücksichtigung finden, dass der Eingriff durch das Moratorium aufgrund dieser alternativen Nutzungsmöglichkeiten für Körperschaftsteuerguthaben als weniger intensiv zu bewerten wäre. Entsprechende Gestaltungen mögen für einzelne Unternehmen zwar in Betracht kommen, um das Körperschaftsteuerguthaben zu realisieren, sie können aber nicht grundsätzlich für sämtliche Kapitalgesellschaften als sinnvolle Alternative gelten, zumal dann auch die eigentliche Regelung, mit der gerade eine Verstetigung des Körperschaftsteueraufkommens erreicht werden soll, aufgrund der Umgehungsmöglichkeiten ihren Zweck verfehlen würde.

(4) Zwischenergebnis

Im Rahmen einer Gesamtabwägung ergibt sich aufgrund einer Gewichtung der Vor- und Nachteile der gesetzgeberischen Maßnahme, dass das berechtigte Interesse der Steuerpflichtigen am Fortbestand der Altregelung das mit dem Fis-

---

414 Ergebnisse der 122. Sitzung des Arbeitskreises „Steuerschätzungen" vom 4. bis 6. November 2003.

415 Dazu *Brodersen/Littan*, GmbHR 2003, 678 (680), die mutmaßen, dass das BVerfG vor diesem Hintergrund ein Einsehen in die Finanznöte das Staates haben werde.

416 Vgl. *Förster*, DB 2003, 899 (901).

417 Zur Realisierung der Körperschaftsteuerguthaben durch Umwandlung in eine Personengesellschaft siehe *Brodersen/Littan*, GmbHR 2003, 678 (681 ff.); *Krüger*, DB 2003, 2249 ff.; *Lemaitre*, DStR 2003, 1476 f.; ebenfalls hierzu wie auch zur fehlenden Begrenzung im Falle der Liquidation vgl. *Förster*, DB 2003, 899 (902); vgl. auch *Prinz*, FR 2004, 19 (21).

kalzweck zu begründenden Änderungsinteresse des Gesetzgebers überwiegt. Der Eingriff in die Eigentumsgarantie lässt sich weder mit dem Hinweis auf die schwierige Haushaltslage noch mit dem gesetzgeberischen Anliegen, das Körperschaftsteueraufkommen zu verstetigen und zu einer Besteuerung nach der wirtschaftlichen Leistungsfähigkeit beizutragen, rechtfertigen.[418] Das Moratorium, das nicht einmal endgültig zu Mehreinnahmen führt, sondern lediglich eine Verlagerung von Steuermindereinnahmen in spätere Haushaltsjahre bewirkt,[419] stellt damit eine unzumutbare Maßnahme dar. Soweit ein rasches Korrigieren der ursprünglichen Übergangsregelung wegen des Einbruchs der Körperschaftsteuereinnahmen für erforderlich gehalten wurde, durfte auch bei Gewährleistung der Gestaltungssouveränität des Gesetzgebers eine so weitreichende Beschränkungen der vorherigen Gesetzeslage nicht erfolgen.[420] Als Inhalt einer angemessenen Regelung wäre vielmehr eine weitere Ausdehnung des Übergangszeitraumes in Betracht zu ziehen gewesen, um das eigentumsgleiche Recht auf die Körperschaftsteuerguthaben zu wahren und Ausschüttungen fiskalpolitisch kalkulieren zu können.[421]

bb) Streckung von Körperschaftsteuerguthaben gem. § 37 Abs. 2a Nr. 2 KStG

Ob zumindest durch die an das Moratorium anschließende zeitliche Streckung der Realisierungsmöglichkeit von Körperschaftsteuerguthaben die Grenzen der Rechtsstaatlichkeit und der Rechtssicherheit tatsächlich gewahrt bleiben und die Regelung mit dem Grundsatz der Verhältnismäßigkeit vereinbar ist, wird im folgenden zu untersuchen sein. In diesem Zusammenhang stellt sich die Frage, inwieweit sich das Ergebnis der Unverhältnismäßigkeit des Moratoriums auf die in § 37 Abs. 2a Nr. 2 KStG getroffene Regelung übertragen lässt.

---

418 Vgl. *Wiese/Klass*, GmbHR 2003, 557 (559); *Lornsen-Veit/Möbus*, BB 2003, 1154 (1156); im Ergebnis ebenso *Birk/Desens*, StuW 2004, 97 (105); zumindest als zweifelhaft wertet *Prinz*, FR 2004, 19 (21) dieses Ergebnis. Nicht geteilt werden die verfassungsrechtlichen Bedenken von *Frotscher*, in: Frotscher/Maas, § 37 KStG Rn. 18c und *Dötsch*, in: Dötsch/Eversberg/ Jost/Witt, § 37 KStG n.F. Rn. 50 aus.

419 *Ott*, INF 2003, 376 (381).

420 Vgl. *Stellungnahme von UnternehmensGrün e.V.*, Protokoll Nr. 7 des Finanzausschusses des Deutschen Bundestages zur öffentlichen Anhörung zum Entwurf des StVergAbG vom 15.1.2003, S. 777 (781 f.).

421 Vgl. *Stellungnahme von UnternehmensGrün e.V.*, a.a.O.; für eine stärkere als im ursprünglichen Gesetzesentwurf vorgesehene Begrenzung der maximal zulässigen Auskehrung von Steuerguthaben und eine Verlängerung des Gesamtzeitraumes *Stellungnahme von Prof. Dr. Hickel*, Protokoll Nr. 7 des Finanzausschusses des Deutschen Bundestages zur öffentlichen Anhörung zum Entwurf des StVergAbG vom 15.1.2003, S. 718 (722).

Die Anschlussregelung bietet den Kapitalgesellschaften – anders als das Moratorium – die Gelegenheit, ihre Vermögensposition weiterhin zumindest noch eingeschränkt nutzen zu können. Aufgrund der betragsmäßigen und auch zeitlichen Begrenzung birgt diese Übergangsvorschrift jedoch das Risiko, dass es den Kapitalgesellschaften nicht gelingt, die Guthaben in voller Höhe zu realisieren, so dass am Ende der Übergangsfrist von insgesamt 18 Jahren Körperschaftsteuerguthaben unter Umständen verfallen, wenn kein ausreichendes Ausschüttungsvolumen vorhanden ist, das zur Realisierung der Körperschaftsteuerguthaben herangezogen werden kann.[422] Die 40%-ige Steuerbelastung der thesaurierten Gewinne würde sich dann in eine Definitivbelastung verwandeln.[423]

Da die Vorschrift in § 37 Abs. 2a Nr. 2 i.V.m. § 37 Abs. 2 KStG die betragsmäßig begrenzte Realisierung von Körperschaftsteuerguthaben zumindest über einen verhältnismäßig langen Zeitraum zulässt, liegt dennoch die Vermutung nahe, dass diese Regelung im Vergleich zu dem vorangehenden Moratorium zu einem weniger intensiven Eingriff führt, zumal die Körperschaftsteuerminderung in Höhe von 1/6 der Gewinnausschüttung in jedem Veranlagungszeitraum bis zu einem Höchstbetrag möglich ist. Eine abschließende Bewertung von § 37 Abs. 2a Nr. 2 KStG n.F. setzt allerdings voraus, dass die unterschiedlichen Interessen gegeneinander abgewogen werden.

Da im Hinblick auf § 37 Abs. 2a Nr. 2 KStG nicht das „Ob" der Geltendmachung von Körperschaftsteuerminderungsansprüchen von Interesse ist, sondern vielmehr die Zulässigkeit einer betragsmäßigen Begrenzung bei der Realisierung von Körperschaftsteuerguthaben zentrale Bedeutung erlangt, kann das für das Moratorium ermittelte Ergebnis im Rahmen der Verhältnismäßigkeitsprüfung nicht ohne weiteres auf die sich aufgrund der Anschlussregelung ergebende Streckung der Körperschaftsteuerguthaben übertragen werden. Um dem unterschiedlichen Inhalt der beiden Vorschriften hinlänglich Rechnung zu tragen, ist gesonderten zu untersuchen, ob die Vorschrift des § 37 Abs. 2a Nr. 2 KStG geeignet und erforderlich ist, um das gesetzgeberische Ziel einer Verstetigung der Körperschaftsteuereinnahmen zu erreichen und zudem nicht außer Verhältnis zur Bedeutung der Sache steht.[424]

---

422 Vgl. *Ott*, INF 2003, 376 (378); *Bundessteuerberaterkammer (BStBK)*, Protokoll Nr. 7 des Finanzausschusses des Deutschen Bundestages zur öffentlichen Anhörung zum Entwurf des StVergAbG vom 15.1.2003, S. 238; *Stellungnahme der Deutschen Steuer-Gewerkschaft*, ebd., S. 427 (434). Siehe auch *Grube*, F.A.Z. vom 23.4.2003, S. 23.

423 Vgl. *Brodersen/Littan*, GmbHR 2003, 678 (680).

424 BVerfGE 70, 278 (286) m.w.N.; *Streck/Binnewies*, DB 2002, 1956 (1962).

(1) Eignung

Da bei Ausschüttungen die Realisierung von Körperschaftsteuerguthaben gem. § 37 Abs. 2a Nr. 2 KStG nicht nur auf ein Sechstel der Gewinnausschüttung begrenzt ist, sondern zusätzlich bei der Nutzung von Körperschaftsteuerguthaben eine lineare Verteilung auf die Restlaufzeit des Übergangszeitraumes zu erfolgen hat, wird verhindert, dass Körperschaften die mit der Verringerung von Körperschaftsteuerguthaben einhergehenden Minderung der Körperschaftsteuer in beliebiger Höhe geltend machen können.[425] Die in § 37 Abs. 2a Nr. 2 KStG vorgesehenen Modalitäten führen damit zu einer Streckung bei der Geltendmachung von Körperschaftsteuerminderungsbeträgen.[426] Es handelt sich folglich um ein Mittel, dass den Zweck einer Verstetigung des Körperschaftsteueraufkommens fördert und demnach als geeignet anzusehen ist.[427]

(2) Erforderlichkeit

Von der Erforderlichkeit der in § 37 Abs. 2a Nr. 2 KStG geregelten Maßnahme ist auszugehen, wenn kein milderes, den Adressaten weniger belastendes, aber gleich wirksames Mittel zur Erreichung des Zweckes zur Wahl steht.[428] Zu erwägen ist insoweit, ob eine ausschüttungsunabhängige Realisierung von Körperschaftsteuerguthaben ein milderes Mittel mit gleicher Eignung darstellt.[429]

Eine von Ausschüttungen unabhängige Realisierungsmöglichkeit verbunden mit einer linearen Verteilung des noch bestehenden Körperschaftsteuerguthabens

---

425 Bei einer Gewinnausschüttung, die im 8. Jahr des Übergangszeitraumes beschlossen würde, bliebe demnach noch eine Restlaufzeit von 10 Jahren, so dass die Realisierung auf 1/6 der Ausschüttung und zusätzlich auf 1/10 des noch vorhandenen Körperschaftsteuerguthabens begrenzt ist. Vgl. dazu *Streck/Binnewies*, DB 2003, 1133 f.; siehe auch die Beispiele zu den Übergangsregelungen bei *Schiffers*, GmbHR 2003, 673 (678); vgl. auch *Korn/ Strahl*, KÖSDI 2003, 13714 (13722 f.); *Djanani/Brähler/Wesel*, StB 2003, 284 (286).

426 Vgl. dazu *Förster*, DB 2003, 899 (901), der feststellt, dass aufgrund der Regelung zugleich Druck für die Kapitalgesellschaften entstehe, laufende Ausschüttungen vorzunehmen. Dass § 37 Abs. 2a Nr. 2 KStG in seiner jetzigen Form überhaupt zur Anwendung gelangen wird, bezweifeln *Streck/Binnewies*, DB 2003, 1133 (1134).

427 A.A. *Birk/Desens*, StuW 2004, 97 (103). Zu den Voraussetzungen der Geeignetheit vgl. nur *Herzog*, in: Maunz/Dürig, Art. 20 GG VII. Rn. 74; vgl. auch Nachweise zu F. I. 2. d) aa) (1).

428 Vgl. *Sommermann*, in: v. M/K/S, Art. GG 20 Rn. 304; siehe auch Nachweise zu F. I. 2. e) aa) (2).

429 Vgl. dazu *Stellungnahme von Prof. Dr. Jarass*, Protokoll Nr. 7 des Finanzausschusses des Deutschen Bundestages zur öffentlichen Anhörung zum Entwurf des StVergAbG vom 15.1.2003, S. 701 (705); *Stellungnahme von UnternehmensGrün e.V.*, ebd., S. 777 (781 f.).

auf die Übergangszeit könnte als milderes Mittel einzustufen sein, da die Kapitalgesellschaften dann zumindest bei ihrer Ausschüttungsplanung nicht zusätzliche Regelungen für eine optimale Nutzung des Körperschaftsteuerminderungspotentials zu berücksichtigen hätten. Gleichzeitig würden die Unternehmen dann jedoch überhaupt nicht mehr beeinflussen können, in welchem Umfang die Realisierung von Guthaben und die entsprechende Minderung der Körperschaftsteuer im jeweiligen Veranlagungszeitraum erfolgt. Dafür wäre das Körperschaftsteuerguthaben allerdings seitens des Fiskus unabhängig von der wirtschaftlichen Situation der Kapitalgesellschaften und der hierdurch bedingten Ausschüttungspolitik zu erstatten. Ob dies genügt, um die lineare Verteilung der Guthaben als milderes Mittel einzustufen, erscheint jedoch fraglich. Jedenfalls hätte aber wohl auch die gleichmäßige Verteilung der Guthaben, die zugleich die planerische Berücksichtigung der zukünftig geltend zu machenden Körperschaftsteuerminderungsbeträge erleichtern würde, eine Verstetigung des Körperschaftsteueraufkommens zur Folge und wäre insoweit als ebenso wirksam wie die in § 37 Abs. 2a Nr. 2 KStG getroffenen Regelung anzusehen.

Vor diesem Hintergrund könnte eine von Ausschüttungen unabhängige Realisierungsmöglichkeit des Körperschaftsteuerguthabens zumindest als ein weiteres erforderliches Mittel zu bewerten sein.[430] Existieren mehrere erforderliche Maßnahmen nebeneinander, ist dem Gesetzgeber bei der Auswahl der Maßnahmen, wie auch bei der Geeignetheitsprüfung, ein gewisser Freiraum zuzugestehen.[431] Da sich nicht eindeutig feststellen lässt, dass die gleichmäßige ausschüttungsunabhängige Realisierung des Guthabens als ein weniger einschneidendes Mittel mit gleicher Eignung alternativ in Betracht kommt, ist mit Blick auf die Einschätzungsprärogative und die abschließend getroffene Entscheidung des Gesetzgebers von der Erforderlichkeit der in § 37 Abs. 2a Nr. 2 KStG normierten Maßnahme auszugehen.[432]

(3) Verhältnismäßigkeit im engeren Sinne

Verhältnismäßig im engeren Sinne ist die durch § 37 Abs. 2a Nr. 2 KStG i.V.m. § 37 Abs. 2 KStG bewirkte Streckung bei der Realisierung von Körperschaftsteuerguthaben, wenn bei einer Gesamtabwägung zwischen der Schwere des Eingriffes und dem Gewicht der ihn rechtfertigenden Gründe die Grenze der

430 Eine Existenz mehrerer erforderlicher Maßnahmen ist möglich. Vgl. dazu *Stern*, Staatsrecht III/2, § 84 II.3.b), S. 782; *Jakobs*, Der Grundsatz der Verhältnismäßigkeit, S. 75.

431 BVerfGE 21, 150 (157); *Schnapp*, JuS 1983, 850 (854); ähnlich *Stern*, Staatsrecht III/2, § 84 II.4.b), S. 782, nach dem im wesentlichen eine Evidenzkontrolle zu erfolgen hat.

432 Vgl. dazu BVerfGE 17, 232 (244 f.); 37, 1 (21); 39, 210 (230); 40, 196 (223); 40, 371 (383); 49, 24 (58).

Zumutbarkeit noch gewahrt wird.[433] Da mit § 37 Abs. 2a Nr. 2 KStG i.V.m. § 37 Abs. 2 KStG gerade eine Begrenzung der zu realisierenden Guthaben innerhalb einer Periode erfolgt, stellt sich im Hinblick auf die Bewertung der unterschiedlichen Interessen zunächst die Frage, inwieweit den Kapitalgesellschaften überhaupt ein Anspruch auf eine beliebige Realisierung des Körperschaftsteuerguthabens innerhalb eines Veranlagungszeitraumes und damit innerhalb der einzelnen Periode zuzugestehen ist.

(a) Anspruch auf die Realisierung von Körperschaftsteuerguthaben

Geht man davon aus, dass der Totalgewinn den idealen Ausgangspunkt für eine Besteuerung bildet, erscheint unerheblich zu sein, in welchem Veranlagungszeitraum und in welchem Umfang eine Minderung des Guthabens erfolgt. Entscheidend ist vielmehr, ob die Realisierung des Körperschaftsteuerguthabens innerhalb des gesamten Übergangszeitraumes möglich ist und in welchem Ausmaß die Körperschaftsteuer bezogen auf den Totalgewinn insgesamt gemindert werden könnte.[434] Etwas anderes ergibt sich, wenn der Periodengewinn als die für die Besteuerung maßgebliche Größe bewertet würde. Den Kapitalgesellschaften müsste dann wohl die Möglichkeit eingeräumt werden, den Umfang des zu realisierenden Guthabens in dem jeweiligen Veranlagungszeitraum frei zu bestimmen. Vor diesem Hintergrund ist zu klären, welche Bedeutung der Abschnittsbesteuerung beizumessen ist und inwieweit sich hieraus ein Anspruch auf eine Realisierung in beliebigem Umfang innerhalb des Besteuerungszeitraumes ableiten lässt.

Überwiegend wird das sog. Abschnittsprinzip als ein technisches Prinzip ohne Wertungsgehalt eingestuft, das im Widerspruch zur Besteuerung nach dem Leistungsfähigkeitsprinzip stehe.[435] Danach beruhe die Abschnittsbesteuerung lediglich auf technischen und fiskalischen Notwendigkeiten und bewirke eine willkürliche Zerlegung des Lebenseinkommens.[436] Insbesondere dann, wenn die Höhe des Einkommens erheblichen Schwankungen unterliegt oder sich Veranlagungszeiträume mit Gewinnen und Verlusten abwechseln, führt die periodi-

---

433 BVerfGE 78, 77 (85); 79, 256 (270); 81, 70 (92); 81, 156 (194); 83, 1 (19) m.w.N.; *Jarass*, in: Jarass/Pieroth, Art. 20 GG Rn. 86; *Pieroth/Schlink*, Staatsrecht II, Rn. 289 ff.; vgl. auch *Stern*, Staatsrecht III/2, § 84 II.4.a), S. 783.

434 Zu Konstellationen, in denen trotz eines hinreichenden handelsrechtlichen Ausschüttungsvolumens die vollständige Realisierung des Körperschaftsteuerguthabens aufgrund der Ausgestaltung der gesetzlichen Regelung insbes. von § 37 Abs. 3 KStG am Ende des Übergangszeitraumes problematisch ist, vgl. *Lornsen-Veit/Möbus*, BB 2003, 1154 (1156); *Frotscher*, in: Frotscher/Maas, § 37 KStG Rn. 29.

435 Vgl. nur *J. Lang*, in: Tipke/Lang, Steuerrecht, § 9 Rn. 44; *Tipke*, SteuerRO II, S. 754 ff.; ausführlich zum Meinungsstand *Drüen*, Periodengewinn und Totalgewinn, S. 85 ff.

436 *Friauf*, DStJG 12 (1989), S. 3 (12 f.); *Tipke*, SteuerRO II, S. 756.

staatsprinzips[451] stehen das Prinzip der Rechtssicherheit einerseits und das Prinzip der materiellen Richtigkeit insoweit in einem Spannungsverhältnis. Bei der Auswahl der Besteuerungszeiträume sind somit kollidierende Belange zum Ausgleich zu bringen.[452]

Vor diesem Hintergrund ist ausgehend von einer Orientierung am Lebenseinkommen die lediglich betragsmäßig begrenzte Zulässigkeit der Körperschaftsteuerminderung als eine Abweichung von der regulären Besteuerung im Hinblick auf die Funktionsfähigkeit des Staates sowie die Rechtssicherheit zu rechtfertigen. Für einen der Position der Kapitalgesellschaften zusätzliches Gewicht verleihenden Anspruch auf eine beliebig hohe Realisierung des Körperschaftsteuerguthabens zu einem frei wählbaren Zeitpunkt bestehen damit keine Anhaltspunkte.[453] Entscheidend ist somit, ob sich im Rahmen einer Abwägung der kollidierenden Interessen ergibt, dass die in § 37 Abs. 2a Nr. 2 KStG normierte betragsmäßige Beschränkung für die Realisierung von Körperschaftsteuerguthaben als angemessen anzusehen ist.

(b) Interessenabwägung

Wie bei der Überprüfung des Moratoriums stehen sich auch im Rahmen der nunmehr vorzunehmenden Abwägung einerseits das Interesse des Staates an einer Verstetigung des Körperschaftsteueraufkommens und andererseits das Interesse der Kapitalgesellschaften an einer uneingeschränkten Realisierungsmöglichkeit von Körperschaftsteuerguthaben als zu berücksichtigende Positionen gegenüber.[454]

Geht man davon aus, dass die betroffenen Kapitalgesellschaften zumindest teilweise noch über Körperschaftsteuerguthaben in erheblichem Umfang verfügen, die sowieso nur innerhalb eines längeren Zeitraumes hätten realisiert werden können, da für die vollständige Realisierung insgesamt Ausschüttungen in Höhe des Sechsfachen des noch bestehenden Körperschaftsteuerguthabens erforderlich sind,[455] mögen Zins- und Liquiditätsnachteile zwar aufgrund der in § 37 Abs. 2a Nr. 2 KStG normierten Regelung auch dann entstehen, wenn eine umfängliche Nutzung der Guthaben in weniger als fünfzehn Jahren möglich gewe-

---

451 Vgl. dazu BVerfGE 35, 41 (47); *Herzog*, in: Maunz/Dürig, Art. 20 GG VII. Rn. 61; *Kruse*, Steuerrecht I, § 15 II.1., S. 284; *Stern*; Staatsrecht I, § 20 4., S. 796 ff. m.w.N.

452 *J. Lang*, Die Bemessungsgrundlage der Einkommensteuer, S. 188; *ders.*, in: Tipke/Lang, Steuerrecht, § 9 Rn. 44; *Jachmann*, Nachhaltige Entwicklung und Steuern, S. 145; ähnlich *Drüen*, Periodengewinn und Totalgewinn, S. 96, 101.

453 Im Ergebnis ebenso *Frotscher*, in: Frotscher/Maas, § 37 KStG Rn. 18c.

454 Vgl. dazu die Ausführungen unter F. I. 2. e) aa) (3) (a) und (b).

455 Vgl. *Ott*, INF 2003, 376 (378).

Würde auf dieser Grundlage der Periodengewinn als die für die Besteuerung maßgebliche Größe angesehen, bliebe jedoch unberücksichtigt, dass das Steuersubjekt nicht nur Einkommen für den jeweiligen Periodenbedarf erwirbt. Über finanzielle Leistungsfähigkeit wird insbesondere dann nicht lediglich zeitgebunden verfügt, wenn das Steuersubjekt spart und investiert, um einen zukünftigen Bedarf befriedigen zu können.[445] Insoweit ist als maßgeblicher Indikator steuerlicher Leistungsfähigkeit vielmehr die Gesamtleistungsfähigkeit eines Steuersubjektes und dementsprechend bei einem Unternehmen der überperiodische Totalgewinn heranzuziehen.[446] So wird auch gewährleistet, dass der „Vergleichbarkeit in der Zeit" nicht aufgrund eines mehr oder weniger willkürlich definierten Zeitabschnitts Rechnung getragen wird, sondern ein auf das Leistungsfähigkeitssubjekt im Ganzen bezogener Indikator den Ausgangspunkt bildet.[447]

Stellt man folglich auf den Totalgewinn als Maßstab für eine Besteuerung nach der wirtschaftlichen Leistungsfähigkeit ab, bleibt doch der stetige Finanzbedarf des Staates und die hieraus resultierende Notwendigkeit einer periodischen Besteuerung von Einkommen anzuerkennen.[448] Technisch-budgetäre Zwänge sprechen demnach – anders als die materielle Gerechtigkeit – für kurze Veranlagungszeiträume.[449]

Die Abschnittsbesteuerung ist zudem mit dem Prinzip der Rechtssicherheit zu begründen, das im Interesse des Steuerpflichtigen und der Verwaltung überschaubare Besteuerungszeiträume verlangt, um zeitnah Klarheit hinsichtlich der Steuerbelastung zu schaffen.[450] Als wesentliche Bestandteile des Rechts-

---

445 Vgl. *Jachmann*, Nachhaltige Entwicklung und Steuern, S. 144; *J. Lang*, DStJG 24 (2001), S. 49 (65); *Dorenkamp*, StuW 2000, 121 (126); zur Kritik siehe auch *Tipke*, SteuerRO, II, S. 757 f. Zur Rechtfertigung des Periodizitätsprinzips ausführlich *P. Kirchhof*, 57. DJT, Gutachten F, S. 76.

446 *Jachmann*, Nachhaltige Entwicklung und Steuern, S. 145; *J. Lang*, DStJG 24 (2001), S. 49 (65); *ders.*, FS für Kruse, S. 313 (331); *ders.*, Die Bemessungsgrundlage der Einkommensteuer, S. 187.

447 Vgl. *J. Lang*, DStJG 24 (2001), S. 49 (65); vgl. auch *Tipke*, SteuerRO II, S. 756: „Vergleichbarkeit in der Zeit bedeutet grundsätzlich Vergleichbarkeit von Lebenseinkommen."

448 Vgl. *Holdorf*, BB 2001, 2085 (2088); *J. Lang*, DStJG 24 (2001), S. 49 (65); *ders.*, in: Tipke/Lang, Steuerrecht, § 9 Rn. 44; *Seer*, Verständigungen im Steuerverfahren, S. 313.

449 *Drüen*, Periodengewinn und Totalgewinn, S. 91.

450 *Drüen*, Periodengewinn und Totalgewinn, S. 91 f., 99; *Jachmann*, Nachhaltige Entwicklung und Steuern, S. 145; vgl. auch *Hey*, Steuerplanungssicherheit als Rechtsproblem, S. 259, 264 f., die der Abschnittsbesteuerung mit Blick auf die Abschlussfunktion für Teillebenssachverhalte neben der Eigenschaft als technisches Prinzip in Bezug auf die steuerrechtlich zu erfassende Leistungsfähigkeit auch freiheitssichernde Bedeutung zuerkennt.

staatsprinzips[451] s ı das Prinzip der Rechtssicherheit einerseits und das Prinzip der materiell chtigkeit insoweit in einem Spannungsverhältnis. Bei der Auswahl der Be rungszeiträume sind somit kollidierende Belange zum Ausgleich zu brir 52

Vor diesem Hint kommen die led steuerminderung ine Abweichung von der regulären Besteuerung im Hinblick auf die Fun sfähigkeit des Staates sowie die Rechtssicherheit zu rechtfertigen. Für ein r Position der Kapitalgesellschaften zusätzliches Gewicht verleihenden An h auf eine beliebig hohe Realisierung des Körperschaftsteuerguthabens nem frei wählbaren Zeitpunkt bestehen damit keine Anhaltspunkte.[453] Eı eidend ist somit, ob sich im Rahmen einer Abwägung der kollidierenden In sen ergibt, dass die in § 37 Abs. 2a Nr. 2 KStG normierte betragsmäßige B änkung für die Realisierung von Körperschaftsteuerguthaben als angemess zusehen ist.

(b) Interessenal ung

Wie bei der Üb ung des Moratoriums stehen sich auch im Rahmen der nunmehr vorzun nden Abwägung einerseits das Interesse des Staates an einer Verstetigu es Körperschaftsteueraufkommens und andererseits das Interesse der Ka gesellschaften an einer uneingeschränkten Realisierungsmöglichkeit von erschaftsteuerguthaben als zu berücksichtigende Positionen gegenüber.[454]

Geht man davon dass die betroffenen Kapitalgesellschaften zumindest teilweise noch über erschaftsteuerguthaben in erheblichem Umfang verfügen, die sowieso nur halb eines längeren Zeitraumes hätten realisiert werden können, da für di lständige Realisierung insgesamt Ausschüttungen in Höhe des Sechsfachen noch bestehenden Körperschaftsteuerguthabens erforderlich sind,[455] mög ins- und Liquiditätsnachteile zwar aufgrund der in § 37 Abs. 2a Nr. 2 K ormierten Regelung auch dann entstehen, wenn eine umfängliche Nutzun Guthaben in weniger als fünfzehn Jahren möglich gewe-

---

451 Vgl. dazu BV 35, 41 (47); *Herzog*, in: Maunz/Dürig, Art. 20 GG VII. Rn. 61; *Kruse*, Steuer § 15 II.1., S. 284; *Stern*; Staatsrecht I, § 20 4., S. 796 ff. m.w.N.

452 *J. Lang*, Die ssungsgrundlage der Einkommensteuer, S. 188; *ders.*, in: Tipke/Lang, Steuer § 9 Rn. 44; *Jachmann*, Nachhaltige Entwicklung und Steuern, S. 145; ähnlic *n*, Periodengewinn und Totalgewinn, S. 96, 101.

453 Im Ergebnis e *Frotscher*, in: Frotscher/Maas, § 37 KStG Rn. 18c.

454 Vgl. dazu die rungen unter F. I. 2. e) aa) (3) (a) und (b).

455 Vgl. *Ott*, INF 376 (378).

sen wäre;[456] insgesamt fallen die Nachteile allerdings geringer aus als infolge des zuvor geltenden Moratoriums. Die Streckung der Realisierungsmöglichkeit des Körperschaftsteuerguthabens stellt insoweit einen weniger intensiven Eingriff in die Eigentumsgarantie dar. Gerade im Vergleich zu den ursprünglich diskutierten Regelungsvorschlägen, nach denen u.a. die Verrechnungsmöglichkeit auf die Hälfte der festgesetzten Körperschaftsteuer beschränkt werden sollte oder eine jährliche Begrenzung der Realisierungsmöglichkeit auf 1/14 des am 31.12.2002 verbleibenden Guthabens vorgeschlagen worden war,[457] ist positiv zu bewerten, dass ein Verfall von Körperschaftsteuerguthaben aufgrund der nunmehr dynamischen Ausgestaltung für die Bestimmung des jeweils realisierbaren Höchstbetrages weitgehend vermieden wird.[458]

Trotz einer kontinuierlichen Dividendenpolitik bleibt eine vollständige Realisierung des Steuerguthabens jedoch kaum möglich, wenn der Anteilseigner unbeschränkt körperschaftsteuerpflichtig ist und der Nachversteuerung gem. § 37 Abs. 3 KStG unterliegt. So erhöhen unterjährige Zugänge den Bestand erst zum Jahresende, mit der Folge, dass zumindest im letzten Übergangsjahr erworbenes Guthaben nicht mehr realisiert werden kann, da für eine eigene die Körperschaftsteuer mindernde Ausschüttung, die die Erhöhung des Körperschaftsteuerguthabens berücksichtigt, keine Möglichkeit mehr besteht.[459] In welchem Umfang Steuerguthaben am Ende der Übergangszeit tatsächlich verfallen,[460] ist zum jetzigen Zeitpunkt allerdings noch nicht absehbar. Soweit sich ein Verlust von Minderungspotential durch Überausschüttungen[461] ergibt und die gestreckte Realisierung darüber hinaus mit negativen Auswirkungen für die Unternehmen verbunden ist, können diese wenigstens aufgrund des Inkrafttretens zum 1.1.2006 in die längerfristige Planung einbezogen und bei Ausschüttungen berücksichtigt werden. Dies setzt allerdings das Vertrauen auf eine langfristig stabile Rechtslage voraus.[462]

Selbst bei einer unveränderten Rechtslage wird das Individualinteresse der Kapitalgesellschaften – wie bereits dargestellt – dennoch nicht per se durch das

456 Vgl. *Lornsen-Veit/Möbus*, BB 2003, 1154 (1156).

457 Vgl. *Fatouros*, DStZ 2003, 179 (184); siehe dazu auch bereits C. I. 2. und E. II. 2. a).

458 *Förster*, DB 2003, 899 (901); kritisch *Lornsen-Veit/Möbus*, BB 2003, 1154 (1155 f.).

459 Vgl. dazu *Frotscher*, in: Frotscher/Maas, § 37 KStG Rn. 29; *Lornsen-Veit/Möbus*, BB 2003, 1154 (1156).

460 Einen Verfassungsverstoß bei einem ersatzlosen Untergang von Restguthaben nehmen *Brodersen/Littan*, GmbHR 2003, 678 (680) an. Vgl. auch *Ott*, INF 2003, 376 (378).

461 Siehe *Förster*, DB 2003, 899 (902).

462 *Prinz*, FR 2004, 19 (23). Zweifel daran, dass die Vorschrift in ihrer jetzigen Fassung überhaupt in Kraft tritt, äußern *Streck/Binnewies*, DB 2003, 1133 (1134); ähnlich *Ott*, INF 2003, 376 (381).

sen wäre;[456] insgesamt fallen die Nachteile allerdings geringer aus als infolge des zuvor geltenden Moratoriums. Die Streckung der Realisierungsmöglichkeit des Körperschaftsteuerguthabens stellt insoweit einen weniger intensiven Eingriff in die Eigentumsgarantie dar. Gerade im Vergleich zu den ursprünglich diskutierten Regelungsvorschlägen, nach denen u.a. die Verrechnungsmöglichkeit auf die Hälfte der festgesetzten Körperschaftsteuer beschränkt werden sollte oder eine jährliche Begrenzung der Realisierungsmöglichkeit auf 1/14 des am 31.12.2002 verbleibenden Guthabens vorgeschlagen worden war,[457] ist positiv zu bewerten, dass ein Verfall von Körperschaftsteuerguthaben aufgrund der nunmehr dynamischen Ausgestaltung für die Bestimmung des jeweils realisierbaren Höchstbetrages weitgehend vermieden wird.[458]

Trotz einer kontinuierlichen Dividendenpolitik bleibt eine vollständige Realisierung des Steuerguthabens jedoch kaum möglich, wenn der Anteilseigner unbeschränkt körperschaftsteuerpflichtig ist und der Nachversteuerung gem. § 37 Abs. 3 KStG unterliegt. So erhöhen unterjährige Zugänge den Bestand erst zum Jahresende, mit der Folge, dass zumindest im letzten Übergangsjahr erworbenes Guthaben nicht mehr realisiert werden kann, da für eine eigene die Körperschaftsteuer mindernde Ausschüttung, die die Erhöhung des Körperschaftsteuerguthabens berücksichtigt, keine Möglichkeit mehr besteht.[459] In welchem Umfang Steuerguthaben am Ende der Übergangszeit tatsächlich verfallen,[460] ist zum jetzigen Zeitpunkt allerdings noch nicht absehbar. Soweit sich ein Verlust von Minderungspotential durch Überausschüttungen[461] ergibt und die gestreckte Realisierung darüber hinaus mit negativen Auswirkungen für die Unternehmen verbunden ist, können diese wenigstens aufgrund des Inkrafttretens zum 1.1.2006 in die längerfristige Planung einbezogen und bei Ausschüttungen berücksichtigt werden. Dies setzt allerdings das Vertrauen auf eine langfristig stabile Rechtslage voraus.[462]

Selbst bei einer unveränderten Rechtslage wird das Individualinteresse der Kapitalgesellschaften – wie bereits dargestellt – dennoch nicht per se durch das

---

456 Vgl. *Lornsen-Veit/Möbus*, BB 2003, 1154 (1156).

457 Vgl. *Fatouros*, DStZ 2003, 179 (184); siehe dazu auch bereits C. I. 2. und E. II. 2. a).

458 *Förster*, DB 2003, 899 (901); kritisch *Lornsen-Veit/Möbus*, BB 2003, 1154 (1155 f.).

459 Vgl. dazu *Frotscher*, in: Frotscher/Maas, § 37 KStG Rn. 29; *Lornsen-Veit/Möbus*, BB 2003, 1154 (1156).

460 Einen Verfassungsverstoß bei einem ersatzlosen Untergang von Restguthaben nehmen *Brodersen/Littan*, GmbHR 2003, 678 (680) an. Vgl. auch *Ott*, INF 2003, 376 (378).

461 Siehe *Förster*, DB 2003, 899 (902).

462 *Prinz*, FR 2004, 19 (23). Zweifel daran, dass die Vorschrift in ihrer jetzigen Fassung überhaupt in Kraft tritt, äußern *Streck/Binnewies*, DB 2003, 1133 (1134); ähnlich *Ott*, INF 2003, 376 (381).

Insbesondere in den Fällen, in denen Kapitalgesellschaften nur noch über ein vergleichsweise geringes Volumen an Körperschaftsteuerguthaben verfügen, das bei einer entsprechenden Ertragssituation und einem ausreichenden Ausschüttungsvolumen der Unternehmen entweder innerhalb eines Jahres oder zumindest innerhalb eines im Vergleich zur Dauer der Übergangsregelung sehr kurzen Zeitraumes zu realisieren gewesen wäre, sind die Auswirkungen der gestreckten Realisierungsmöglichkeit von Körperschaftsteuerguthaben nach § 37 Abs. 2a Nr. 2 KStG als problematisch zu bewerten. Unter Berücksichtigung des Zeitfaktors haben die gegenüber dem Fiskus geltend zu machenden Minderungsansprüche der Unternehmen, die statt im Jahr 2006 infolge der ratierlichen Realisierungsmöglichkeit erst endgültig im Jahr 2019 beglichen werden, bei der vorliegenden Kumulation gesetzgeberischer Maßnahmen ausgehend von einer angenommenen Verzinsung von 5 % p.a. nur noch einen Barwert von ca. 55 %.[468] Wird die nach § 37 Abs. 2a Nr. 2 KStG vorgesehene gestreckte Realisierung des Steuerguthabens über 14 Jahre isoliert betrachtet, ergibt sich ein Barwert von ca. 70 %.

Aufgrund dieses beachtlichen – wenn auch nicht reellen, so doch durch den Zinsnachteil bedingten – Wertverlustes, bestehen an der Verhältnismäßigkeit gerade in diesen Konstellationen trotz des durch die Störung des gesamtwirtschaftlichen Gesamtgewichts verstärkten Finanzbedarfes erhebliche Zweifel. Die besonderen Härten könnten lediglich vermieden werden, indem für die Realisierung nach dem Umfang des noch vorhandenen Guthabens differenziert wird. Eine solche Unterscheidung erscheint jedoch im Hinblick auf die übersichtliche Ausgestaltung einer gesetzlichen Regelung, die der Rechtssicherheit und Rechtsklarheit Rechnung tragen soll, nicht sinnvoll.

Angesichts der Zins- und Liquiditätsnachteile,[469] die bei den Unternehmen im Einzelfall weiter reichen mögen als bei dem dreijährigen Moratorium, sowie der Maßgaben, die im Sinne einer möglichst vollständigen Realisierung des Guthabens bei der Ausschüttungspolitik zu beachten sind, bestehen hinsichtlich der Angemessenheit der Streckung des noch vorhandenen Körperschaftsteuerguthabens Bedenken.

---

468 Unterstellt wird, dass ab dem 1.1.2006 in jedem Jahr der maximale Betrag an Körperschaftsteuerguthaben realisiert wird und ausgehend von dem nach dem Moratorium verbleibenden Barwert von 86 % ein Abbau in gleich hohen Teilbeträgen erfolgt. Zur Ermittlung von Barwerten vgl. *Spitzer*, Zinses-Zinsen und Renten-Rechnung, Tabelle II., S. 91 ff. Zur Wirkungsintensität der Streckung vgl. auch das Beispiel bei *Birk/ Desens*, StuW 2004, 97 (98).

469 Vgl. *Lornsen-Veit/Möbus*, BB 2003, 1154 (1156).

Auch wenn sich ein Anspruch auf eine Realisierung in beliebigem Umfang mit Blick auf die Abschnittsbesteuerung nicht begründen lässt und zudem die Regelung in § 37 Abs. 2a Nr. 2 KStG grundsätzlich zu weniger weitgehenden Beeinträchtigungen führt, beruht auch diese Maßnahme auf rein fiskalischen Gründen, die allein für eine Rechtfertigung kaum ausreichen dürften. Die Streckung des Guthabens stellt sich demnach ebenfalls als unverhältnismäßige Maßnahme dar.

Zu einem anderen Schluss könnte man lediglich vor dem Hintergrund gelangen, dass dem Gesetzgeber letztlich kein Handlungsspielraum mehr verbliebe, um die konkrete, von ihm als verfehlt bewertete Regelung überhaupt ändern zu können, wenn § 37 Abs. 2a Nr. 2 KStG als unverhältnismäßig und damit als verfassungswidrig bewertet würde. Schließlich ist eine alternative Lösung, die eine Einschränkung der Realisierungsmöglichkeit zulässt und sich weniger nachteilig auswirkt, nicht ersichtlich.

Das Ergebnis einer verfassungsrechtlichen Prüfung kann jedoch nicht maßgeblich durch die Folgen, die es nach sich zieht, zu bestimmen sein, wenn auch die Auswirkungen einer Entscheidung nicht aus dem Blick zu verlieren sind.[470] Insoweit bleibt zu bedenken, dass der Staat als Steuerstaat[471] verlässliche Einnahmen benötigt, um seine Aufgaben erfüllen zu können. Haushaltsverträgliche Lösungen sind daher grundsätzlich anzustreben. Allerdings erscheint aufgrund der erheblichen Nachteile, die für Unternehmen bei der Streckung des Körperschaftsteuerguthabens entstehen, die Verteilung der Guthaben über die Jahre zur Schaffung günstigerer Rahmenbedingungen für eine Verstetigung des Körperschaftsteueraufkommen in einer wirtschaftlich schwierigen Situation als Notlösung nur schwer vertretbar.[472] Im Ergebnis ist mithin auch § 37 Abs. 2a Nr. 2 KStG bei einer abschließenden Gewichtung der Positionen wohl als unverhältnismäßig zu bewerten.

f) Ergebnis

Das in § 37 Abs. 2a Nr. 1 KStG normierte Moratorium führt zu einem Eingriff in das Eigentumsgrundrecht der Kapitalgesellschaften, der unverhältnismäßig und damit im Ergebnis verfassungswidrig ist. Die Abwägung im Rahmen der Verhältnismäßigkeitsprüfung hat ergeben, dass das Interesse der Kapitalgesellschaften das Interesse des Gesetzgebers überwiegt. Der Vertrauensschutz hat dabei insoweit Berücksichtigung gefunden, als der Schutz des Eigentums

470 Dazu *Bachof*, in: Summum Ius – Summa Iniuria, S. 41 ff., insbes. S. 43, 46 und 49.
471 Vgl. *Isensee*, FS für Ipsen, S. 409 (420).
472 Vgl. *Schäfers*, Steuerpolitik nach Kassenlage, F.A.Z. vom 12.4.2003.

auch gewährleistet, dass der Betroffene auf den Bestand seiner Eigentumsposition grundsätzlich vertrauen kann.[473] Ob das Moratorium, das gem. § 34 Abs. 13b KStG auch die Vergangenheit betreffende Sachverhalte erfasst, zugleich eine unzulässige Rückwirkung vorsieht, die die bereits vorliegende Beeinträchtigung verstärkt, wird im folgenden zu untersuchen sein.

Die gestreckte Realisierungsmöglichkeit des Körperschaftsteuerguthabens, die ab dem 1.1.2006 gem. § 37 Abs. 2a Nr. 2 i.V.m. § 37 Abs. 2 KStG Anwendung findet, ist erheblichen verfassungsrechtlichen Bedenken ausgesetzt. Gerade in Einzelfällen, in denen nur noch in geringem Maße Körperschaftsteuerguthaben vorhanden ist, dessen Realisierung in sehr kurzer Zeit möglich gewesen wäre, ist die Regelung mit ähnlich gravierenden negativen Auswirkungen wie das zuvor geltende Moratorium verbunden. Ob diese Maßnahme trotz ihrer im Ergebnis grundsätzlich wohl geringer ausfallenden Beeinträchtigung der Kapitalgesellschaften noch als verhältnismäßig zu bewerten und damit als verfassungsgemäß anzusehen ist, ist ernsthaft zu bezweifeln, da auch die Streckung des Guthabens allein mit fiskalischen Erwägungen zu begründen ist.

3. Rückwirkung

Das im Steuervergünstigungsabbaugesetz vom 16.5.2003 normierte Körperschaftsteuer-Moratorium schließt eine Realisierung von Körperschaftsteuerguthaben für ab dem 21.11.2002 beschlossene Gewinnausschüttungen aus, wenn nicht tatsächlich entsprechende Mittel vor dem 12.4.2003 bei den Unternehmen abgeflossen sind. Die Regelung wirkt sich für Körperschaften insoweit nachteilig aus, als bei der langfristigen Ausschüttungsplanung und dem Beschluss der Ausschüttung im Jahr 2003 die ursprüngliche Gesetzeslage zugrunde gelegt wurde und Dispositionen im Hinblick darauf getroffen worden sind, dass Körperschaftsteuerguthaben in Höhe von einem Sechstel des Ausschüttungsbetrages realisiert und ein entsprechender Körperschaftsteuerminderungsanspruch geltend gemacht werden könne. Das Moratorium erfasst folglich auch Sachverhalte mit Vergangenheitsbezug. Es stellt sich daher die Frage, ob neben den Grundrechten auch die objektiven Schranken, die das Rechtsstaatsgebot nach Art. 20 Abs. 3 GG dem rückwirkenden Zugriff des Gesetzgebers setzt, einer Beschränkung der Realisierung von Körperschaftsteuerguthaben entgegenstehen und § 37 Abs. 2a Nr. 1 KStG in Verbindung mit der Anwendungsregelung des § 34 Abs. 13b KStG zu einem Verstoß gegen das Rückwirkungsverbot führt.

---

473 *Maurer*, in: Isensee/Kirchhof, HbdStR III, § 60 Rn. 49.

a) Verfassungsrechtliche Verortung des Rückwirkungsverbotes

Neben dem für das Strafrecht geltenden Rückwirkungsverbot in Art. 103 Abs. 2 GG enthält das Grundgesetz keine ausdrückliche Regelung, die dem Gesetzgeber rückwirkendes Tätigwerden versagt.[474] Auch wenn die Verfassung ein solches absolutes Rückwirkungsverbot nicht vorsieht, ergeben sich dennoch Grenzen für die verfassungsrechtliche Zulässigkeit rückwirkender Vorschriften aus den Grundsätzen der Rechtssicherheit und des Vertrauensschutzes.[475] Dabei fungiert der aus dem Rechtsstaatsprinzip des Art. 20 Abs. 3 GG hergeleitete Grundsatz der Rechtssicherheit als wesentliche verfassungsrechtliche Grundlage des Vertrauensschutzes.[476] Eine unmittelbare Verbindung von Vertrauen und Rechtssicherheit ergibt sich daraus, dass das Vertrauen, das der Einzelne in die Gesetzeslage setzen kann, gerade auf Rechtssicherheit beruht.[477] So ist durch das Rechtssicherheitsgebot neben der Verwirklichung einer richtigen und gerechten Ordnung insbesondere zu gewährleisten, dass sich der Rechtsunterworfene auf die geschaffene Ordnung verlassen und sie den eigenen Dispositionen

---

474 BVerfGE 2, 237 (264 f.); vgl. auch BVerfG 30, 367 (385).

475 BVerfGE 25, 269 (289 f.); vgl. auch BVerfGE 50, 244 (250); 51, 356 (362 f.); 59, 128 (164); 72, 200 (242); *Schnapp*, in: v. Münch/Kunig, Art. 20 GG Rn. 31; *Herzog*, in: Maunz/Dürig, Art. 20 GG VII. Rn. 65; *Schmidt*, DB 1993, 2250 (2251); *Tipke*, SteuerRO I, S. 147.

476 Zu dem in den Entscheidungen des Bundesverfassungsgerichts wiederkehrenden Ableitungszusammenhang „Rechtsstaatsprinzip – Rechtssicherheit – Vertrauensschutz" siehe u.a. BVerfGE 13, 215 (223 f.); 45, 142 (167); 88, 384 (403); 94, 241 (258); 97, 67 (79); *Brüning*, NJW 1998, 1525; *Muckel*, Kriterien des verfassungsrechtlichen Vertrauensschutzes bei Gesetzesänderungen, S. 60 ff.; *Offerhaus*, DB 2001, 556 (557); *Schwenke*, BB 1997, 2408 (2409); *Spindler*, DStR 2001, 725; vgl. *Maurer*, in: Isensee/Kirchhof, HbdStR III, § 60 Rn. 19; *Hey*, Steuerplanungssicherheit als Rechtsproblem, S. 110. Neben dem Rechtsstaatsprinzip werden für die Verankerung des Vertrauensschutzprinzips auch die Grundrechte, insbes. Art. 14 GG, Art. 12 GG sowie Art. 2 Abs. 1 GG herangezogen. Vgl. *Maurer*, in: Isensee/Kirchhof, HbdStR III, § 60 Rn. 23, 48; *Papier*, SGb 1994, 105 (108); *Pieroth*, JZ 1990, 279 (283); *Möller/Rührmair*, NJW 1999, 908 (910); ausführlich zum grundrechtlichen Vertrauensschutz *Hey*, Steuerplanungssicherheit als Rechtsproblem, S. 119. Zum Sozialstaatsprinzip als weitere Quelle des Vertrauensschutzes im öffentlichen Recht siehe *Götz*, in: Festgabe BVerfG II, S. 421 (422); *Mainka*, Vertrauensschutz im öffentlichen Recht, S. 21 ff., insbes. S. 27 f., S. 29 f.; *Rupp-v. Brünneck*, Sondervotum zu BVerfG 32, 129 (139); als Ergänzung des Rechtsstaatsprinzips: BVerfGE 40, 65 (76). Kritisch *Hey*, Steuerplanungssicherheit als Rechtsproblem, S. 123; siehe auch *Muckel*, Kriterien des verfassungsrechtlichen Vertrauensschutzes bei Gesetzesänderungen, S. 34.

477 *Muckel*, Kriterien des verfassungsrechtlichen Vertrauensschutzes bei Gesetzesänderungen, S. 62; *Rümelin*, Rechtssicherheit, S. 7; vgl. auch *A. Leisner*, StuW 998, 254 (257 f.) m.w.N., die darauf hinweist, dass der Vertrauensschutz, im Gegensatz zur Rechtssicherheit als seiner objektiven Voraussetzung, die Kontinuitätsgewähr subjektiver Rechte bezeichnet, also von der Sicht des Bürgers ausgeht.

zugrunde legen kann.[478] Gegenstand des Vertrauensschutzes ist insoweit die Vertrauensbetätigung. Der Bürger soll sich darauf verlassen können, dass die öffentliche Gewalt an sein Verhalten im nachhinein keine belastenderen Rechtsfolgen knüpfen darf, als sie zum Zeitpunkt seines rechtserheblichen Verhaltens galten.[479] Der aus dem Rechtsstaatsprinzip abzuleitende Rechtssicherheitsgrundsatz enthält damit neben seiner objektiven Funktion auch eine Regelung des Schutzes konkreter Positionen und Interessen Einzelner.[480] Auf das Rückwirkungsverbot ist vor diesem Hintergrund dann zurückzugreifen, wenn sich bei der zeitlichen Rückwirkung von belastenden Gesetzen eine Rechtsposition des Bürgers verschlechtert, indem nachträglich eine Belastung angeordnet oder eine Vergünstigung eingeschränkt oder gar aufgehoben wird[481] und auf diese Weise Dispositionen von Bürgern und Unternehmen durchkreuzt und zunichte gemacht werden.[482]

Zu berücksichtigen ist allerdings, dass Rechtssicherheit und Vertrauensschutz in einem Spannungsverhältnis zum Demokratieprinzip des Art. 20 Abs. 1 GG stehen.[483] Der demokratisch legitimierte Gesetzgeber kann beachtliche Gründe dafür haben, eine bestehende Rechtslage zu ändern, auch wenn er dabei auf Tatbestände einwirken muss, die sich in der Entwicklung befinden und die im Vertrauen auf eine bestehende günstige Rechtslage geplant wurden. Wäre eine Einwirkung auf bestehende Rechtsverhältnisse grundsätzlich unzulässig, würde der Gesetzgeber in seinen Dispositionsmöglichkeiten in unvertretbarer Weise eingeengt werden.[484] Der Bürger kann deshalb nicht darauf vertrauen, dass der Gesetzgeber Steuervergünstigungen oder Freiräume uneingeschränkt auch für die Zukunft aufrecht erhält und Steuern nicht erhebt.[485]

---

478 *Muckel*, Kriterien des verfassungsrechtlichen Vertrauensschutzes bei Gesetzesänderungen, S. 62.; vgl. auch *P. Kirchhof*, StbJb 1999/2000, S. 17 (30).

479 BVerfGE 13, 261 (271); 45, 142 (167 f.); 72, 200, 257 f.; 97, 67 (78 f.); *Fiedler*, NJW 1988, 1624 (1627); zur Aufgabe des Rechtssicherheitsgebotes siehe u.a. *Muckel*, Kriterien des verfassungsrechtlichen Vertrauensschutzes bei Gesetzesänderungen, S. 62; vgl. auch *P. Kirchhof*, FS für Kruse, S. 17 (25); *Tipke*, FS für Rose, S. 91 (98).

480 *Muckel*, Kriterien des verfassungsrechtlichen Vertrauensschutzes bei Gesetzesänderungen, S. 62.

481 BVerfGE 30, 367 (385 f.); *Offerhaus*, DB 2001, 556 (557); *Schaumburg*, DB 2000, 1884 (1885); *J. Lang*, in: Tipke/Lang, Steuerrecht, § 4 Rn. 181; *Tipke*, SteuerRO I, S. 150.

482 *Ossenbühl*, AöR 124 (1999), 1 (35); siehe auch *Maurer*, in: Isensee/Kirchhof, HbdStR III, § 60 Rn. 26.

483 Vgl. dazu *Hummel*, DStR 2003, 1.

484 BVerfGE 50, 386 (396); BFH vom 16.12.2003 – IX R 46/02, Abschn. B. III. 2. a) bb); vgl. *Treiber*, DB 2004, 453.

485 BVerfGE 68, 287 (307); 105, 17 (40).

b) Arten der Rückwirkung

Um dem Vertrauensschutz hinreichend Rechnung zu tragen, hat das Bundesverfassungsgericht für die verfassungsrechtliche Beurteilung rückwirkender Gesetze differenzierende Regeln entwickelt. Unterschieden werden die echte Rückwirkung, die grundsätzlich unzulässig,[486] und die unechte Rückwirkung, die grundsätzlich zulässig ist.[487] Auf eine andere Terminologie greift seit 1986 der Zweiten Senat des Bundesverfassungsgerichts zurück, der für die echte Rückwirkung den Begriff der Rückbewirkung von Rechtsfolgen verwendet und die unechte Rückwirkung als tatbestandliche Rückanknüpfung bezeichnet.[488] Infolge dieser begrifflichen Neuorientierung ergeben sich allerdings regelmäßig keine substantiellen Unterschiede in der Rechtsfolge.[489]

aa) Voraussetzungen einer echten Rückwirkung

Eine echte (retroaktive) Rückwirkung bzw. eine Rückbewirkung von Rechtsfolgen liegt nach der verfassungsgerichtlichen Rechtsprechung vor, wenn die Rechtsfolge eines belastenden Gesetzes schon für einen vor der Verkündung der Norm liegenden Zeitpunkt eintreten soll, das Gesetz also nachträglich ändernd in abgewickelte, der Vergangenheit angehörende Tatbestände eingreift.[490] Allerdings führt allein der Umstand, dass eine oder mehrere Dispositionen des Betroffenen in der Vergangenheit liegen, nicht zu der Annahme einer Rückbewirkung von Rechtsfolgen, wenn das Geschehen noch nicht abgeschlossen ist.[491] Sind die Voraussetzungen einer echten Rückwirkung erfüllt, ist die gesetzliche Regelung wegen eines Verstoßes gegen das Rechtsstaatsprinzip grundsätzlich

---

486 BVerfG 97, 67 (78); vgl. auch *P. Kirchhof*, FS für Kruse, S. 17 (24).

487 BVerfGE 51, 356 (362); 63, 152 (175). Vgl. dazu auch die grundlegende Entscheidung des Zweiten Senates vom 31.5.1960, BVerfGE 11, 139 (145 f.); vgl. *Kirchhof*, StuW 2000, 221 (222 f.); *Spindler*, DStR 2001, 725 (726); zur Entwicklung der Rechtsprechung siehe *Muckel*, Kriterien des verfassungsrechtlichen Vertrauensschutzes bei Gesetzesänderungen, S. 68; *Maurer*, in: Isensee/ Kirchhof, HbdStR III, § 60 Rn. 16 ff.

488 BVerfGE 72, 200 (242 f.).

489 Vgl. BVerfGE 97, 67 (78 f.); *Maurer*, in: Isensee/Kirchhof, HbdStR III, § 60 Rn. 15; *Sachs*, in: Sachs, Art. GG 20 Rn. 132; *Schön*, BB 1997, 1333 (1334); *Schaumburg*, DB 2000, 1884 (1885); vgl. dazu auch *Jachmann*, ThürVBl. 1999, 269 (270); *Papier*, Stbg 1999, 49 (56 f.).

490 BVerfGE 30, 367 (386); 72, 175 (196); 72, 200 (242); 101, 239 (262); vgl. *Papier*, SGb 1994, 105 (108); speziell zum Steuerrecht wurde entschieden, dass Gesetze, die dem Steuerpflichtigen rückwirkend eine Steuer auferlegen oder zu einer rückwirkenden Steuererhöhung führen, unzulässig sind. Vgl. BVerfGE 13, 206 (212 f.); 19, 187 (195); 30, 272 (285).

491 BVerfGE 105, 17 (37 f.).

nichtig.[492] Dieses Ergebnis ist auf das Rechtssicherheitsgebot zurückzuführen, nach dem der Bürger nicht durch die rückwirkende Beseitigung oder Beschneidung von im Vertrauen auf die geltende Rechtsordnung erworbenen Rechten über die Verlässlichkeit des Rechts getäuscht werden darf.[493]

Der Vertrauensschutz des Bürgers tritt bei einer echten Rückwirkung jedoch zurück, wenn einer der vom Bundesverfassungsgericht in ständiger Rechtsprechung entwickelten Ausnahmetatbestände vorliegt.[494] Danach ist eine echte Rückwirkung mangels eines schutzwürdigen Vertrauens zulässig, wenn der Bürger mit einer Neuregelung rechnen musste,[495] wenn die bisherige Rechtslage unklar und verworren oder lückenhaft war,[496] eine bisher bestehende Regelung ungültig war[497] oder wenn zwingende Gründe des Allgemeinwohls eine Rückwirkung rechtfertigen.[498]

bb) Voraussetzungen einer unechten Rückwirkung

Anders als die echte Rückwirkung betrifft die unechte Rückwirkung nicht den zeitlichen, sondern den sachlichen Anwendungsbereich einer Norm.[499] Von einer unechten (retrospektiven) Rückwirkung, bzw. einer tatbestandlichen Rückanknüpfung ist auszugehen, wenn ein Gesetz nur auf gegenwärtige, noch nicht abgeschlossene Sachverhalte und Rechtsbeziehungen belastend für die Zukunft einwirkt und damit nachträglich die erworbene Position entwertet.[500] Eine solche grundsätzlich zulässige unechte Rückwirkung unterliegt weniger strengen Beschränkungen als eine echte Rückwirkung.[501] Allerdings hat der Gesetzgeber auch hier Grenzen zu beachten, da das Rechtsstaatsprinzip fordert, dass dem Bürger keine Nachteile durch unvorhergesehene Gesetzesänderungen entstehen.[502] Zur näheren Bestimmung der verfassungsrechtlichen Grenzen einer unechten Rückwirkung ist eine auf den konkreten Einzelfall bezogene Ab-

---

492 BVerfGE 25, 371 (403 f.) m.w.N.; 30, 367 (385 f.).

493 Vgl. BVerfGE 24, 75 (98).

494 Vgl. dazu *J. Lang*, Wpg 1998, 163 (165); *Schaumburg*, DB 2000, 1884 (1885 f.); *Tipke*, SteuerRO I, S. 150 f.; ausführlich zu den Ausnahmen auch *Maurer*, in: Isensee/Kirchhof, HbdStR III, § 60 Rn. 27 ff.; *Schmidt*, DB 1993, 2250 (2252 f.).

495 BVerfGE 13, 261 (272) m.w.N.; 30, 367 (387).

496 BVerfGE 13, 261 (272); 30, 367 (388); 50, 177 (193 f.); 72, 200 (259).

497 BVerfGE 13, 261 (272); 19, 187 (197).

498 BVerfGE 13, 261 (272); 30, 367 (390 f.); 72, 200 (260).

499 BVerfGE 97, 67 (79); *P. Kirchhof*, StuW 2000, 221 (223); *Schaumburg*, DB 2000, 1884 (1886).

500 Grundlegend BVerfGE 11, 139 (145 f.); 30, 250 (267); 30, 392 (402) m.w.N.; vgl. *Schaumburg*, DB 2000, 1884 (1886).

501 BVerfGE 97, 67 (79); 92, 277 (344).

502 BVerfGE 14, 288 (299); vgl. auch *Bauer*, JuS 1984, 241 (243).

wägung zwischen der Bedeutung des gesetzgeberischen Anliegens für das Wohl der Allgemeinheit und dem Ausmaß des durch die Gesetzesänderung verursachten Vertrauensschadens sowie der Beeinträchtigung der geschützten Grundrechtsposition des Einzelnen erforderlich.[503] Unzulässig ist eine unechte Rückwirkung lediglich dann, wenn das Vertrauen des Einzelnen auf den Fortbestand der Rechtslage den Vorrang verdient.[504]

Besondere Bedeutung erlangt die unechte Rückwirkung im Zusammenhang mit den periodischen Steuern, bei denen der Steueranspruch erst mit Ablauf des Jahres entsteht, auf das sich der Anspruch bezieht. Für die Differenzierung, ob eine echte oder unechte Rückwirkung vorliegt, hat das Bundesverfassungsgericht das Annuitätsprinzip in den Vordergrund gestellt.[505] Da es die Abgeschlossenheit eines Sachverhalts erst dann angenommen hat, wenn auch die Steuer entstanden ist, wurde bei periodischen Steuern von einer grundsätzlich zulässigen unechten Rückwirkung ausgegangen, wenn ein belastendes Gesetz noch vor Ablauf des Jahres rückwirkend auf den Beginn des Jahres in Kraft getreten ist.[506]

c) Aktueller Stand zur Rückwirkung im Steuerrecht

In der Rechtsprechung wie auch im Schrifttum findet die Unterscheidung der Rückwirkungsarten vielfach Zustimmung.[507] Teilweise wird jedoch auch kritisiert, dass die Rechtsprechung des Bundesverfassungsgerichts einen überzeugenden Vertrauensschutz für die Dispositionen des Steuerpflichtigen nicht hervorbringe.[508] Vor diesem Hintergrund sollen im folgenden zunächst ausgewählte aktuelle Judikate des Bundesverfassungsgerichts und des Bundesfinanzhofes erörtert werden, um dann, unter Berücksichtigung neuerer Tendenzen in

503 BVerfGE 30, 392 (404); 75, 246 (280) m.w.N.; *Spindler*, DStR 2001, 725 (726).

504 BVerfGE 30, 250 (268).

505 BVerfGE 72, 200 (250, 252 f.); 97, 67 (80); vgl. *Schaumburg*, DB 2000, 1884 (1886).

506 BVerfGE 30, 392 (401 f.); 72, 200 (253); vgl. *Streck/Binnewies*, DB 2002, 1956 (1958); *Spindler*, DStR 2001, 725 (726); zur Kritik siehe *P. Kirchhof*, StuW 2000, 221 (223), der den Dispositionszeitpunkt des Steuerpflichtigen für den maßgeblichen Anknüpfungspunkt hält; ebenso *F. Kirchhof*, StuW 2002, 185 (196 f.); *J. Lang*, in: Tipke/Lang, Steuerrecht, § 4 Rn. 177 f.; *Tipke*, SteuerRO I, S. 156 f.; *ders.*, FS für Rose, S. 91 (99 f.). So auch schon *Friauf*, BB 1972, 669 (676). Auch in BVerfGE 97, 67 (80); 105, 17 (40) rückt der Zeitpunkt der Disposition in den Vordergrund. Vgl. auch *Mellinghoff*, DStR 2003, Beihefter 3, 3 (12 f.). Ausführlich zur Veranlagungszeitraum-Rechtsprechung *Hey*, Steuerplanungssicherheit als Rechtsproblem, S. 212 ff.

507 *Mellinghoff*, DStR 2003, Beihefter 3, 3 (13 f.); *Papier*, Stbg 1999, 49 (56 f.); *Reimer*, DStZ 2001, 725 (728 ff.); siehe auch BFH vom 16.12.2003 – IX R 46/02, Abschn. B. III. 2. b) m.w.N.

508 *Birk*, Die Verwaltung 25 (2002), S. 91 (109, 111); vgl. auch *Birk/Barth*, in: Hübschmann/Hepp/ Spitaler, § 4 AO Rn. 738.

der Rechtsprechung, Rückschlüsse für den zur Bestimmung der Rückwirkungsart anzulegenden Prüfungsmaßstab ziehen zu können.

aa) Zur Rechtsprechung des Bundesverfassungsgerichts

Zum Vertrauensschutz bei der Gewährung einer Ausbildungsförderung hat der Erste Senat des Bundesverfassungsgerichts in seinem Beschluss vom 17.6.2002 Stellung genommen.[509] Die Beschwerdeführerin wandte sich gegen die für sie nachteilige Änderung des Förderkonzeptes durch das 18. BAföGÄndG vom 17.7.1996. Danach wurde die Ausbildungsförderung, die grundsätzlich jeweils zur Hälfte als Zuschuss und als Darlehen gewährte wurde, u.a. beim Überschreiten der Förderungshöchstdauer nur noch in Form eines verzinslichen Bankdarlehens gewährt. Die Beschwerdeführerin, die seit dem Sommersemester 1992 als Studentin jeweils zur Hälfte durch einen Zuschuss und durch ein unverzinsliches Darlehen gefördert wurde, erhielt infolgedessen von Oktober 1996 bis September 1997 ihre Ausbildungsförderung lediglich als Studienabschlussförderung in der Form eines verzinslichen Darlehens. Da sich die Regelungen, die das Bankdarlehen in bestimmten Fällen als ausschließliche Förderungsart einführten, auch auf bereits begonnene Ausbildungen erstreckten und damit auf den noch nicht abgeschlossenen Sachverhalt des Studiums und seine Finanzierung zum Nachteil der Betroffenen einwirkten, liegt nach Auffassung des Bundesverfassungsgerichts eine unechte Rückwirkung vor, die jedoch verhältnismäßig und daher zulässig ist.

In seinem Beschluss vom 14.3.2001[510] befasste sich der Erste Senat des Bundesverfassungsgerichts mit der zeitlichen Begrenzung des originären Anspruches auf Arbeitslosenhilfe. Nachdem der Beschwerdeführer bis zum 31.8.1994 Arbeitslosenhilfe erhalten sollte, wurde die Bewilligung im März 1994 mit Wirkung zum 31.3.1994 aufgehoben. Mit der zeitlichen Verkürzung der zu gewährenden Arbeitslosenhilfe aufgrund der angegriffenen Regelung in § 135a AFG und der Übergangsregelung in § 242 q Abs. 10 Nr. 2 AFG wurde für die Zukunft auf eine bereits bezogene gesetzliche Leistung eingewirkt. Nach Auffassung des Bundesverfassungsgerichts handelt es sich hierbei um eine verfassungsrechtlich grundsätzlich zulässige unechte Rückwirkung. Bei der gebotenen Abwägung habe das hoch einzuschätzende Interesse des Beschwerdeführers am Fortbestand einer über lange Zeit geltenden Rechtslage kein größeres Gewicht als das vom Gesetzgeber verfolgte wichtige Gemeinwohlinteresse, die Sozialausgaben an eine veränderte Haushaltslage anzupassen. Gerade in langfristig bestehenden Rechtspositionen sei von vornherein die Möglichkeit der

[509] BVerfG, DVBl. 2002, 1403 ff.
[510] BVerfG, DVBl. 2001, 896 f.

Anpassung an geänderte Verhältnisse angelegt. Die im Rahmen der Neuregelung vorgesehene dreimonatige Übergangsfrist erlaube den Betroffenen, sich auf die geänderte Rechtslage einzustellen. Die unechte Rückwirkung, die sich aus der Anknüpfung an einen noch nicht abgeschlossenen Sachverhalt ergibt, sei insoweit zulässig.

Zu Fragen der Zulässigkeit rückwirkender Steuergesetzgebung hat der Zweite Senat des Bundesverfassungsgerichts das erste Mal nach der viel beachteten Schiffbaubeteiligungsentscheidung vom 3.12.1997[511] in der Entscheidung zur Abschaffung der Steuerbegünstigung von Sozialpfandbriefen vom 5.2.2002[512] Stellung genommen. Nach § 3a EStG, eingeführt durch das Erste Gesetz zur Förderung des Kapitalmarktes vom 15.12.1952, waren Zinsen aus bestimmten, vor dem 1.1.1955 vom Bund oder den Kommunen ausgegebenen Pfandbriefen unter der Bedingung, dass die Erlöse überwiegend im sozialen Wohnungsbau eingesetzt wurden, von der Steuer befreit. Die Sozialpfandbriefe wiesen eine sehr lange Laufzeit von bis zu 70 Jahren auf, zum Teil auch ohne Endfälligkeit. Ihre Verzinsung lag unterhalb des marktüblichen Zinses. Nachdem eine Abschaffung von § 3a EStG zunächst aus Gründen des Vertrauensschutzes nicht für möglich gehalten wurde,[513] kam es im Jahr 1992 dennoch zur Aufhebung der Vorschrift. Der Kurswert der zuvor begünstigten Pfandbriefe fiel daraufhin auf ca. 70 % des Ausgabewertes. Ein Verstoß gegen den Vertrauensschutzgrundsatz liegt nach Auffassung des Bundesverfassungsgerichts jedoch nicht vor, da sich die Aufhebung von § 3a EStG noch im Rahmen einer zulässigen tatbestandlichen Rückanknüpfung halte.[514] Insoweit stellt das Gericht bei seiner Bewertung darauf ab, dass der Sachverhalt der Inhaberschaft der Sozialpfandbriefe nicht abgeschlossen sei. Gleichzeitig wird aber auch anerkannt, dass es sich um Sachverhalte handelt, die bereits vor der Verkündung „ins Werk gesetzt" worden seien. Indem als maßgeblicher Sachverhalt für die Begründung des Vertrauensschutzes der Erwerb der Wertpapiere angeführt wird,[515] ergibt sich, dass der Zeitpunkt der wirtschaftlichen Disposition des Steuerpflichtigen bei der Beurteilung der Rückwirkung nicht unberücksichtigt bleiben kann. Zur Zulässigkeit der unechten Rückwirkung gelangt der Senat aufgrund des besonders langfristig

---

511 BVerfGE 97, 67 ff.; vgl. dazu auch die Anmerkungen von *Hey*, BB 1998, 1444 ff. und *A. Leisner*, StuW 1998, 254 ff.

512 BVerfGE 105, 17 ff.; vgl. dazu *Hey*, BB 2002, 2312 ff.

513 Vgl. BVerfGE 105, 17 (20).

514 BVerfGE 105, 17 (36); vgl. auch *Weber-Grellet*, StuW 2003, 278 (285), der davon ausgeht, dass dem Umstand, dass der Steuerpflichtige den Steuertatbestand nicht mehr beeinflussen kann, keine besondere Bedeutung zukommt.

515 BVerfGE 105, 17 (38).

angelegten Dauersachverhalts[516] und der überwiegenden Bedeutung des mit der Aufhebung der Begünstigung verbundenen Anliegens des Gesetzgebers.[517]

bb) Zur Rechtsprechung des Bundesfinanzhofs

In dem Urteil vom 16.5.2001[518] hatte das Gericht zu entscheiden, ob die Anwendung von § 20 Abs. 2 S. 1 Nr. 4 a) EStG 1990/1994 auf eine auf Jahre vor 1994 entfallende sog. Marktrendite von Optionsanleihen gegen das verfassungsrechtliche Rückwirkungsverbot verstößt. Der I. Senat kam zu dem Ergebnis, dass die Erfassung als Einkünfte aus Kapitalvermögen zulässig sei, auch wenn die entsprechende Kapitalforderung zu einem Zeitpunkt erworben worden war, in dem die daraus erzielte Marktrendite noch nicht steuerbar war. Die Steuerpflicht knüpfe an die Veräußerung der betreffenden Kapitalforderung und den Zufluss der hieraus erzielten Einnahmen an. Ein Eingriff in abgeschlossene Veranlagungszeiträume liege nicht vor, so dass von einer – unbedenklichen – tatbestandlichen Rückanknüpfung auszugehen sei.[519] Da es an konkreten Dispositionen gefehlt habe und nicht geltend gemacht wurde, dass die Anleihen in der Erwartung erworben wurden,[520] die Veräußerungsgewinne steuerfrei zu vereinnahmen, ist für die Bestimmung der Rückwirkung und der Beurteilung ihrer Zulässigkeit nicht auf den Erwerb, bei dem von einer Steuerfreiheit der Marktrendite ausgegangen werden konnte, sondern auf den noch nicht abgeschlossenen Sachverhalt der Inhaberschaft bis zur Veräußerung abgestellt worden.

Der III. Senat hat sich in seiner Entscheidung vom 12.10.2000[521] mit einer rückwirkenden Absenkung von steuerlichen Beihilfen innerhalb des Veranlagungszeitraumes nach Feststellung ihrer Unvereinbarkeit mit EG-Recht befasst. Da der Anspruch auf Investitionszulage nicht schon mit Abschluss der Investition sondern erst mit Ablauf des Wirtschaftsjahres entsteht, ergäbe sich bei der Berücksichtigung der früheren Rechtsprechung des Bundesverfassungsgerichts, dass es sich bei der rückwirkenden Änderung des InvZulG um eine unechte Rückwirkung handelt, da die Änderung bereits vor der Entstehung des Investitionszulageanspruchs zustande gekommen war. Mit dem Hinweis auf die Ent-

516 Zur Problematik der Gewährung von Vertrauensschutz bei Dauersachverhalten siehe *Hey*, Steuerplanungssicherheit als Rechtsproblem, S. 400 ff.

517 BVerfGE 105, 17 (43).

518 BFH, BStBl. II 2001, 710 ff.

519 BFH, BStBl. II 2001, 710 (711).

520 Vgl. BFH, BStBl. II 2001, 710 (712).

521 BFH, BStBl. II 2001, 499 ff.; gegen die Entscheidung wurde Verfassungsbeschwerde eingelegt, die jedoch nicht zur Entscheidung angenommen wurde (BVerfGE vom 3.7.2001 – 1 BvR 382/01).

scheidung des Bundesverfassungsgerichts zur Schiffbaubeteiligung[522] erwägt das Gericht, das Vertrauen des Investors in die Rechtslage zum Zeitpunkt der jeweiligen Investitionsentscheidung als maßgeblich zu erachten.[523] Im Ergebnis wird die Einordnung der Rückwirkung jedoch offen gelassen, da auch bei der Anwendung der strengeren Kriterien für die echte Rückwirkung eine Rechtfertigung möglich sei. Zur Begründung wird angeführt, dass der Gesetzgeber nach einer bestandskräftig gewordenen Entscheidung der Kommission, die die Europarechtswidrigkeit der deutschen Investitionszulageregelung feststellte, verpflichtet war, das InvZulG 1991 rückwirkend zu ändern, um dem mitgliedstaatlichen öffentlichen Interesse an der Wiederherstellung eines rechtmäßigen Zustandes gerecht zu werden.[524]

In seinem Beschluss vom 24.4.2001[525] kam der VII. Senat zu dem Ergebnis, dass das Kraftfahrzeugsteueränderungsgesetz 1997 hinsichtlich ungeregelter Kat-Fahrzeuge keine unzulässige unechte Rückwirkung aufweist. Danach können Halter, die mit Rücksicht auf das Gesetz zur Verbesserung der steuerlichen Förderung schadstoffarmer Personenkraftwagen vom 22.12.1989 ein Fahrzeug mit einem ungeregelten Katalysator angeschafft oder nachgerüstet haben, dem KraftStÄndG 1997 den Grundsatz des Vertrauensschutzes nicht entgegenhalten. Auch wenn der Gesetzgeber durch die Neuregelung die Rechtsfolge eines der Vergangenheit zugehörigen Verhaltens nachträglich belastend ändere und steuerliche Begünstigungen von Fahrzeugen mit ungeregeltem Katalysator beschränkt werden, liege keine unzulässige unechte Rückwirkung vor, da Halter derartiger Fahrzeuge nicht berechtigterweise darauf vertrauen konnten, dass die Fahrzeuge für ihre technische Lebensdauer kraftfahrzeugsteuerlich gleichbleibend begünstigt werden und sich die Aufwendungen für die Ausrüstung eines Fahrzeuges mit einem ungeregelten Katalysator amortisieren. Für die Bestimmung der Rückwirkung ist insoweit entscheidend, dass der Sachverhalt der Nutzung eines Fahrzeuges mit ungeregeltem Katalysator zum Zeitpunkt der Gesetzesänderung noch nicht abgeschlossen ist.

Der IX. Senat hat in seinem Aussetzungsbeschluss vom 5.3.2001[526] entschieden, dass die Verlängerung der Spekulationsfrist von zwei auf zehn Jahre für die Veräußerung von im Privatvermögen gehaltenen Immobilien durch § 23 Abs. 1 S. 1 Nr. 1 EStG i.d.F. des StEntlG 1999/2000/2002 schwerwiegenden verfassungsrechtlichen Bedenken begegne. So werden durch die Gesetzesänderung

---

522 BVerfGE 97, 67 ff.
523 Vgl. auch *Hey*, Steuerplanungssicherheit als Rechtsproblem, S. 223 f.
524 BFH, BStBl. II 2001, 499 (503).
525 BFH/NV 2001, 1303 f.
526 BFH, BStBl. II 2001, 405 ff.; vgl. dazu auch *Weber-Grellet*, StuW 2003, 278 (283).

Anschaffungsvorgänge in die Regelung einbezogen, für die die „Spekulationsfrist" des § 23 Abs. 1 S. 1 Nr. 1a) EStG in der vor dem 1.1.1999 geltenden Fassung bereits abgelaufen war.[527] Der Antragsteller hatte im Jahr 1990 ein bebautes Grundstück gekauft und nach der Beauftragung eines Maklers im Jahr 1997 schließlich im April 1999 verkauft. Nach Auffassung des IX. Senates ist das Vertrauen des Antragstellers auf die im Zeitpunkt der Anschaffung bestehende Rechtslage von Verfassungs wegen schutzwürdig.[528] Zur Begründung wird angeführt, dass der Gesetzgeber, der das betätigte Vertrauen des Steuerpflichtigen hinsichtlich der Dispositionsgrundlagen nicht durch die rückwirkende Streichung von begünstigenden Subventionsnormen enttäuschen darf, ein vergleichbares Vertrauen erst recht nicht durch eine Ausweitung einer Eingriffsnorm verletzten dürfe.[529] Jedenfalls für die Fälle, in denen die Spekulationsfrist bereits vor dem 1.1.1999 abgelaufen war, hätte der Gesetzgeber Übergangsfristen schaffen müssen, um die Betroffenen im Vertrauen auf ihre Vermögensdispositionen nicht völlig schutzlos zu lassen. Die Zuordnung zu einer Rückwirkungsart hat der IX. Senat vermieden.

In seinem Vorlagebeschluss vom 16.3.2003[530] geht der IX. Senat bei der Bewertung von § 23 Abs. 1 S. 1 i.V.m. § 52 Abs. 39 S. 1 EStG im vorliegenden Streitfall nunmehr von einer unzulässigen tatbestandlichen Rückanknüpfung aus, die einen Verstoß gegen den verfassungsrechtlich gebotenen Vertrauensschutz des Klägers im Rahmen der von ihm ausgeübten wirtschaftlichen Betätigungsfreiheit (Art. 20 Abs. 1 i.V.m. 20 Abs. 3 GG) bewirkt. So ergibt nach Auffassung des IX. Senates eine Überprüfung des Einzelfalles, dass der Vertrauensschutz des Klägers das Änderungsinteresse des Gesetzgebers überwiegt. Der Kläger, der mit dem Erwerb des Grundstückes eine wirtschaftlich motivierte Disposition getroffen hat und hierbei das Grundrecht der wirtschaftlichen Betätigungsfreiheit aus Art. 2 Abs. 1 GG in Anspruch nahm, musste mit dem steuerlichen Zugriff in wirtschaftlich bereits eingetretene, bisher nicht steuerbare Wertzuwächse nicht rechnen und konnte dies bei seinen Dispositionen nicht berücksichtigen. Öffentliche Interessen überwiegen das schutzwürdige Vertrauen des Klägers, das Grundstück nach Ablauf der Spekulationsfrist im Jahr 1992

527 Vgl. auch *Balmes*, FR 2001, 392 (394); ausführlich zu den Problemen der Verlängerung der Mindesthaltefristen des § 23 EStG: *Reimer*, DStZ 2001, 725 ff.

528 Vgl. BFH, BStBl. II 2001, 405 (406 f.); kritisch hierzu *Weber-Grellet*, StuW 2003, 278 (283), der in der Entscheidung einen Widerspruch zum Beschluss des BVerfG vom 5.2.2002 sieht und davon ausgeht, dass der Steuerpflichtige auch hinsichtlich der Spekulationsfristen nicht damit rechnen konnte, dass eine Veränderung der gesetzlichen Rahmenbedingungen zu seinen Lasten nicht mehr eintrete.

529 BFH, BStBl. II 2001, 405 (406); vgl. *Pleyer*, NJW 2001, 1985.

530 BFH vom 16.12.2003 – IX R 46/02; vgl. BFH, BB 2004, 36 f.; ausführlich dazu *Treiber*, DB 2004, 453 ff.

nicht steuerbar veräußern zu können, nicht. Insbesondere könne die bloße Absicht, Mehreinkünfte zu erzielen, kein Kriterium des Allgemeinwohls sein.

Zur Einführung des § 2 Abs. 3 EStG hat der XI. Senat in seinem Beschluss vom 9.5.2001[531] Stellung genommen. Diese Vorschrift beschränkt ab dem Veranlagungszeitraum 1999 die Möglichkeit des Verlustausgleichs. Der XI. Senat geht hinsichtlich der Auswirkungen der Neuregelung auf frühere Investitionsentscheidungen vom Vorliegen einer tatbestandlichen Rückanknüpfung aus, da der Tatbestand, an den das EStG die Leistungspflicht knüpft, erst in den Jahren 1999 und 2000 vollständig verwirklicht wurde. Bei der Abwägung der gegenläufigen Interessen verkenne der Senat nicht die Schutzwürdigkeit des Vertrauens in den Fortbestand der zum Zeitpunkt der Disposition geltenden Gesetzeslage, insbesondere in Bezug auf die Steuerbegünstigung nach dem FördG. Aus zwingenden Gründen des Allgemeinwohls sei es jedoch erforderlich gewesen, den Verlustausgleich zu beschränken, um Belastungsgleichheit wieder herzustellen, die nicht zuletzt wegen der zu steuerlichen Verlusten führenden Inanspruchnahme von Sonderabschreibungen nicht mehr gegeben gewesen sei. Auch war einem weiteren Rückgang des Einkommensteueraufkommens entgegenzuwirken. Infolge der durch § 2 Abs. 3 EStG bewirkten zeitlichen Streckung des Abzugs der Verluste werden die Steuerzahlungen der Antragsteller wirtschaftlich betrachtet vorgezogen, so dass lediglich ein Zinsnachteil entstehe, der angesichts des gesetzgeberischen Anliegens in Kauf zu nehmen sei.

Das rückwirkende In-Kraft-Treten des § 34 EStG in der Form des StEntlG 1999/2000/2002 vom 24.3.1999 hielt der XI. Senat in dem Beschluss vom 27.8.2002[532] jedenfalls insoweit für verfassungsgemäß, als Entschädigungen erfasst werden, die zu einem Zeitpunkt vereinbart worden sind, in dem die beabsichtigte Gesetzesänderung bereits bekannt war. Die Rückwirkung sei als unechte Rückwirkung bzw. tatbestandliche Rückanknüpfung einzuordnen, da die Einkommensteuer erst mit Ablauf des Veranlagungszeitraumes entstehe und demnach auf keinen abgeschlossenen Sachverhalt eingewirkt werde. Das Vertrauen des Antragstellers in die Fortgeltung von § 34 EStG a.F. sei im Zeitpunkt seiner Disposition am 3.3.1999 verfassungsrechtlich nicht mehr geschützt gewesen. Zwar entfalle das schutzwürdige Vertrauen regelmäßig erst mit dem endgültigen Gesetzesbeschluss, also am 4.3.1999; geringere Bedeutung ist dem Zeitpunkt jedoch beizumessen, wenn der Ankündigungseffekt vermieden werden solle. Mit Blick auf den Stand des Gesetzgebungsverfahrens sei die Rückwirkung als sachgerecht und damit als zulässig anzusehen.

[531] BFH, BStBl. II 2001, 552 ff.

[532] BFH, BStBl. II 2003, 18 ff.; vgl. auch die Anmerkung von *Hummel*, DStR 2003, 1 ff.

Der XI. Senat hat in seinem Urteil vom 6.3.2002[533] entschieden, dass die Anwendung des durch das JStG 1997 vom 20.12.1996 eingeführten § 233a Abs. 2a AO 1977 auf nach dem 31.12.1995 entstandene Verluste im Falle des Verlustrücktrages auf Veranlagungszeiträume vor 1996 nicht zu einer verfassungsrechtlich unzulässigen Rückwirkung führe.[534] Da der auf einem Verlustrücktrag nach § 10d Abs. 1 EStG beruhende Erstattungsanspruch erst mit Ablauf des Veranlagungszeitraumes entstehe, in dem der Verlust entstanden ist, sei der Steuererstattungsanspruch für 1994 aufgrund eines Rücktrages aus 1996 gemäß § 233 Abs. 2a AO 1977 nicht zu verzinsen. Da die Nichtverzinsung des Erstattungsanspruches erst nach der Verkündung des Gesetzes eingetreten ist, liege keine echte Rückwirkung vor. Eine unechte Rückwirkung ergebe sich jedoch insoweit, als die Klägerin vor dem Tätigwerden des Gesetzgebers die wesentlichen Ursachen für den Verlust im Veranlagungszeitraum 1996 gesetzt hatte. Bei der gebotenen Abwägung sei allerdings dem Interesse des Gesetzgebers, der mit der Neuregelung wirtschaftlich unberechtigte Zinsansprüche ausschließen wollte, der Vorrang einzuräumen. Das Vertrauen des Klägers in die potentielle Verzinsung eines Erstattungsanspruches sei noch nicht zu einer vollwertigen Rechtsposition erstarkt gewesen, da der Verlust und der Erstattungsanspruch im Zeitpunkt der Gesetzesänderung noch nicht entstanden waren.[535]

Mit seinem Vorlagebeschluss vom 6.11.2002[536] holt der XI. Senat die Entscheidung des Bundesverfassungsgerichts darüber ein, ob § 39b Abs. 3 S. 9 und § 34 Abs. 1 i.V.m. § 52 Abs. 1 S. 2, § 52 Abs. 47 EStG in der Form des StEntlG 1999/2000/2002 vom 24.3.1999 insoweit mit dem Grundgesetz vereinbar sind, als Entschädigungen, die nach dem Beschluss des Gesetzes zur Fortsetzung der Unternehmenssteuerreform vom 29.10.1997 und vor Zuleitung an den Bundesrat am 20.11.1998 vereinbart und nach dem 31.12.1998 ausgezahlt wurden, nicht mehr mit dem halben Steuersatz besteuert werden. Nach Ansicht des XI. Senates liegt hierin eine unechte Rückwirkung, die unzulässig sei. Insoweit weicht das Gericht in seinem Beschluss von der herrschenden Meinung ab, nach der eine unechte Rückwirkung grundsätzlich für zulässig gehalten wird.[537] Wird von der Verfassungsmäßigkeit ausgegangen, ist zu klären, ob eine zulässige Rückwirkung auch dann vorliegt, wenn nach den genannten Vorschriften Entschädi-

533 BFH, BStBl. II 2002, 453 ff.

534 Vgl. dazu auch BFH, BStBl. II 2002, 503 (506).

535 BFH, BStBl. II 2002, 453 (455).

536 BFH, BStBl. II 2003, 257 ff.; vgl. auch die Besprechung des Vorlagebeschlusses von *List*, BB 2003, 761 ff. sowie die Anmerkungen von *Weber-Grellet*, DStR 2003, 283 f.

537 Vgl. BVerfGE 72, 200 (257 f.); 97, 67 (78 f.); BFH, BStBl. II 2001, 710 (711); *Sachs*, in: Sachs, Art. 20 GG Rn. 136; vgl. auch *Hey*, Steuerplanungssicherheit als Rechtsproblem, S. 224; *Weber-Grellet*, StuW 2003, 278 (284).

gungen erfasst werden, die im Zeitpunkt der Verkündung des StEntlG 1999/2000/2002 bereits dem Steuerpflichtigen zugeflossen waren.[538]

cc) Auswertung der Rechtsprechung

Nachdem der Erste Senat des Bundesverfassungsgerichts in seinen Entscheidungen zur Ausbildungsförderung und zur zeitlichen Begrenzung des Anspruchs auf Arbeitslosenhilfe bei der Bestimmung der Rückwirkung zunächst noch auf die Abgeschlossenheit des Sachverhaltes als maßgebliches Kriterium abgestellt hat, weist die Entscheidung des Zweiten Senates des Bundesverfassungsgerichts zu den Sozialpfandbriefen Parallelen zu der Entscheidung über die Schiffsbaubeteiligungen auf. Bereits in dieser Entscheidung vom 3.12.1997 hat der Zweite Senat die Handlung des Steuerpflichtigen in einem stärkeren Maße als bisher in den Vordergrund gerückt.[539] Mangels einer Einordnung in eine bestimmte Rückwirkungskategorie wurde mit dieser Entscheidung die Hoffnung verbunden, dass die Unterscheidung der Rückwirkungsarten zugunsten eines einheitlichen, handlungsbezogenen Rückwirkungsbegriffes aufgegeben werde.[540] Ausdrücklich anerkannt hatte das Gericht erstmals, dass auch während des noch laufenden Veranlagungszeitraumes Investitionsentscheidungen vertrauensrechtlich bereits abgeschlossen sein können.[541]

Diese Wende von einem veranlagungszeitraumbezogenen Rückwirkungsbegriff zu einem Dispositionsschutzkonzept wird durch die Entscheidung zu den Sozialpfandbriefen bestätigt. Zwar nimmt der Senat die Einordnung der Rückwirkung als tatbestandliche Rückanknüpfung vor, indem er das Kriterium der Abgeschlossenheit heranzieht; gleichzeitig räumt er aber auch der wirtschaftlichen Disposition des Steuerpflichtigen entscheidende Bedeutung bei der Beurteilung des Vertrauensschutzes ein. Ansätze zu einem stärker dispositionsbezogenen Rückwirkungsbegriff, der in der Literatur wachsende Zustimmung findet,[542] sind ebenfalls in der neueren Rechtsprechung des Bundesfinanzhofes vorzufinden.

---

538 BFH, BStBl. II 257 (264).

539 *Hey*, BB 1998, 1444 (1447).

540 *Balmes*, FR 2001, 392; *Hey*, BB 1998, 1444 (1447); *Reimer*, DStZ 2001, 725 (732); *Schaumburg*, DB 2000, 1884 (1887); vgl. dazu auch *P. Kirchhof*, StuW 2000, 221 (223); *Spindler*, DStR 2001, 725 (728).

541 *Hey*, BB 1998, 1444 (1451).

542 Vgl. dazu *Hey*, in: H/H/R, Steuerref., vor § 36 KStG Rn. 24; *dies.*, Steuerplanungssicherheit als Rechtsproblem, S. 236 f. m.w.N.; *J. Lang*, Wpg 1998, 163 (168); *ders.*, in: Tipke/Lang, Steuerrecht, § 4 Rn. 178; *Offerhaus*, DB 2001, 556 (560); *Schaumburg*, DB 2000, 1884 (1887 f.).

Wenn auch in den Entscheidungen teilweise bei der Bestimmung der Rückwirkungsart auf die Abgeschlossenheit des Sachverhalts abgestellt wird,[543] ist doch gleichzeitig festzustellen, dass insbesondere in der Entscheidung des III. Senates vom 12.10.2000[544] die Rechtsprechung des Bundesverfassungsgerichtes zur Schiffbaubeteiligungsentscheidung aufgegriffen und insoweit der Zeitpunkt der Disposition des Steuerpflichtigen für maßgeblich gehalten wird. Zu berücksichtigen ist in diesem Zusammenhang, dass es sich in beiden Fällen um Subventionssachverhalte handelt. Der vom Bundesverfassungsgericht zunächst auf Verschonungssubventionen beschränkte Vertrauensschutz wird vom IX. Senat allerdings auch auf Eingriffsnormen erweitert. In dem Vorlagebeschluss des IX. Senats vom 16.12.2003 wird betont, dass der verstärkte Schutz von Dispositionen auf alle Steuerrechtsnormen zu erstrecken sei. Auf diesem Wege wird ein umfassender dispositionsbezogener Rückwirkungsbegriff entwickelt, der die Grenzen für die verfassungsrechtliche Zulässigkeit nicht mehr anhand des gesetzlichen Tatbestandes zieht, sondern auf den Zeitpunkt der Vertrauensbetätigung des Steuerpflichtigen abstellt.[545]

Auch die Entscheidungen des XI. Senates weisen insoweit in die Richtung eines stärker an der Disposition des Steuerpflichtigen ausgerichteten Rückwirkungsbegriffes, als die Dispositionshandlungen der Steuerpflichtigen nicht unbeachtet bleiben. Die Bestandsinteressen der Steuerpflichtigen konnten sich im Rahmen der Interessenabwägung im Ergebnis aber nur selten durchsetzen. Vielfach beruhte die Ablehnung des Vertrauensschutzes auch auf der extensiven Anwendung des zum echten Rückwirkungsverbot entwickelten Ausnahmekataloges,[546] wonach an die Vorhersehbarkeit von Gesetzesänderungen hohe Anforderungen gestellt werden.[547]

d) Ergebnis für den Prüfungsmaßstab

Das Rückwirkungsverbot ist als Planungssicherheit vermittelndes Institut zum Zwecke des Dispositionsschutzes zu entfalten.[548] Im Hinblick auf die aktuelle Entwicklung der Rechtsprechung soll bei der Prüfung der Rückwirkung ein dispositionsbezogener Rückwirkungsbegriff zugrunde gelegt werden. Für die Feststellung einer Rückwirkung sind danach die tatbestandsmäßigen Handlungen des Steuerpflichtigen, mit denen die wirtschaftliche Ursache der später kraft Ge-

543 So insbesondere in den genannten Entscheidungen des I. und des VII. Senates a.a.O.
544 BFH, BStBl. II 2001, 499 ff.
545 *Pleyer*, NJW 2001, 1985.
546 Vgl. etwa das BFH-Urteil des I. Senates vom 8.11.2000, BStBl. II 2001, 349 ff.
547 Vgl. *Hey*, Steuerplanungssicherheit als Rechtsproblem, S. 224 f.
548 *J. Lang*, in: Tipke/Lang, Steuerrecht, § 4 Rn. 177.

setzes eintretenden Besteuerungsfolgen gesetzt werden, maßgeblich.[549] Der Steuerpflichtige kann sich auf dieser Grundlage bei nicht mehr revidierbaren Dispositionen sicher sein, dass sein Verhalten nachträglich nicht ursprünglich unabsehbare Rechtsfolgen nach sich zieht.[550] Entscheidend ist dabei, dass die Dispositionen bereits abgeschlossen wurden und von dem Steuerpflichtigen nicht mehr aus rechtlichen oder wirtschaftlichen Gründen rückgängig gemacht werden können.[551] Unerheblich ist für die Gewährung des verstärkten Schutzes von Dispositionen, welche gesetzgeberischen Motive für die Regelung bestimmend waren.[552] Der dispositionsbezogene Rückwirkungsbegriff ist folglich sowohl für Lenkungs- als auch für Fiskalzwecknormen anzuwenden.[553]

Auch wenn die Rechtsprechung nicht in allen Entscheidungen die Rückwirkungsart bestimmt, und ein einheitlicher Rückwirkungsbegriff in der Literatur befürwortet wird,[554] ist doch mit der Anknüpfung an die Disposition des Steuerpflichtigen nicht notwendigerweise auf die Abgrenzung zwischen echter und unechter Rückwirkung, bzw. zwischen der Rückbewirkung von Rechtsfolgen und tatbestandlicher Rückanknüpfung zu verzichten. Insoweit ist zu berücksichtigen, dass auch die Handlungen des Steuerpflichtigen unter Vertrauensschutzgesichtspunkten eine unterschiedliche Qualität aufweisen können, so dass an dieser Unterscheidung festgehalten werden soll.[555] Wird zwischen den verschie-

549 Vgl. dazu *Haas*, Vertrauensschutz im Steuerrecht, S. 86 f.; *Hey*, Steuerplanungssicherheit als Rechtsproblem, S. 236 f. m.w.N.; *J. Lang*, Wpg 1998, 163 (168); *ders.*, in: Tipke/Lang, Steuerrecht, § 4 Rn. 178; *Offerhaus*, DB 2001, 556 (560); *Reimer*, DStZ 2001, 725 (729); *Schaumburg*, DB 2000, 1884 (1887 f.); *Snelting*, Übergangsgerechtigkeit beim Abbau von Steuervergünstigungen, S. 88.

550 *Pleyer*, NJW 2001, 1985.

551 *Schaumburg*, DB 2000, 1884 (1888); *J. Lang*, Wpg 1998, 163 (170); a.A. *Weber-Grellet*, StuW 2003, 278 (285), der die zeitliche Streckung einer Vereinbarung der Risikosphäre des Steuerpflichtigen zurechnet. Der zugrunde zulegende Dispositionsbegriff richtet sich nach den Umständen des Einzelfalles, siehe *Reimer*, DStZ 2001, 725 (732).

552 BVerfGE 67, 71 (87).

553 BFH vom 16.12.2003 – IX R 46/02, Abschn. B. III. 2. e) bb); *F. Kirchhof*, StuW 2002 185 (197); *Offerhaus*, DB 2001, 556 (559); *Schaumburg*, DB 2000, 1884 (1888); *Wernsmann*, JuS 2000, 39 (41); vgl. auch *P. Kirchhof*, StuW 2000, 221 (226). Für eine Differenzierung aber BFH, BStBl. II 2000, 344 (346); *A. Leisner*, Kontinuität als Verfassungsprinzip, S. 576 ff.; *Tipke*, SteuerRO I, S. 166 f.

554 Vgl. u.a. *Tipke*, SteuerRO I, S. 156; *ders.*, in: Tipke/Lang, Steuerrecht, § 4 Rn. 177 f.; *Hummel*, DStR 2003, 1 f.; *Hey*, Steuerplanungssicherheit als Rechtsproblem, S. 237 m.w.N.

555 Siehe dazu *Wernsmann*, JuS 2000, 39 (40); *Weber-Grellet*, StuW 2003, 278 (285); nach *Pleyer*, NJW 2001, 1985 (1986) handelt es sich bei der Verwendung eines handlungsbezogenen Rückwirkungsbegriffes lediglich um eine terminologische Frage, ob die Unterscheidung zwischen echter und unechter Rückwirkung beibehalten oder aufgegeben werde.

denen Rückwirkungsarten nicht differenziert, besteht die Gefahr, dass der verfassungsrechtliche Schutz gerade bei einer echten Rückwirkung verringert würde.[556] Der Eingriff in einen abgeschlossenen, der Vergangenheit angehörenden Sachverhalt ist aber besonders einschneidend und bedarf daher eines stärkeren Schutzes.[557]

e) Rückwirkung hinsichtlich langfristiger Ausschüttungsplanung

aa) Vorliegen einer Rückwirkung

Auch die jeweiligen steuerlichen Folgen beeinflussen die Entscheidung, ob und in welchem Umfang Gewinne ausgeschüttet oder thesauriert werden.[558] Für die Kapitalgesellschaften war daher nach der Systemumstellung auf das Halbeinkünfteverfahren für die langfristige Ausschüttungsplanung von Bedeutung, dass § 37 Abs. 2 KStG a.F. bei Vornahme einer Ausschüttung eine unbeschränkte Realisierung von Körperschaftsteuerguthaben zuließ. Unternehmen, die bei der Planung von Ausschüttungen von dem Fortbestand der in § 37 KStG normierten Möglichkeit zur Realisierung von Körperschaftsteuerguthaben bei Ausschüttungen ausgingen, sahen sich durch das Moratorium kurzfristig nunmehr einer für sie ungünstigen Gesetzesänderung ausgesetzt. Die Neuregelung könnte demnach eine unechte Rückwirkung aufweisen.

Wird durch die Vornahme umfangreicher Dispositionen das Vertrauen in den Bestand des geltenden Rechts dokumentiert, ist hieraus jedoch nicht zwangsläufig der verfassungsrechtliche Schutz der fraglichen Position abzuleiten. Beachtung verdient das Vertrauen auf den Bestand und den Nutzen umfangreicher Dispositionen aber, wenn es auf eine gesetzliche Grundlage gestützt werden kann, die den einzelnen – möglicherweise auch durch den Zeitfaktor bedingt[559] – veranlasst, sich in besonderem Maße auf seinen Bestand zu verlassen und entsprechende Dispositionen zu tätigen.[560]

Die Entstehung des Körperschaftsteuerguthabens ist auf die Einführung des Anrechnungsverfahrens mit dem gespaltenen Körperschaftsteuertarif für ausgeschüttete und thesaurierte Gewinne im Jahr 1977 zurückzuführen.[561] Es handelt

---

556 BFH vom 16.12.2003 – IX R 46/02, Abschn. B. III. 2. e) aa).

557 BVerfGE 30, 250 (268).

558 *Streck/Binnewies*, DB 2002, 1956 (1960).

559 Vgl. *Pieroth*, Rückwirkung und Übergangsrecht, S. 301 ff., insbes. S. 306; ferner BVerfGE 43, 291 (391); 62, 117 (163); *Mainka*, Vertrauensschutz, S. 32.

560 Vgl. *Muckel*, Kriterien des verfassungsrechtlichen Vertrauensschutzes bei Gesetzesänderungen, S. 118 f.

561 Zur Entstehung des KStG 1977: *Streck*, in: Streck, Vor § 1 KStG Anm. 15.

sich damit um eine eigentumsrechtlich geschützte Vermögensposition, die über einen längeren Zeitraum von den Kapitalgesellschaften aufgebaut worden ist. Soweit schon unter dem Anrechnungsverfahren Übergangsfristen im Zusammenhang mit vorangegangenen Steuersatzsenkungen ausliefen, waren bereits in der Vergangenheit in einem etwas geringerem Maße als jetzt Aufkommensverwerfungen durch Auskehreffekte zu verzeichnen.[562] Als für den Übergang vom Anrechnungs- zum Halbeinkünfteverfahren eine Regelung geschaffen wurde, die die Realisierung des noch verbleibenden Körperschaftsteuerguthabens während eines Übergangszeitraumes von fünfzehn Jahren zuließ, war als mögliche Folge absehbar, dass ebenfalls Mindereinnahmen durch erhöhte Ausschüttungen verursacht werden könnten.

Das Ausmaß der Realisierung bestehender Guthaben zu Beginn des Übergangszeitraumes hatte der Gesetzgeber zwar unterschätzt; die hiermit verbundenen nachteiligen Auswirkungen ändern jedoch nichts daran, dass die im Jahr 2001 in Kraft getretenen ursprünglichen Übergangsregelungen zumindest steuersystematisch und verfassungsrechtlich gerechtfertigt waren.[563] Die Planung von Ausschüttungen und der Realisierung des Steuerguthabens war während des fünfzehnjährigen Übergangszeitraumes folglich an § 37 KStG a.F. auszurichten. Um auf längere Zeit disponieren und zugleich die rechtlichen Folgen des Handelns absehen zu können,[564] war seitens der Kapitalgesellschaften insoweit von der Verlässlichkeit des Steuerrechts auszugehen.

Da das Steuerrecht vielfach den kontinuierlichen Rahmen für langfristige Planungen und Wirtschaftsinitiativen des Steuerpflichtigen bildet, wird gerade von der Steuergesetzgebung Kontinuität und Voraussehbarkeit erwartet.[565] Die Kontinuität der Gesetzesentwicklung, die durch das Rechtsstaatsprinzip gesichert wird, schützt dabei das Vertrauen dessen, der mit Blick auf das geltende Steuerrecht seine Dispositionen getroffen hat.[566] Allerdings beinhaltet die Rechtsstaatlichkeit nicht nur die Rücksichtnahme auf einmal getätigte Dispositionen, sondern wird auch durch Planbarkeit konstituiert.[567] Vor diesem Hintergrund konnten die Kapitalgesellschaften bei der Ausrichtung ihrer langfristigen Ausschüttungsplanung die Übergangsvorschrift grundsätzlich als Vertrauensgrundlage heranziehen. Selbst wenn die Änderungsanfälligkeit des Steu-

---

562 *Deutsche Bundesbank*, Monatsbericht Dezember 2002, S. 15 (24, Fn. 9).
563 *Deutsche Bundesbank*, Monatsbericht Dezember 2002, S. 15 (24, 25).
564 BVerfGE 22, 330 (347); vgl. *Tipke*, FS für Rose, S. 91 (98).
565 Vgl. *P. Kirchhof*, FS für Kruse, S. 17 (23); *Isensee*, FS für Klein, S. 611 (613).
566 Vgl. BVerfGE 97, 67 (80).
567 *Hey*, BB 1998, 1444 (1446, 1449). Zur Herbeiführung und Aufrechterhaltung der Planbarkeit der Steuerbelastung als staatliche Aufgabe sowie zu den Bedingungen der Planbarkeit vgl. auch *Rose*, StuW 1985, 330 (336 f.).

errechts als vertrauensreduzierendes Merkmal bewertet wird,[568] konnte die ausdrückliche Befristung der gerade erst im Jahr 2001 eingeführten Regelung sowie der grundrechtliche Schutz des Körperschaftsteuerguthabens und seiner Nutzungsmöglichkeit die Steuerpflichtigen doch in der Annahme bestärken, dass innerhalb der Frist zumindest eine mit weitreichenden Einschränkungen verbundene, kurzfristige Modifizierung der bestehenden Vorschrift nicht erfolgen werde.[569]

Vor diesem Hintergrund ist das Vertrauen in den Fortbestand der Rechtslage als schutzwürdig anzusehen. Da von der Einführung des Körperschaftsteuermoratoriums die Behandlung des bereits unter dem Anrechnungsverfahren entstandenen Steuerguthabens betroffen ist und es sich zudem bei den für die Ausschüttungsplanung erforderlichen Dispositionen innerhalb des Übergangszeitraumes um nicht abgeschlossene Sachverhalte handelt, ist insoweit vom Vorliegen einer unechten Rückwirkung auszugehen.

bb) Verhältnis von Rückwirkung und Eigentumsgarantie

Anknüpfungspunkt für die unechte Rückwirkung hinsichtlich der langfristigen Ausschüttungsplanung ist das Vertrauen auf den Fortbestand einer die Kapitalgesellschaften begünstigenden Rechtslage. Gerade für diese Konstellationen hat das Bundesverfassungsgericht wiederholt festgestellt, dass zu den wesentlichen Funktionen der Eigentumsgarantie gehört, dem Bürger Rechtssicherheit hinsichtlich der durch Art. 14 Abs. 1 GG geschützten Güter zu gewährleisten und das Vertrauen auf das durch die verfassungsmäßigen Gesetze ausgeformte Eigentum zu schützen.[570] Der rechtsstaatliche Grundsatz des Vertrauensschutzes hat insoweit für die vermögenswerten Güter im Eigentumsgrundrecht eine

---

568 Ein vertrauensreduzierendes Moment scheint das BVerfG in der besonderen Änderungsanfälligkeit einer Rechtsmaterie zu sehen, vgl. BVerfGE 83, 89 (110). Vgl. dazu *Hey*, Steuerplanungssicherheit als Rechtsproblem, S. 289 f.; *dies.*, BB 1998, 1444 (1448); *Mellinghoff*, DStR 2003, Beihefter 3, 3 (14).

569 Vgl. *Hey*, Steuerplanungssicherheit als Rechtsproblem, S. 293 f. Von der Möglichkeit eines gesteigerten Vertrauensschutzes bei einer gesetzlichen Befristung steuerrechtlicher Regelungen geht *Mellinghoff*, DB 2003, Beihefter 3, 3 (14) aus. Siehe auch *Maurer*, in: Isensee/Kirchhof, HbdStR III, § 60 Rn. 58, der im Wege der Auslegung differenzieren will, ob durch die Befristung gerade der Vertrauensschutz begrenzt, oder ob erhöhter Vertrauensschutz gerade für den Zeitraum der Befristung vermittelt werden solle. Für eine Bindungsintensivierung bei befristeten Gesetzen *Haas*, Vertrauensschutz im Steuerrecht, S. 92; *W. Leisner*, FS für Berber, S. 273 (296). Gegen eine Interpretation von Befristungen als erhöhte Bestandsgarantie der Bundesminister der Finanzen in BVerfGE 30, 392 (399); anders BVerfGE, NJW 2000, 2730 (2733).

570 BVerfGE 75, 78 (104 f.); 76, 220 (244); *Jarass*, in: Jarass/Pieroth, Art. 20 GG Rn. 74, Art. 14 GG Rn. 47; vgl. auch *Streck/Binnewies*, DB 2002, 1956 (1960).

eigene Ausprägung und verfassungsrechtliche Ordnung erfahren.[571] Die Eigentumsgarantie erfüllt daher bereits für die durch sie geschützte Rechtsposition die Funktion des Vertrauensschutzes gegenüber Eingriffsakten.[572] Im Hinblick auf das Körperschaftsteuerguthaben als eigentumsgeschützte Rechtsposition ergibt sich gegenüber den Gründen, nach denen § 37 Abs. 2a Nr. 1 KStG mit Art. 14 Abs. 1 GG für unvereinbar gehalten wird, für den Vertrauensschutz nichts anderes.

cc) Ergebnis

Hinsichtlich der langfristigen Ausschüttungsplanung ist die Einführung des Moratoriums mit einer unechten Rückwirkung verbunden, der aufgrund der Berücksichtigung des Vertrauensschutzes im Rahmen der Eigentumsgarantie keine eigenständige Bedeutung zukommt. Die Unzulässigkeit der unechten Rückwirkung ergibt sich insoweit schon mit Blick auf die im Rahmen der Verhältnisprüfung von Art. 14 Abs. 1 GG vorgenommenen Wertungen.[573]

f) Rückwirkung durch Anknüpfung an die unternehmerische Disposition

Eigenständige Bedeutung erlangt der rechtsstaatliche Vertrauensschutz hinsichtlich des Moratoriums gem. § 37 Abs. 2a Nr. 1 KStG, wenn mit der Beeinträchtigung der in Art. 2 Abs. 1 GG gewährleisteten wirtschaftlichen Dispositionsfrei-

---

571 BVerfGE 36, 281 (293); 45, 142 (168); 53, 257 (309); 58, 81 (120 f.); 70, 101 (114); 71, 1 (11 f.); 72, 9 (18 ff.), wo ohne weitere Abgrenzung zum allgemeinen Grundsatz des Vertrauensschutzes sofort auf Art. 14 GG eingegangen wird; 76, 220 (244); vgl. auch *Pieroth*, JZ 1990, 279 (281); *Maurer*, in: Isensee/Kirchhof, HbdStR III, § 60 Rn. 45. Festzuhalten bleibt, dass auch den Entscheidungen des Bundesverfassungsgerichts nicht immer eine eindeutige Aussage zu dem Verhältnis von Grundrechts- und Vertrauensschutz zu entnehmen ist. Siehe *Hey*, Steuerplanungssicherheit als Rechtsproblem, S. 180, Fn. 394.

572 Auch in der Literatur wird überwiegend vertreten, dass die Prüfung des Vertrauensschutzes vorrangig an den Grundrechten auszurichten ist. Allerdings wird die Frage, wie sich der Vertrauensschutz dogmatisch in die Grundrechte einfügen lässt, nicht einheitlich beantwortet. Siehe dazu *Hey*, Steuerplanungssicherheit als Rechtsproblem, S. 119, 180 ff.; *Isensee*, in: FS für Klein, S. 611 (627); *Maurer*, in: Isensee/Kirchhof, HbdStR III, § 60 Rn. 48; *Möller/Rührmair*, NJW 1999, 908 (909 f.); *Muckel*, Kriterien des verfassungsrechtlichen Vertrauensschutzes bei Gesetzesänderungen, S. 64; *Pieroth*, JZ 1990, 279 (283); *Papier*, SGb 1994, 105 (108); wohl auch *Brüning*, NJW 1998, 1525 (1527).

573 Vgl. dazu F. I. 2. e) aa). Zur Konkretisierung des Rückwirkungsverbotes aus der Eigentumsgarantie und der Einordnung als echte Rückwirkung vgl. *Birk/Desens*, StuW 2004, 97 (106 f.).

heit,[574] die sich durch die Bestimmung des Ausschlusszeitraumes in § 34 Abs. 13b KStG n.F. bei den Dispositionen der Kapitalgesellschaften für die Ausschüttungen im Jahr 2003 ergibt, zugleich eine unzulässige Rückwirkung verbunden ist.

aa) Vorliegen einer Rückwirkung

Für Ausschüttungen, die vor dem 21.11.2002 beschlossen wurden, die aber erst nach dem 11.4.2003 abgeflossen sind, bestimmt § 34 Abs. 13b KStG, dass § 37 Abs. 2a Nr. 1 KStG keine Anwendung findet. Eine Rückwirkung ist in diesen Fällen ausgeschlossen. Gleiches gilt für personenbezogene Kapitalgesellschaften, die nach dem Bekanntwerden des im Vermittlungsausschuss erzielten Ergebnisses am 9.4.2003 die Möglichkeit hatten, unter Verzicht auf eine form- und fristgerechte Einladung eine Gesellschafterversammlung abzuhalten, um eine Gewinnausschüttung zu beschließen und umgehend, d.h. noch vor der Annahme des Ergebnisses des Vermittlungsausschusses durch den Bundestag am 11.4.2003, vorzunehmen.[575]

Problematisch erscheint das Anknüpfen an den Abfluss der Ausschüttung hinsichtlich einer Rückwirkung bei Publikumsgesellschaften gerade dann, wenn der Beschluss über den zu unterbreitenden Gewinnverwendungsvorschlag seitens des Vorstandes vor dem 11.4.2003 gefasst worden ist, eine Ausschüttung aber nicht erfolgen konnte, da der Beschluss der Hauptversammlung über die Gewinnverwendung noch ausstand und eine kurzfristige Anberaumung eines Hauptversammlungstermins nicht möglich war.[576] Auf das Bekanntwerden des Beschlusses des Vermittlungsausschusses konnte in diesen Fällen aufgrund der nach § 123 AktG zu wahrenden Einberufungsfrist nicht mehr reagiert werden. Damit entfiel für die betroffenen Kapitalgesellschaften die Möglichkeit der Realisierung von Steuerguthaben und der entsprechenden Geltendmachung von Körperschaftsteuerminderungsansprüchen, die bei dem Beschluss über den Gewinnverwendungsvorschlag durch den Vorstand und den hiermit zusammenhängenden Dispositionen zugrunde gelegt wurde. Die Rechtsfolgen, von denen bei der Verwirklichung eines bestimmten Tatbestandes auszugehen war, werden insoweit nachträglich zum Nachteil der Steuerpflichtigen modifiziert und damit die Dividendenplanung der Kapitalgesellschaft

---

574 BVerfGE 29, 260 (266 f.); 50, 290 (366); 65, 196 (210 f.); *Murswiek*, in: Sachs, Art. 2 GG Rn. 54; *Kunig*, in: v. Münch/Kunig, Art. 2 GG Rn. 16; *Di Fabio*, in: Maunz/Dürig, Art. 2 GG Rn. 11.

575 Vgl. *Frotscher*, in: Frotscher/Maas, § 37 KStG Rn. 18d.

576 Vgl. *Frotscher*, in: Frotscher/Maas, § 37 KStG Rn. 18d, 18g.

gestört.[577] Vor diesem Hintergrund sollen Fälle, in denen der Gewinnverwendungsbeschluss der Hauptversammlung noch ausstand, aber bereits Dispositionen auf Grundlage der ursprünglichen Gesetzeslage stattgefunden haben, auf ihre Rückwirkung untersucht werden.

Geht man davon aus, dass mangels eines Gewinnverwendungsbeschlusses der Hauptversammlung noch nicht alle vom Steuerpflichtigen beeinflussbaren Tatbestandsmerkmale vorliegen,[578] die dazu führen würden, dass der Sachverhalt abgeschlossen ist, wird unter Umständen dem handlungsbezogenen Dispositionsschutz, der als Maßstab bei der Bestimmung der Rückwirkungsart herangezogen werden soll, nicht hinreichend Rechnung getragen. Danach kann die Abgeschlossenheit eines Sachverhaltes schon dann anzunehmen sein, wenn der Steuerpflichtige nach der Vornahme von unter altem Recht getätigten Handlungen keine Möglichkeit mehr hat, sich ohne weiteres auf die neue Rechtslage einzustellen und sein Verhalten anzupassen. Anhaltspunkte dafür, ob ein Sachverhalt bereits abgeschlossen ist, können sich folglich aufgrund eines noch oder eben nicht mehr bestehenden Reaktions- und Gestaltungsspielraumes ergeben.[579] Von Bedeutung ist daher, dass der Vorstand gem. § 175 Abs. 1 AktG unverzüglich nach Eingang des Berichts des Aufsichtsrats die Hauptversammlung zur Entgegennahme des festgestellten Jahresabschlusses und des Lageberichts sowie zur Beschlussfassung über die Verwendung des Bilanzgewinns einzuberufen hat. Da bereits mit der Einberufung der Versammlung gem. § 124 AktG die Tagesordnung bekanntzumachen ist, die Vorschläge zur Beschlussfassung enthalten soll, bestehen schon zu diesem Zeitpunkt konkrete Vorstellungen der Verwaltung über die Gewinnverwendung, auf deren Grundlage Dispositionen erfolgen. Für die Finanzierungs- und Liquiditätsplanung der geplanten Ausschüttung war insoweit die ursprüngliche Rechtslage heranzuziehen.

577 *Frotscher*, in: Frotscher/Maas, § 37 KStG Rn. 18g. Ähnlich gelagert sind Fälle, in denen Ausschüttungen nach dem 21.11.2002 beschlossen wurden, aber erst nach dem 11.4.2003 erfolgt sind. Der mit dem Gewinnverwendungsbeschluss entstehende, der Höhe nach festgelegte Anspruch des Gesellschafters auf Zahlung der Dividende ist zwar grundsätzlich sofort fällig (§ 271 BGB) (für die Aktiengesellschaft vgl. *Hüffer*, AktG, § 58 Rn. 28, § 174 Rn. 4; *Steiner*, Die Hauptversammlung der AG, S. 108); eine spätere Fälligkeit kann jedoch allgemein durch die Satzung oder konkret durch den Gewinnverwendungsbeschluss bestimmt werden (*Hoffmann-Becking*, in: Münch. Hdb. GesR IV, § 46 Rn. 24; *Kretschik*, Die Gewinnverwendung im Konzern, S. 114; für die GmbH vgl. auch *Lutter/Hommelhoff*, GmbH-Gesetz, § 29 Rn. 41). Im freien Ermessen der Gesellschafterversammlung liegt aber eine nachträgliche Änderung des Gewinnverwendungsbeschlusses. Es kann so ein neuer Zeitpunkt als Zahlungstag bestimmt werden, um die Verhältnisse in steuerlich optimaler Weise zu gestalten. (*Frotscher*, in: Frotscher/Maas, § 37 KStG Rn. 18h).

578 Vgl. *Hey*, Steuerplanungssicherheit als Rechtsproblem, S. 266.

579 Vgl. *Hey*, Steuerplanungssicherheit als Rechtsproblem, S. 249.

Der Gewinnverwendungsbeschluss selbst fällt letztlich gem. § 119 Abs. 1 Nr. 2 AktG jedoch in den Kompetenzbereich der Hauptversammlung, so dass es nahe liegt, erst nach einem Hauptversammlungsbeschluss von der Abgeschlossenheit des Sachverhaltes auszugehen. Hierfür spricht auch, dass die Hauptversammlung frei darüber entscheiden kann, ob der Gewinn ausgeschüttet, in offene Rücklagen eingestellt oder vorgetragen werden soll.[580] Unberücksichtigt bliebe bei einer solchen Bewertung allerdings, dass die Hauptversammlung gem. § 174 Abs. 1 S. 2 AktG an den festgestellten Jahresabschluss gebunden ist[581] und keinen Einfluss auf die Höhe des ausgewiesenen Gewinns hat,[582] so dass im Ergebnis doch lediglich ein geringer Spielraum für eine vom Vorschlag der Verwaltung abweichende Verteilung des Gewinns besteht.[583] Die Verwaltung selbst kann jedoch auch in der Hauptversammlung noch Vorschläge fallenlassen und abweichende Anträge stellen. Auf das Bekanntwerden neuer Tatsachen, nämlich einer veränderten Gesetzeslage, hätte infolgedessen seitens der Verwaltung mit einem veränderten Gewinnverwendungsvorschlag bei der Hauptversammlung reagiert werden können.[584] Obwohl bereits Dispositionen zur Finanzierung der Ausschüttung getroffen waren, bestand demnach noch ein rechtlicher Gestaltungsspielraum für einen veränderten Ausschüttungsvorschlag, der in der Hauptversammlung, die sich bei ihrer Entscheidung grundsätzlich von den Bedürfnissen des Unternehmens leiten lassen sollte,[585] Beachtung finden konnte. Mit der Unterbreitung des Vorschlages zur Gewinnverwendung ist der Sachverhalt damit noch nicht als abgeschlossen anzusehen.

Ein Reaktions- und Gestaltungsspielraum hinsichtlich der Ausgestaltung der Regelung in § 37 Abs. 2a KStG n.F. bestand allerdings nicht mehr, sobald der Gewinnverwendungsbeschluss von der Hauptversammlung gefasst worden war. Sofern die Hauptversammlung vor der Verkündung des Steuervergünstigungsabbaugesetzes am 16.5.2003 stattgefunden hat, kommt es jedenfalls dann zu einer Einwirkung auf abgeschlossene Sachverhalte. Da für die Realisierung von Körperschaftsteuerguthaben und die hiermit verbundene Steuerminderung der

---

580 Vgl. *Kropff*, in: Geßler/Hefermehl, AktG, § 174 Rn. 10, Rn. 14 ff. zu den grundsätzlichen Beschränkungen; *Hüffer*, AktG, § 174 Rn. 5.

581 Nach § 173 AktG kann die Feststellung des Jahresüberschusses allerdings auch aufgrund eines Beschlusses von Vorstand und Aufsichtsrat der Hauptversammlung überlassen werden.

582 Siehe dazu nur *Brönner*, in: Großkomm. AktG, § 174 Rn. 3; *Hüffer*, AktG, § 174 Rn. 3.

583 Vgl. *Raiser*, Recht der Kapitalgesellschaften, § 16 Rn. 4; § 18 Rn. 11.

584 Vgl. *Hüffer*, AktG, § 124 Rn. 12 m.w.N.; ähnlich *Eckardt*, in Geßler/Hefermehl, AktG, § 124 Rn. 32.

585 *Kropf*, in: Geßler/Hefermehl, AktG, § 174 Rn. 10.

Zeitpunkt der Ausschüttung entscheidend ist,[586] kann insoweit nicht maßgeblich sein, dass sich die Körperschaftsteuerminderung erst bei Entstehung der Körperschaftsteuer am Ende des Veranlagungszeitraumes auswirkt.[587] Es liegt nach allem eine echte Rückwirkung vor.[588]

Etwas anderes ergibt sich jedoch, wenn der Beschluss über den Gewinnverwendungsvorschlag vor dem 11.4.2003 gefasst worden ist, die Hauptversammlung aber erst nach der Verkündung des Gesetzes am 16.5.2003 über die Gewinnverwendung beschlossen hat. In diesen Fällen war der Sachverhalt noch nicht abgeschlossen, so dass von einer unechten Rückwirkung auszugehen ist.

bb) Zeitpunkt für das Entfallen des schutzwürdigen Vertrauens

Verneint wird die Schutzwürdigkeit des Vertrauens in das geltende Recht, wenn nach der rechtlichen Situation in dem Zeitpunkt, auf den der Eintritt von Rechtsfolgen zurückzubeziehen ist, mit einer Rechtsänderung gerechnet werden musste.[589] Von entscheidender Bedeutung ist daher, inwieweit das Vertrauen in die ursprüngliche Regelung des § 37 KStG bei der endgültigen Entscheidung über die Gewinnausschüttung durch die Hauptversammlung noch als schutzwürdig angesehen werden kann.

Den frühesten Zeitpunkt für ein Entfallen des Vertrauensschutzes stellt der Kabinettsbeschluss vom 21.11.2002 dar.[590] Als Begründung für die Vertrauenszerstörung in diesem frühen Stadium ließe sich anführen, dass die zur Einbringung von Gesetzesentwürfen befugte Bundesregierung, die regelmäßig von der Mehrheit des Parlaments getragen wird, sich auf ihre Mehrheit auch bei Gesetzesinitiativen verlassen könne. Sobald die Öffentlichkeit von einem gesetzgeberischen Reformvorhaben Kenntnis erlangt, sei der einzelne nicht mehr berechtigt, auf den weiteren Bestand des geltenden Rechts zu vertrauen, sondern müsse mit einer Änderung rechnen. Zudem bestehe von diesem Zeitpunkt an auch die Möglichkeit, die bevorstehenden Änderungen bei weiteren Dispositionen einzubeziehen.[591] Hiergegen ist jedoch einzuwenden, dass durch den Kabinettsbe-

---

586 *Binnewies*, in: Streck, § 37 KStG Rn. 5. Ausschüttungen erfolgen, wenn die Mittel bei der ausschüttenden Körperschaft abfließen.

587 Unter Zugrundelegung der Veranlagungszeitraum-Rechtsprechung wäre jedenfalls von einer unechten Rückwirkung auszugehen. Vgl. auch F. I. 3. B) bb).

588 Vom Vorliegen einer Rückbewirkung von Rechtsfolgen (echte Rückwirkung) wird auch in der Gesetzesbegründung (BT-Drucks. 15/119, S. 44) ausgegangen.

589 BVerfGE 95, 64 (86 f.); 97, 67 (79); vgl. *Maurer*, in: Isensee/Kirchhof, HbdStR III, § 60 Rn. 27 ff. 32; *Schmidt*, DB 1993, 2250 (2253 f.).

590 Zum Inhalt vgl. *Binnewies*, AG 2003, 92 f.; *Fatouros*, DStZ 2003, 179 (184).

591 Vgl. *Landwehrmann*, ZRP 1973, 81 (82 f.).

schluss weder die Bundesregierung selbst noch der Bundesgesetzgeber gebunden sind. Es steht daher nicht fest, ob und wann der Gesetzgeber dem Entwurf in der von der Regierung vorgelegten Form überhaupt zustimmen wird.[592] Dass Beschlüsse und Erklärungen der Regierung keinen Einfluss auf die Gesetze als Planungsgrundlage nehmen können,[593] ergibt sich auch bereits aus dem Gewaltenteilungsprinzip.[594] Schließlich fehlt der Regierung, der bei der Einbringung von Gesetzesvorlagen lediglich ein Initiativrecht zusteht, die Kompetenz, die Entscheidung des Parlaments rechtlich zu beeinflussen.

Wenn demnach der Vorverlagerung des Vertrauensverlustes auf den Zeitpunkt des Kabinettsbeschlusses nicht gefolgt werden kann, könnte doch zumindest der Bundestagsbeschluss vom 21.02.2003 ausschlaggebend für die Vorhersehbarkeit der Gesetzesänderung sein und die Schutzwürdigkeit des Vertrauens entfallen lassen.[595] Verfassungsrechtlich naheliegend ist diese Anknüpfung, da allein der Bundestag gem. Art. 77 Abs. 1 GG Gesetzgebungsorgan ist.[596] Der endgültige Gesetzesbeschluss stellt insoweit einen „wesentlichen Markstein auf dem Weg der Gesetzwerdung“ dar.[597] Wird auf den Bundestagsbeschluss als maßgeblichen Zeitpunkt für die Vorhersehbarkeit einer Gesetzesänderung abgestellt, ergibt sich eine Überforderung des Steuerpflichtigen Bürgers jedoch dadurch, dass von diesem die Kenntnis des Inhalts von jedem Gesetzesbeschluss erwartet wird.[598]

Zu verlangen ist aber nicht die Kenntnis jedes einzelnen Aktes, sondern lediglich des ordnungsgemäß verkündeten Gesetzes. Auch nach Treu und Glauben ist

---

592 *Landwehrmann*, ZRP 1973, 81 (83); ähnlich *Friauf*, BB 1972, 669 (678).

593 *Vogel*, BB 1971, 533 (534); *Kruis*, BVerfGE 97, 87 f., Sondervotum zu BVerfGE 97, 67 ff; siehe auch *Hey*, BB 1998, 1444 (1449); *Meilicke/Hohlfeld*, BB 1972, 505 (509); *Offerhaus*, FR 1971, 425 (432).

594 *Landwehrmann*, ZRP 1973, 81 (83); *Friauf*, BB 1972, 669 (678); *Hey*, BB 1998, 1444 (1449); *Lipps*, DStR 1972, 647 (648); siehe auch *Schmidt-Keßeler*, Rückwirkende Steuergesetze bringen Risiken mit sich, F.A.Z. vom 4.12.2002, S. 23. Zur Kritik an der Relevanz des Kabinettsbeschlusses vgl. auch *Schmidt*, DB 1993, 2250 (2254).

595 Vgl. u.a. BVerfGE 14, 288 (298); 23, 12 (33); 27, 167 (173 f.); 30, 272 (287); 43, 291 (392); 72, 200 (261); 95, 64 (87); 97, 67 (79); vgl. *Schmidt*, DB 1993, 2250 (2254 f.). Siehe auch *A. Leisner*, StuW 1998, 254 (260); *Maurer*, in: Isensee/Kirchhof, HbdStR III, § 60 Rn. 32. Gerade im Steuerrecht entspricht dies mittlerweile der ständigen Gesetzgebungspraxis, vgl. dazu *Hey*, BB 1998, 1444 (1448); *J. Lang*, Wpg 1998, 163 (171 f.).

596 *Hummel*, DStR 2003, 1 (2).

597 BVerfGE 72, 200 (262); *Schmidt*, DB 1993, 2250 (2254); *Hummel*, DStR 2003, 1 (2); vgl. auch *Friauf*, BB 1972, 669 (678).

598 *Weinheimer*, Steuerliche Rückwirkung – ein umfassendes Problem, S. 22; vgl. auch *Hey*, BB 1998, 1444 (1450).

der Steuerpflichtige nicht gehalten, das Gesetzgebungsverfahren zu verfolgen, um dem Staat rückwirkende Gesetze zu ermöglichen; ansonsten würde der Vertrauensschutz in sein Gegenteil verkehrt.[599]

Obwohl mit dem Bundestagsbeschluss Unsicherheitsfaktoren beseitigt werden, bleibt zu bedenken, dass gerade Bundestagsbeschlüsse zustimmungsbedürftiger Gesetze[600] bei entsprechender politischer Konstellation vertrauensrechtlich wirkungslos bleiben können.[601] Dass die endgültige Ausgestaltung des Gesetzes nicht absehbar ist, kann den Steuerpflichtigen, der nicht weiß, welche Gesetzeslage er zwischen Gesetzesbeschluss und Verkündung zugrunde legen soll, in eine unhaltbare Situation bringen.[602] Ein Zustand der Rechtssicherheit, der geeignet ist, die alte Rechtslage vertrauensrechtlich abzulösen, wird schließlich erst mit der Zustimmung des Bundesrates erreicht.[603] Je nach Gesetzgebungsverfahren wäre auf unterschiedliche Beschlüsse abzustellen. Eine einheitliche Handhabung und die Vermeidung von Verunsicherungen des Steuerpflichtigen durch legislatorische Kontroversen wäre lediglich möglich, wenn der Zeitpunkt der Verkündung des Gesetzes gem. Art. 82 GG als maßgeblich erachtet würde.

Hierfür ist anzuführen, dass bereits die Rückbewirkung von Rechtsfolgen an Art. 82 GG festgemacht wird und die Formstrenge der Gesetzesverkündung gerade die Rechtssicherheit vermitteln soll, die das Rückwirkungsverbot zu gewährleisten hat.[604] Mit dem Entfallen des Vertrauensschutzes bei der Verkündung wird berücksichtigt, dass Beschlüsse und Gesetze nicht dieselbe Wirkung entfalten können.[605] Zugleich wird mit der Festlegung eines einheitlichen Zeitpunktes die rechtssichere Bestimmung der bei Dispositionen zu beachtenden Vorschriften sichergestellt. Ausschließlich das Anknüpfen an die Gesetzesverkündung, die für das Zustandekommen einer Vorschrift konstituierend ist, ge-

---

599 *Maurer*, in: Isensee/Kirchhof, HbdStR III, § 60 Rn. 33; zustimmend *Weinheimer*, Steuerliche Rückwirkung – ein umfassendes Problem, S. 22 f.

600 Art. 105 Abs. 3 GG i.V.m. Art. 106 GG.

601 *J. Lang*, Wpg 1998, 163 (171); *Tipke*, SteuerRO I, S. 160.

602 *Maurer*, in: Isensee/Kirchhof, HbdStR III, § 60 Rn. 34; anders *A. Leisner*, StuW 1998, 254 (260), die beim Heranziehen des Gesetzesbeschlusses von einem sachgerechten Ausgleich der Interessen des Gesetzgebers und des Normunterworfenen ausgeht; vgl. auch *Schmidt*, DB 1993, 2250 (2255).

603 *J. Lang*, Wpg 1998, 163 (171 f.); *Haas*, Vertrauensschutz im Steuerrecht, S. 37 f.; *Rupp-v.Brünneck*, BVerfGE 32, 129 (137 f.), Sondervotum zu BVerfGE 32, 111 ff.; vgl. auch *Hey*, BB 1998, 1444 (1450).

604 *J. Lang*, Wpg 1998, 163 (172).

605 *Hey*, BB 1998, 1444 (1450).

währleistet, dass sich der Steuerpflichtige bei seinen Dispositionen stets auf die Gesetzeslage verlassen kann.[606]

Im Ergebnis ist folglich davon auszugehen, dass erst mit der Verkündung des Steuervergünstigungsabbaugesetzes am 16.5.2003 das Vertrauen der Betroffen nicht mehr schutzwürdig war. Für ein Inkrafttreten vor der Verkündung bedarf es damit eines besonderen Grundes. Die Vorhersehbarkeit der Rechtsänderung ist insoweit als Bestandteil der Abwägung anzusehen, macht diese aber nicht von vornherein entbehrlich.[607]

cc) Zulässigkeit der Rückwirkung

Wie bereits dargestellt, liegt je nach Zeitpunkt der endgültigen Beschlussfassung über die Gewinnverwendung eine echte oder eine unechte Rückwirkung vor. Maßgeblich ist die Zuordnung zu der jeweiligen Rückwirkungsart insoweit, als sich auf dieser Grundlage der Maßstab für die Zulässigkeit der rückwirkenden Regelung ergibt. Entbehrlich ist diese Differenzierung jedoch, wenn sich selbst die unechte Rückwirkung nach einer auf den Einzelfall bezogenen Abwägung als unzulässig erweist. Im folgenden soll daher untersucht werden, inwieweit bei der tatbestandlichen Rückanknüpfung, von der bei einer endgültigen Gewinnverwendungsentscheidung der Hauptversammlung nach dem 16.5.2003 auszugehen ist, das Vertrauen in die bestehende Rechtslage schützenswert ist.

(1) Vertrauen der Kapitalgesellschaften

Grenzen einer Rückwirkung lassen sich aus dem Gebot der Rechtssicherheit und des daraus folgenden Vertrauensschutzes auch für solche Gesetze ableiten, die ihre Wirkung auf Tatbestände erstrecken, deren Verwirklichung bereits begonnen hat.[608] Werden an zurückliegende oder in der Entwicklung befindliche Tatbestände andere, ungünstigere Rechtsfolgen geknüpft, als diejenigen, auf die sich der Steuerpflichtige bei seinen Dispositionen einrichten konnte, wird der Betroffene getäuscht, der im Vertrauen auf die Beständigkeit des Rechts dispo-

---

606 Für Vertrauensschutz bis zur Gesetzesverkündung *Schaumburg*, DB 2000, 1884 (1889); ebenso *Hey*, BB 1998, 1444 (1450); *Tipke*, SteuerRO I, S. 160; wohl auch *Maurer*, in: Isensee/Kirchhof, HbdStR III, § 60 Rn. 33; offen gelassen bei *Lang*, Wpg 1998, 163 (172); siehe auch *F. Kirchhof*, StuW 2002, 185 (197); *Wissenschaftlicher Beirat des Fachbereichs Steuern der Ernst & Young AG*, Stellungnahme vom 28.1.2003 zum Entwurf des StVergAbG, BB 2003, 340 (341).

607 Vgl. *Hey*, BB 1998, 144 (1450), nach der die Anforderungen an die das Vertrauen in geltende Gesetze überwindende Gründe geringer sein mögen, je klarer die Rechtsänderung ist.

608 BVerfGE 13, 279 (283); 101, 239 (263).

niert hat.[609] Dem Gesetzgeber ist daher grundsätzlich verwehrt, einen Eingriff vorzunehmen, mit dem nicht zu rechnen war. Allerdings geht der verfassungsrechtliche Vertrauensschutz nicht so weit, dem Bürger jede Enttäuschung zu ersparen. Entscheidend ist vielmehr, ob das gesetzgeberische Anliegen für das Wohl der Allgemeinheit von solchem Gewicht ist, dass es das Ausmaß des Vertrauensschadens überwiegt.[610]

Mit der Entscheidung über den der Hauptversammlung zu unterbreitenden Gewinnverwendungsvorschlag hat der Vorstand als Organ der Kapitalgesellschaft eine Disposition auf der Grundlage der durch Art. 2 Abs. 1 GG geschützten wirtschaftlichen Dispositionsfreiheit bzw. der allgemeinen Handlungsfreiheit auf wirtschaftlichen Gebiet getroffen.[611] Im Zeitpunkt dieser Entscheidung war § 37 Abs. 2 KStG a.F. als geltendes Gesetz Grundlage des betätigten Vertrauens. Geschwächt wird dieses Vertrauen nicht dadurch, dass dem Vorschlag der endgültige Charakter fehlt. Schließlich wird zunächst auf der Grundlage des Gewinnverwendungsvorschlages der Verwaltung, der bereits mit der Einladung zur Hauptversammlung bekannt gegeben wird, die Finanzierung der Ausschüttung geplant. Auch wenn eine Anpassung des Gewinnverwendungsvorschlages noch möglich bleibt und ein abgeschlossener Sachverhalt daher nicht vorliegt, ist doch zu berücksichtigen, dass die von der Hauptversammlung beschlossene Gewinnverwendung regelmäßig dem ursprünglichen Vorschlag der Verwaltung entspricht. Für ein besonderes Gewicht des Vertrauens der Kapitalgesellschaften ist zudem anzuführen, dass die zeitlich verzögerte, endgültige Beschlussfassung über die Gewinnverwendung lediglich durch die Wahrung gesetzlich vorgegebener Abläufe und Fristen bedingt ist.

Als einen besonderen, den Vertrauensschutz der Kapitalgesellschaften beschränkenden Grund könnte der in der Ausübung seiner Gestaltungssouveränität grundsätzlich freie Gesetzgeber jedoch anführen, dass bereits seit dem Kabinettsbeschluss vom 21.11.2002 eine Änderung der Vorschrift zur Realisierung von Steuerguthaben absehbar war. Insoweit konnte die Erstreckung der Neuregelung auf vor ihrer Verkündung beschlossene, aber noch nicht erfolgte Gewinnausschüttungen erforderlich sein, um zu vermeiden, dass – nach dem Bekanntwerden des für Kapitalgesellschaften mit ungünstigen Auswirkungen verbundenen Gesetzesvorhabens – ein Anreiz geschaffen wird, noch auf der Grundlage des bisher geltenden Rechts Dispositionen zu treffen.

609 BVerfGE 18, 135 (144).

610 BVerfGE 14, 288 (300); 24, 220 (230 f.).

611 Zur Reichweite des grundrechtlichen Schutzes von Art. 2 Abs. 1 GG vgl. BVerfGE 50, 290 (366); 97, 67 (83); 105, 17 (38); *Murswiek*, in: Sachs, Art. 2 GG Rn. 54.

Ein berechtigtes Interesse im Sinne eines Gemeinwohlgrundes besteht an der Vermeidung dieses sog. Ankündigungseffektes, wenn andernfalls aufgrund zwischenzeitlicher Verfügungen der Normadressaten die Neuregelung praktisch keine Wirkung mehr entfalten könnte, so dass der Gesetzgeber nicht nur zeitweilig, sondern dauerhaft an der Durchsetzung als notwendig erachteter Ziele gehindert ist.[612] Der eigentliche Zweck des Gesetzesvorhabens würde dann, wenn nicht vereitelt, so doch zumindest erheblich verschoben werden.[613]

Um zu gewährleisten, dass die vorgesehenen Mehreinnahmen zur Deckung des Finanzbedarfs bei Inkrafttreten der Regelung tatsächlich erzielt werden, war insoweit möglicherweise eine rückwirkende Einführung des Moratoriums erforderlich. Schließlich sollte verhindert werden, dass zur Ausnutzung der für Kapitalgesellschaften günstigen Rechtslage vermehrt Ausschüttungen beschlossen werden, für die zu einem späteren Zeitpunkt eine entsprechende Körperschaftsteuerminderung hätte geltend gemacht werden können.[614] Wird vor diesem Hintergrund eine Rechtfertigung der vorliegenden Rückwirkung angenommen, die durch die Bindung an die Einberufungsfrist für den Hauptversammlungstermin und den bereits unterbreiteten Gewinnverwendungsvorschlag entsteht, erscheint jedoch zweifelhaft, ob dem zuvor als schutzwürdig bewerteten Vertrauen hinreichend Rechnung getragen würde. Aufgrund der Ankündigung einer beabsichtigten Rechtsänderung mit Vergangenheitsbezug war nämlich überhaupt nicht absehbar, wie die Vorschrift endgültig ausgestaltet sein würde. Eine Einschränkung der Realisierungsmöglichkeit von Körperschaftsteuerguthaben war zwar beabsichtigt, nicht aber ein vollständiger Ausschluss durch ein Moratorium.[615] Ursprünglich wirtschaftlich sinnvolle Maßnahmen konnten sich infolge der Rückwirkung des Moratoriums somit als Fehlentscheidungen darstellen.[616]

612 *H. Schneider*, Gesetzgebung, § 15 Rn. 540; vgl. auch *Fiedler*, NJW 1988, 1624 (1628). Das Interesse an einer Vermeidung von Ankündigungseffekten hat sich in einer ganzen Reihe von Verfassungsgerichtsentscheidungen als äußerst schlagkräftiges Argument erwiesen (vgl. *Hey*, Steuerplanungssicherheit als Rechtsproblem, S. 379).

613 *A. Leisner*, StuW 1998, 254 (259); vgl. auch BVerfGE 97, 67 (82); *Schmidt*, DB 1993, 2250 (2254); *J. Lang*, Wpg 1998, 163 (171).

614 Vgl. dazu auch die Gesetzesbegründung BT-Drucks. 15/119, S. 44.

615 Vgl. *Semmler*, NWB 2003, Fach 4, S. 4725 (4727).

616 Mit der rückwirkenden Einführung des Moratoriums wird jedenfalls das Budget des Steuerschuldners geschädigt; gerade bei steuerpflichtigen Unternehmen werden in jedem Jahr aufwendige Verfahren und Abstimmungen zur Konzeption von Finanzplänen notwendig, die von einer Rückwirkungsanordnung durchkreuzt werden. So *F. Kirchhof*, StuW 2002, 185 (197). Das Rechtsstaatsprinzip verhindert zwar Rechtsänderung nicht, fordert aber schonende Übergänge. Dabei ist zu berücksichtigen, dass der Steuergesetzgeber die betroffenen grundrechtlichen Rechtspositionen nicht nachträglich entwerten oder freiheitswidrig umqualifizieren darf. (*P. Kirchhof*, FS für Kruse, S. 17 (26)). Zur Bedeutung von Übergangsregelungen siehe auch *Fiedler*, NJW 1988, 1624 (1631).

Auch wenn für Unternehmen nicht jedes Risiko ausgeschlossen werden kann, liegt angesichts des Gewichts, das dem rechtsstaatlichen Gesetzgebungsverfahren zukommt, die Annahme nahe, dass die Auswirkungen des Ankündigungseffektes, durch die sich die Verstetigung des Körperschaftsteueraufkommens verzögert hätte, nicht so schwerwiegend sind, dass unter Berücksichtigung der Folgen einer Rückwirkung für die Kapitalgesellschaften eine Rechtfertigung zwingend ist.[617] Schließlich war ein Großteil des Körperschaftsteuerguthabens bereits in den Vorjahren realisiert worden, so dass die Minderungen nicht mehr so hoch ausfallen konnten. Des weiteren hätte die Nutzung der ursprünglichen Regelung zusätzlich vorausgesetzt, dass ein entsprechendes handelsrechtliches Ausschüttungsvolumen überhaupt kurzfristig zur Verfügung steht. Ein gewichtiger Grund für eine Einschränkung des Vertrauensschutzes ist in der Vorhersehbarkeit der Rechtsänderung mithin nicht zu sehen.

(2) Gewicht der öffentlichen Interessen

Der Hauptzweck des Moratoriums besteht darin, zu einer Verstetigung des Körperschaftsteueraufkommens beizutragen, um der öffentlichen Hand zusätzliche Einnahmen zu verschaffen. Es stellt sich daher die Frage, inwieweit der Finanzbedarf des Fiskus als zwingender Grund des gemeinen Wohls zur Rechtfertigung einer rückwirkenden Anordnung des Moratoriums herangezogen werden kann.[618]

Nach Auffassung des Bundesverfassungsgerichts stellt die bloße Absicht, Mehreinnahmen zu erzielen, für sich genommen noch kein den Vertrauensschutz betroffener Steuerpflichtiger regelmäßig überwindendes Gemeinwohlinteresse dar, weil dieses Ziel durch jedes, auch durch sprunghaftes und willkürliches Besteuern erreicht würde; das Interesse des Staates, durch die Änderung von Steuergesetzen unerwartete Mindereinnahmen auszugleichen, wird hingegen als wichtiger Gemeinwohlbelang angesehen.[619] Trotz der Fragwürdigkeit der vorstehenden Differenzierung ergibt sich in dem vorliegenden Fall, dass durch die gesetzgeberische Maßnahme auf die Ausfälle bei der Körperschaftsteuer reagiert wurde und durch den angestrebten Ausgleich der verringerten Körperschaftsteuer-

617 Vgl. dazu *Hey*, Steuerplanungssicherheit als Rechtsproblem, S. 381, nach der das verzögerte Eintreten der Aufkommenswirkung bei einer Steueränderung ein Interesse an der Überrumpelung des Bürgers lediglich begründen kann, wenn eine ernsthafte Gefährdung des Staatshaushaltes eintritt.

618 Das Gemeinwohlargument hat das BVerfG zur Rechtfertigung einer echten Rückwirkung erst äußerst selten bemüht. Ausdrücklich geschieht dies erstmals in BVerfGE 97, 67 ff. Vgl. dazu *Hey*, BB 2002, 2312 (2314); *A. Leisner*, StuW 1998, 254 (262).

619 BVerfGE 105, 17 (45).

einnahmen insoweit jedenfalls eine Rechtfertigung durch einen wichtigen Gemeinwohlbelang zu erwägen ist.

Würde das Fiskalargument für eine Rechtfertigung als ausreichend angesehen, könnte ein erhöhter Staatsbedarf jedoch zur Folge haben, dass jeglicher Dispositionsschutz ausgehebelt wird.[620] So könnte man im Steuerrecht angesichts der leeren Kassen regelmäßig anführen, dass die Haushaltslage als zwingender Grund des Gemeinwohls ein rückwirkendes Eingreifen rechtfertige.[621] Schließlich kann das Beharrungsinteresse des Unternehmers, der grundsätzlich an der Rentabilität der Kapitalgesellschaft interessiert ist und bestrebt sein wird, auch die mögliche Realisierung des Körperschaftsteuerguthabens bei der Disposition für seine Gewinnausschüttungen zu berücksichtigen, kaum als gewichtiger angesehen werden, als das vom Gesetzgeber verfolgte Ziel, die Haushaltslage zu verbessern.[622] Eine solche Betrachtung führt jedoch dazu, dass der durch den handlungsbezogenen Rückwirkungsbegriff begründete erhöhte Dispositionsschutz auf der Rechtfertigungsebene vollständig zunichte gemacht wird.[623] Um eine naheliegende pauschale Rechtfertigung mit dem Fiskalargument auszuschließen, ist das Interesse des Steuerpflichtigen daher nicht dem gesetzgeberischen Anliegen in seiner Gesamtheit gegenüberzustellen; zu untersuchen ist vielmehr, ob spezifische Gründe bestehen, die es rechtfertigen können, den Betroffenen den entwertenden Eingriff in frühere Dispositionen zuzumuten.[624] Dabei ist zu berücksichtigen, dass – auch bei gewichtigen Gründen für den Finanzbedarf – der Einnahmeerzielungszweck, der schon nicht zu einer Rechtfertigung gleichheitswidriger Steuern herangezogen werden kann,[625] ebenso wenig – als einziges Argument – in der Lage ist, den Dispositionsschutz zu überwinden.[626] Vielmehr kann und muss der Gesetzgeber den Finanzbedarf mit gleichheitssatzkonformen bzw. nicht vertrauensverletzenden Steuererhöhungen decken.[627]

---

620 *Friauf*, StbJb 1986/87, S. 279 (289); *Hey*, BB 2002, 2312 (2314); *Schön*, BB 1997, 1333 (1338); vgl. auch *Schaumburg*, DB 2000, 1884 (1886).

621 *Schaumburg*, DB 2000, 1884 (1886).

622 Vgl. *Friauf*, StbJb 1986/87, S. 279 (289).

623 Vgl. *Hey*, BB 2002, 2312 (2313).

624 *Friauf*, StbJb 1986/87, S. 279 (289 f.).

625 *Tipke*, SteuerRO I, S. 232 f.

626 *Hey*, BB 2002, 2312 (2314); *F. Kirchhof*, StuW 2002, 185 (198); vgl. *Hahn*, IFSt Heft 269, S. 70.

627 *Hey*, BB 2002, 2312 (2314); *P. Kirchhof*, DStR 1979, 275 (278); *Schön*, BB 1997, 1333 (1338); *Tipke*, SteuerRO I, S. 167; ähnlich *Friauf*, StbJb 1986/87, S. 279 (289); *W. Leisner*, FS für Berber, S. 273 (295); vgl. auch *Wernsmann*, JuS 2000, 39 (40 f.).

Eine Rechtfertigungsmöglichkeit könnte sich trotz des schutzwürdigen Vertrauens aber im Hinblick auf die Dringlichkeit der Maßnahme ergeben.[628] Da das rechtsstaatliche Gesetzgebungsverfahren gewisse Zeiträume erfordere, sei es zulässig, zur sofortigen Abwehr von aufgetretenen Mißständen einer Gesetzeslage alsbald abzuhelfen.[629] Beachtlich könnte in diesem Zusammenhang ein gesteigerter Mittelbedarf sein, der zum Zeitpunkt einer Störung des gesamtwirtschaftlichen Gleichgewichts besteht.[630]

In einer solchen Ausnahmesituation könnte der Ausgleich von Mindereinnahmen ein legitimes Interesse des Staatsganzen darstellen. Angesichts der in Art. 23 GG zum Ausdruck kommenden Europafreundlichkeit des Grundgesetzes liegt es zumindest nahe, auch die Verpflichtung zur Vermeidung eines übermäßigen Staatsdefizits (Art. 104 Abs. 1 EGV) als Sondersituation einzuordnen.[631] Danach wäre der Gesetzgeber gegenwärtig von verfassungsrechtlichen Vorgaben des Rückwirkungsverbotes teilweise entbunden. Zur Rechtfertigung einer tatbestandlichen Rückanknüpfung könnte darauf verwiesen werden, dass ein erheblicher, ständig wachsender Teil des öffentlichen Defizits, nämlich die Zins- und Tilgungsverpflichtungen einen Vergangenheitsbezug aufweisen, der auf Ausgaben in der Vergangenheit beruht, deren Deckung auf zukünftige Generationen verlagert wird. Dennoch erscheint es unangemessen, Einzelnen in einer solchen Situation den Vertrauensschutz zu verweigern.[632] Da die Allgemeinheit für diese Ausnahmelage die Verantwortung trägt, muss der staatliche Finanzbedarf aus Gründen der Belastungsgleichheit durch Gemeinlasten gedeckt werden, und darf nicht zur besonderen Finanzierungsverantwortlichkeit derjenigen führen, die auf Vertrauensschutz angewiesen sind.[633] Der Fiskus hätte in einer Sondersituation wie der Störung des wirtschaftlichen Gleichgewichtes seinen Finanzbedarf vielmehr mit gleichheitssatzkonformen bzw. mit nicht vertrauensverletzenden Steuererhöhungen decken müssen.[634]

---

628 Zur Dringlichkeit der Mittelbeschaffung siehe *Hey*, Steuerplanungssicherheit als Rechtsproblem, S. 338 ff.

629 Zur Veranlassung einer Neuregelung durch eine akute Notlage vgl. BVerfGE 95, 64 (89); 97, 67 (82). Siehe auch *Maurer*, in: Isensee/Kirchhof, HbdStR III, § 60 Rn. 39.

630 Vgl. dazu *Mellinghoff*, DStR 2003, Beihefter 3, 3 (14).

631 *Treiber*, DB 2004, 453 (457).

632 *Treiber*, DB 2004, 453 (457).

633 *Treiber*, DB 2004, 453 (457).

634 *Hey*, BB 2002, 2312 (2314); vgl. auch *P. Kirchhof*, DStR 1979, 275 (278); *Schön*, BB 1997, 1333 (1338); ähnlich *Tipke*, SteuerRO I, S. 167.

Etwas anderes dürfte lediglich in einer Notstandssituation gelten, in der sich die Finanznot bereits zu einem drohenden Staatsbankrott ausgeweitet hat.[635] Von einer dergestalt qualifizierten Situation ist jedoch nicht auszugehen; vielmehr besteht eine gesteigerte Dringlichkeit hinsichtlich des Finanzbedarfs, die im Sinne eines angemessenen Dispositionsschutzes keine Rechtfertigung der Rückwirkung bewirken kann.[636] Zu beachten ist zudem, dass eine Rückwirkung nicht zu Ergebnissen führen darf, die den grundrechtlichen Schutz des Lebenssachverhaltes verletzen, der von dem Eingriff durch die nachträgliche Änderung von Rechtsfolgen betroffen ist.[637] Auch wenn die von Art. 2 Abs. 1 GG und Art. 12 Abs. 1 GG gewährleistete Unternehmerfreiheit[638] nur die Dispositionsbefugnis des Unternehmers über die ihm und seinem Unternehmen zugeordneten Güter und Rechtspositionen schützt, nicht aber eine bestehende Rechtslage zu einem grundrechtlich geschützten Bestand verfestigt,[639] handelt es sich doch zumindest bei den im Zusammenhang mit der Realisierung des Körperschaftsteuerguthabens entstehenden Körperschaftsteuerminderungsansprüchen um Schutzgüter der Eigentumsgarantie.[640] Durch die Rückwirkung wird insoweit der bereits festgestellte Verstoß gegen Art. 14 Abs. 1 GG noch verstärkt.

Neben dem Fiskalargument ist der Gesetzesbegründung für die Moratoriumsregelung zu entnehmen, dass ein Beitrag zu einer an der steuerlichen Leistungsfähigkeit ausgerichteten Besteuerung geleistet werden soll.[641] Da die Besteuerung nach der Leistungsfähigkeit in weiten Teilen des geltenden Rechts aber nicht in reiner Form verwirklicht werden kann,[642] ist auch mit diesem Prinzip eine Rechtfertigung der rückwirkenden Vorschrift nicht möglich.[643] Abgesehen davon ist diesem Zweck, wie schon in Rahmen der Grundrechtsprüfung ausgeführt, kein nachhaltiges Gewicht beizulegen, da es sich bei der ursprünglichen Übergangsvorschrift nicht um eine disponible Ausnahmeregelung handelte, son-

---

635 *Hey*, Steuerplanungssicherheit als Rechtsproblem, S. 342 f.; *Fried. Klein*, Zulässigkeit und Schranken der Rückwirkung von Steuergesetzen, S. 63. Abgelehnt wird eine Ausnahme vom Rückwirkungsverbot selbst in dieser besonders qualifizierten Situation von *Eckhardt/Hillebrecht*, Problematik rückwirkender Steuergesetze, S. 70 f.

636 Vgl. *Hey*, Steuerplanungssicherheit als Rechtsproblem, S. 342.

637 BVerfGE 72, 200 (258); 97, 67 (83).

638 Vgl. BVerfGE 50, 290 (363, 366).

639 BVerfGE 97, 67 (83).

640 Vgl. dazu F. I. 2. a) aa).

641 BT-Drucks. 15/119, S. 44.

642 *Drüen*, in: Tipke/Kruse, § 3 AO, Tz. 50a; *Kruse*, FS für Friauf, S. 793 (798 ff.); siehe auch BVerfGE 27, 58 (68); 43, 108 (120); vgl. auch *Möstl*, DStR 2003, 720 (723).

643 *Kruse/Drüen*, in: Tipke/Kruse, § 4 AO, Tz. 23; a.A. BFH, BStBl. II 1994, 155 (157); vgl. auch BFH, DStR 2001, 1109 (1112).

dern die Regelung steuersystematisch und verfassungsrechtlich ihre Berechtigung hatte.[644]

Die Möglichkeit, Sachverhalte im Vertrauen auf die Rechtslage gestalten zu können, die zur Zeit der Sachverhaltsgestaltung gilt, gehört zur Freiheitlichkeit. Dieser hohe Gemeinwohlwert in einem freiheitlichen Rechtsstaat darf lediglich durch Gemeinwohlwerte verdrängt werden, die ein gleichwertiges Gewicht haben, nicht aber durch jede grundsätzliche Erwägung.[645] Gerade in einem dem ständigen Wandel unterliegenden Rechtsgebiet, kann die Freiheit des Bürgers lediglich durch einen wirkungsvollen Vertrauensschutz gewahrt werden.[646] Vor diesem Hintergrund können die erforderliche Verstetigung des Körperschaftsteueraufkommens und damit letztlich der Finanzbedarf nicht zur Rechtfertigung der Rückwirkung des Moratoriums in § 37 Abs. 2a Nr. 1 i.V.m. § 34 Abs. 13b KStG n.F. herangezogen werden. Auch das grundsätzlich bestehende Unternehmensrisiko ist angesichts der Notwendigkeit von Planungssicherheit nicht als ausreichend für eine Rechtfertigung zu bewerten.[647] Da die Schutzwürdigkeit des Vertrauens als hoher ethischer Wert[648] nicht von Gesichtspunkten wie der Mündigkeit und Bedürftigkeit abhängig zu machen ist,[649] kann selbst die Position der Kapitalgesellschaften als kalkulierende Unternehmen an diesem Ergebnis nichts ändern.

dd) Ergebnis

Die Anwendungsvorschrift des § 34 Abs. 13b KStG n.F. greift durch die Einbeziehung von Gewinnausschüttungen, die ab dem 21.11.2002 beschlossen, aber bis zum 11.4.2003 noch nicht vorgenommen waren, rückwirkend in die wirtschaftliche Dispositionsfreiheit der Kapitalgesellschaften ein. Soweit ein Gewinnverwendungsbeschluss der Hauptversammlung vor der Verkündung des Gesetzes im Bundesgesetzblatt am 16.5.2003 noch nicht vorlag, aber den Aktionären nach der Feststellung des Jahresabschlusses mit der Einladung zur Hauptversammlung bereits ein Gewinnverwendungsvorschlag vor dem 11.4.2003 unterbreitet worden ist, kann eine echte Rückwirkung angenommen werden. Lag

---

644 Vgl. bereits F. I. 2. e) aa) (3) (a).

645 So *Tipke*, SteuerRO I, S. 162.

646 *A. Leisner*, StuW 1998, 254 (258); vgl. auch *Fiedler*, NJW 1988, 1624 (1627).

647 *Tipke*, SteuerRO, S. 167.

648 Vgl. *Püttner*, VVDStRL Bd. 32 (1974), S. 200 (201); *A. Leisner*, StuW 1998, 254 (266).

649 Dieses Vorgehen wäre nach *A. Leisner*, StuW 1998, 254 (265) mit dem Übermaßverbot nicht vereinbar. Siehe auch *W. Leisner*, FS für Berber, S. 273 (294): „Vertrauen hat nichts „Kapitalistisches" – es schützt den Millionär wie den Bettler." Vgl. dazu *Muckel*, Kriterien des verfassungsrechtlichen Vertrauensschutzes bei Gesetzesänderungen, S. 118.

der Hauptversammlungstermin nach dem 16.5.2003 ist von einer unechten Rückwirkung auszugehen. Mit dem Hauptversammlungsbeschluss bestand kein Reaktions- und Gestaltungsspielraum mehr, um die steuerlichen Folgen einer Ausschüttung zu beeinflussen, so dass der Sachverhalt erst in diesem Zeitpunkt abgeschlossen ist.

Bis zum Zeitpunkt der Gesetzesverkündung gem. Art. 82 GG am 16.5.2003 war das Vertrauen der Kapitalgesellschaften, die auf der Grundlage des alten Rechts geplant haben, als schutzwürdig zu bewerten. Lediglich mit der Wahl dieses Zeitpunktes wird gewährleistet, dass die Betroffenen bei ihren Dispositionen sich auf die Geltung des zugrunde gelegten Rechts verlassen können.

Eine auf den Einzelfall bezogene Abwägung ergibt, dass hinsichtlich des Moratoriums das öffentliche Interesse das Vertrauen der Kapitalgesellschaften nicht überwiegt. Bereits die grundsätzlich zulässige, unechte Rückwirkung ist daher unzulässig. Dafür, dass die noch strengeren Kriterien für die Rechtfertigung einer nur ausnahmsweise zulässigen echten Rückwirkung erfüllt sind, liegen keine Anhaltspunkte vor. Es lässt sich daher die Schlussfolgerung ziehen, dass die vorliegende Rückbewirkung von Rechtsfolgen erst recht als unzulässig einzustufen ist. Ob von einer unechten oder von einer echten Rückwirkung ausgegangen wird, ist damit im Ergebnis unerheblich. Mangels Rechtfertigung durch einen zwingenden Grund des Gemeinwohls ist die rückwirkende Beschränkung der Realisierung von Körperschaftsteuerguthaben, durch die der Eingriff in Art. 14 Abs. 1 GG noch an Intensität zunimmt, unzulässig. Das primär verfolgte Fiskalinteresse ist auch in einer Sondersituation, wie der Störung des wirtschaftlichen Gleichgewichts, nicht ausreichend, um eine Rechtfertigung der Rückwirkung zu erreichen; andernfalls ließe sich mit diesem Argument der Dispositionsschutz vollständig aushebeln.

g) Ergebnis

Eigenständige Bedeutung erlangt die Rückwirkungsproblematik angesichts der rückwirkenden Einschränkungen der wirtschaftlichen Dispositionsfreiheit der Kapitalgesellschaften durch § 37 Abs. 2a Nr. 1 KStG i.V.m. § 34 Abs. 13 b KStG. Die rückwirkende Anwendung des Körperschaftsteuermoratoriums hat insoweit einen Verstoß gegen das Rückwirkungsverbot und damit gegen das Rechtsstaatsgebot des Art. 20 Abs. 3 GG zur Folge.

4. Gleichheitssatz (Art. 3 Abs. 1 GG)

Zu prüfen bleibt, ob das in § 37 Abs. 2a Nr. 1 KStG normierte Moratorium zu einem Verstoß gegen den in Art. 3 Abs. 1 GG verankerten allgemeinen Gleichheitssatz führt, der seinem Wesen nach auch auf juristische Personen anwendbar ist.[650] Voraussetzung hierfür ist, dass eine Ungleichbehandlung von Kapitalgesellschaften vorliegt, die sich nicht durch sachliche Gründe rechtfertigen lässt.

a) Ungleichbehandlung von Kapitalgesellschaften

Art. 3 Abs. 1 GG gewährleistet die Gleichbehandlung vor dem Gesetz. Eine Verletzung des allgemeinen Gleichheitsgrundsatzes liegt vor, wenn der Staat eine Gruppe von Normadressaten im Vergleich zu anderen Normadressaten anders behandelt, obwohl zwischen beiden Gruppen keine Unterschiede von solcher Art und solchem Gewicht bestehen, dass sie eine ungleiche Behandlung rechtfertigen können.[651] Der bereichspezifisch anzuwendende Gleichheitssatz verlangt, dass die Steuerpflichtigen durch ein Steuergesetz rechtlich und tatsächlich gleichmäßig belastet werden.[652] Das danach – unbeschadet verfassungsrechtlich zulässiger Differenzierungen – gebotene Gleichmaß verwirklicht sich in dem Belastungserfolg, den die Anwendung der Steuergesetze bei dem einzelnen Steuerpflichtigen erreicht.[653]

Gleichheit durch Rechtsanwendung ist grundsätzlich nur bei gleichem Recht erzielbar.[654] Werden Rechtsvorschriften geändert, ergibt sich eine Ungleichbehandlung der Normadressaten schon daraus, dass künftig andere Rechtsgebote gelten sollen als bisher.[655] Dieser Ungleichbehandlung scheint das Gebot der Rechtsetzungsgleichheit in Art. 3 Abs. 1 GG als verfassungsrechtliches Hemmnis gegenüberzustehen.[656] Da Ungleichheiten jedoch wesensmäßig mit Gesetzesänderungen verbunden sind und der Gleichheitssatz nicht das Ziel ver-

---

650 BVerfGE 4, 7 (12); *Osterloh*, in: Sachs, Art. 3 GG Rn. 72; *Starck*: in: v. M/K/S, Art. 3 GG Rn. 219; *Gubelt*, in: v. Münch/Kunig, Art. 3 GG Rn. 6.

651 Sog. neue Formel. St. Rspr. BVerfGE 55, 72 (88); 81, 108 (118); 82, 60 (86); 88, 87 (96 f.); 91, 389 (401); 94, 241 (260); 95, 267 (316 f.); vgl. auch *Hey*, DStJG 24 (2001), S. 155 (166); *Osterloh*, in: Sachs, Art. 3 GG Rn. 13.

652 *Birk*, Die Verwaltung 35 (2002), S. 91 (93).

653 BVerfGE 84, 239 (268); 93, 121 (143); BVerfG, BStBl. II 1995, 655 (660).

654 *Kloepfer*, Gleichheit als Verfassungsfrage, S. 29.

655 *Dürig*, FS Tübinger Juristenfakultät, S. 21 (24 f.); *P. Kirchhof*, in: Isensee/Kirchhof, HbdStR V, § 124 Rn. 138; *Muckel*, Kriterien des verfassungsrechtlichen Vertrauensschutzes bei Gesetzesänderungen, S. 56.

656 *Kloepfer*, DÖV 1978, 225 (227).

folgt, Gesetzesänderungen grundsätzlich zu verhindern,[657] bedeutet eine Ungleichbehandlung insoweit noch nicht im rechtstechnischen Sinne das Unwerturteil der Verfassungswidrigkeit.[658] Ein durch die Einführung des Moratoriums bedingter Verstoß gegen Art. 3 Abs. 1 GG in der herrschenden Sicht eines Willkürverbotes ist vor diesem Hintergrund abzulehnen.

Zu berücksichtigen ist jedoch, dass der Gesetzgeber in § 37 Abs. 2a Nr. 1 KStG i.V.m. der Anwendungsvorschrift des § 34 Abs. 13b KStG eine Regelung vorgesehen hat, die auch die Aufrechterhaltung des früheren Rechtszustandes für bereits beschlossene Gewinnausschüttungen je nach Zeitpunkt des Mittelabflusses im Unternehmen einschränkt. Resultiert hieraus eine Ungleichbehandlung, ist diese nicht wesensmäßig schon vorgegeben wie bei einer sonstigen Gesetzesänderung, bei der eine bloße Gegenüberstellung von altem und neuem Recht erfolgt.[659] Es stellt sich daher die Frage, ob die Neuregelung für sich genommen den Anforderungen des allgemeinen Gleichheitssatzes gerecht wird.

Für die Realisierung des Körperschaftsteuerguthabens ist gem. § 37 Abs. 2 S. 2 KStG der Zeitpunkt des Mittelabflusses bei der Kapitalgesellschaft maßgeblich.[660] Sofern der Gewinnausschüttungsbeschluss nicht bereits vor dem 21.11.2002 gefasst worden ist,[661] verwehrt das in § 37 Abs. 2a Nr. 1 KStG geregelte Moratorium eine Realisierung von Körperschaftsteuerguthaben, wenn die Ausschüttung erst nach dem 11.4.2003 erfolgt ist. Durch die Anknüpfung des Moratoriums an den Zeitpunkt des Mittelabflusses werden insbesondere Aktiengesellschaften, bei denen über die Gewinnverwendung bereits durch die Vorstände und Aufsichtsräte vor dem 12.4.2003 entschieden worden ist, die ihren endgültigen Gewinnausschüttungsbeschluss aufgrund des Erfordernisses einer fristgemäßen Einladung zur Hauptversammlung gem. § 123 AktG aber erst nach dem 11.4.2003 fassen konnten, gegenüber solchen Aktiengesellschaften benachteiligt, die zufälligerweise einen Hauptversammlungstermin mit einem Aus-

---

657 *Kloepfer*, DÖV 1978, 225 (227); *Hey*, Steuerplanungssicherheit als Rechtsproblem, S. 174 f.; ähnlich *Muckel*, Kriterien des verfassungsrechtlichen Vertrauensschutzes bei Gesetzesänderungen, S. 56; *Jachmann*, ThürVBl. 1999, 269 (274 f.); *P. Kirchhof*, in: Isensee/Kirchhof, HbdStR V, § 124 Rn. 139.

658 *Dürig*, FS Tübinger Juristenfakultät, S. 21 (24).

659 Vgl. dazu *Muckel*, Kriterien des verfassungsrechtlichen Vertrauensschutzes bei Gesetzesänderungen, S. 122.

660 Siehe dazu *Lornsen-Veit/Odenbach*, in: Erle/Sauter, § 37 KStG Rn. 40.

661 Vgl. § 34 Abs. 13b KStG i.d.F. des Zweiten Gesetzes zur Änderung steuerlicher Vorschriften (Steueränderungsgesetz 2003 – StÄndG) vom 15.12.2003 (BGBl. I 2003, S. 2645 (2654)). Aus Vertrauensschutzgründen wurden Ausschüttungen, die vor dem 21.11.2002 beschlossen worden sind, sowie Ausschüttungen, die vor dem 12.2.2003 erfolgt sind, von der Neuregelung des § 37 Abs. 2a Nr. 1 KStG ausgenommen. Vgl. *Semmler*, NWB 2003, Fach 4, 4725 (4727).

schüttungsbeschluss schon vor dem 11.4.2003 angesetzt hatten.[662] Zu erörtern ist vor diesem Hintergrund, ob mit der an den Zeitpunkt des Geldabflusses im Unternehmen anknüpfenden Differenzierung eine Ungleichbehandlung von wesentlich Gleichem verbunden ist.

Was als im wesentlichen gleich und was als so verschieden anzusehen ist, dass die Verschiedenheit eine Ungleichbehandlung rechtfertigt, hat regelmäßig der Gesetzgeber zu entscheiden.[663] Er kann dabei aus der Vielzahl der Lebenssachverhalte die Tatbestandsmerkmale auswählen, die für die Gleich- oder Ungleichbehandlung maßgebend sein sollen. Von ihm werden grundsätzlich die Sachverhalte selbst bestimmt, an die dieselbe Rechtsfolge zu knüpfen ist und die damit im Rechtssinne als gleich zu bewerten sind.[664] Da sich Sachverhalte in der Lebenswirklichkeit nie vollständig gleichen, müssen dabei gewisse Verschiedenheiten vernachlässigt werden.[665] Zu beachten ist, dass der Spielraum des Gesetzgebers, der über eine weitgehende Gestaltungsfreiheit verfügt, dort endet, wo die ungleiche Behandlung der geregelten Sachverhalte nicht mehr mit einer am Gerechtigkeitsgedanken orientierten Betrachtungsweise vereinbar ist, wo also ein einleuchtender Grund für die gesetzliche Differenzierung fehlt[666] und es sich um Regelungen handelt, die unter keinem sachlich vertretbaren Gesichtspunkt gerechtfertigt erscheinen.[667]

Der Vorschlag der Vorstände und der Aufsichtsräte zur Gewinnverwendung geht der Entscheidung der Hauptversammlung voraus und bildet damit die Grundlage für den endgültigen Gewinnverwendungsbeschluss. Auch wenn der abschließende Gewinnausschüttungsbeschluss vor dem Hauptversammlungstermin noch aussteht, werden auf der Grundlage des Gewinnverwendungsvorschlages insbesondere in Publikumsgesellschaften Dispositionen getroffen. Es könnte daher nahe liegen, eine Situation, in der lediglich ein Vorschlag des Vorstandes und des Aufsichtsrates vor dem 12.4.2003 unterbreitet worden ist, mit

662 Vgl. dazu *Merz*, GmbHR 2003, R 161, der gegen eine verfassungswidrige Ungleichbehandlung anführt, dass der Steuerpflichtige keinen Anspruch auf Fortgeltung eines ihn begünstigenden Steuerrechts hat.

663 BVerfGE 6, 273 (280); 10, 59 (73); 13, 225 (228); siehe auch *Aschke*, Übergangsregelungen als verfassungsrechtliches Problem, S. 385.

664 BVerfGE 21, 12 (26); 23, 242 (252).

665 BVerfGE 60, 16 (42); 86, 81 (87); 90, 226 (239); vgl. *Osterloh*, in: Sachs, Art. 3 GG Rn. 83; *Gubelt*, in: v. Münch/Kunig, Art. 3 GG Rn. 11.

666 BVerfGE 9, 334 (337); vgl. ferner BVerfGE 9, 201 (206); 10, 234 (246); 12, 354 (367); 15, 167 (201); 19, 119 (125); 21, 12 (26 f.); 25, 269 (293); 26, 302 (310).

667 BVerfGE 7, 305 (315); 11, 245 (253); 13, 356 (362); 14, 221 (238); 103, 242 (258); vgl. *Jarass*, in: Jarass/Pieroth, Art. 3 GG Rn. 15. Zur Auswahl des Vergleichsmaßstabes siehe auch *Paehlke-Gärtner*, in: Umbach/Clemens, Grundgesetz-MAK, Art. 3 Rn. 172 ff.

einem Sachverhalt für vergleichbar zu halten, bei dem ein Ausschüttungsbeschluss der Hauptversammlung, die zufälligerweise bereits vor dem 11.4.2003 durchgeführt worden ist, vorliegt und die Auszahlung der Dividende vor dem 12.4.2003 erfolgen konnte. Zu berücksichtigen ist allerdings, dass der Gesetzgeber mit der Anknüpfung an den Zeitpunkt des Mittelabflusses eine Differenzierung für die jeweils anzuwendende Vorschrift vorgenommen hat, die systematisch der ursprünglichen Regelung des § 37 KStG entspricht. Schließlich war die Möglichkeit, Körperschaftsteuervergütungsansprüche gegen den Fiskus geltend machen zu können, stets durch den Zeitpunkt des Abflusses der Dividende bestimmt.[668] Die Wahl des 11.4.2003 als Stichtag mag zwar mit Härten verbunden sein;[669] ungünstige Auswirkungen hätten sich aber auch bei der Bestimmung eines anderen Datums ergeben können. Schließlich weist jede Stichtagsregelung einen gewissen Grad an Willkür auf.[670]

Im Ergebnis liegt mit der Abgrenzung für die Anwendbarkeit des Moratoriums je nach Mittelabfluss vor oder nach dem Stichtag am 11.4.2003 jedenfalls eine sachgerechte Differenzierung vor, die eine klare und nicht willkürlich manipulierbare Abgrenzung des jeweilig anzuwendenden Rechts sicherstellt. Mit der Entscheidung, dass ein Sachverhalt, nach dem lediglich ein Ausschüttungsbeschluss von Aufsichtsrat und Vorstand gefasst wurde, anders zu behandeln ist, als der Sachverhalt, bei dem bereits ein Hauptversammlungsbeschluss existiert, hat der Gesetzgeber die Grenzen seiner Gestaltungsfreiheit[671] nicht überschritten. Eine Ungleichbehandlung von wesentlich Gleichem liegt nicht vor.

b) Gleichbehandlung trotz unterschiedlicher Vertrauensposition

Das Moratorium in § 37 Abs. 2a Nr. 1 KStG führt dazu, dass Sachverhalte, in denen bestehendes Vertrauen in die Rechtslage nach dem 21.11.2002 bereits durch den Ausschüttungsbeschluss des Vorstandes und des Aufsichtsrates dokumentiert worden ist, um auf dieser Grundlage schließlich zu disponieren, mit solchen Sachverhalten, in denen mangels eines Beschlusses noch keine Vertrauensposition geschaffen worden ist, gleichbehandelt werden. Angesichts dieser Sachlage stellt sich die Frage, ob insoweit durch die Einführung des Mo-

---

668 Zur Bestimmung des maßgeblichen Zeitpunktes, in dem eine Ausschüttung als vorgenommen gilt, vgl. bereits C. II. 2. m.w.N.

669 Zu Stichtagsregelungen vgl. BVerfGE 49, 260 (275) m.w.N.; 80, 297 (311); 101, 239 (279); *Gubelt*, in: v. Münch/Kunig, Art. 3 GG Rn. 33; *Jarass*, in: Jarass/Pieroth, Art. 3 GG Rn. 32; *Osterloh*, in: Sachs, Art. 3 GG Rn. 113; *Starck*, in: v. M/K/S, Art. 3 GG Rn. 26.

670 Vgl. *Kloepfer*, DÖV 1978, 225 (229).

671 Vgl. dazu *Aschke*, Übergangsregelungen als verfassungsrechtliches Problem, S. 385 f.

ratoriums und der dazugehörigen Anwendungsvorschrift eine Gleichbehandlung von wesentlich Ungleichem erfolgt.

Das Bundesverfassungsgericht räumt dem Gesetzgeber vom Maßstab des Art. 3 Abs. 1 GG her einen weiten Gestaltungsspielraum bei der Abgrenzung von altem und neuen Recht sowie bei der Ausgestaltung von gesetzlichem Übergangsrecht im einzelnen ein.[672] Dabei darf der Gesetzgeber trotz der mit Stichtagen verbundenen Härten und eines gewissen Grades an Willkür, die jeder Stichtagsregelung innewohnt, aus Gründen der Praktikabilität den Wechsel des Rechts von formalen Stichtagen abhängig machen und im Rahmen des Übergangsrechts zu formal typisierenden Regelungen und generalisierenden Abgrenzungsmerkmalen greifen.[673]

Die Gleichbehandlung der dargestellten Sachverhalte ergibt sich durch die an den Mittelabfluss in dem Unternehmen anknüpfende Differenzierung des Gesetzgebers. Wie bereits festgestellt,[674] handelt es sich hierbei um ein sachgerechtes Abgrenzungskriterium für die Anknüpfung steuerlicher Rechtsfolgen bei der Realisierung von Körperschaftsteuerguthaben. Soweit im Hinblick auf das bestehende Vertrauen unterschiedlich zu bewertende Sachverhalte infolge dieser Differenzierung gleich behandelt werden, ist darauf zu verweisen, dass Art. 3 Abs. 1 GG nicht als geeigneter verfassungsrechtlicher Prüfungsmaßstab für Eingriffe in Rechtspositionen heranzuziehen ist, auf deren Bestand der einzelne vertraut hat.[675] Hierfür ist vielmehr auf den Vertrauensschutz zurückzugreifen.[676] Wird die Sachgerechtigkeit der Differenzierungen durch die Anknüpfung an die in Betracht kommenden Faktoren gewürdigt[677] und die selbständige Rolle von Art. 3 Abs. 1 GG als Willkürverbot bei der Nachprüfung von Übergangsregelungen im Vordergrund gesehen,[678] bleibt festzuhalten, dass sich durch die Einführung von § 37 Abs. 2a Nr. 1 KStG keine Gleichbehandlung von wesentlich Ungleichem ergibt.

---

672 BVerfGE 44, 1 (20); 47, 85 (93 f.); 51, 257 (268); *Aschke*, Übergangsregelungen als verfassungsrechtliches Problem, S. 385; vgl. auch *Gubelt*, in: v. Münch/Kunig, Art. 3 GG Rn. 23.

673 *Aschke*, Übergangsregelungen als verfassungsrechtliches Problem, S. 386 mit zahlreichen Nachweisen zur Rechtsprechung des BVerfG.

674 Vgl. F. II. 4. a).

675 *Muckel*, Kriterien des verfassungsrechtlichen Vertrauensschutzes bei Gesetzesänderungen, S. 58; vgl. auch *Aschke*, Übergangsregelungen als verfassungsrechtliches Problem, S. 393, 395 f.; *Hey*, Steuerplanungssicherheit als Rechtsproblem, S. 175 f.

676 Vgl. dazu *P. Kirchhof*, in: Isensee/Kirchhof, HbdStR V, § 125 Rn. 53; *Gubelt*, in: v. Münch/Kunig, Art. 3 GG Rn. 34.

677 Vgl. BVerfGE 80, 297 (311).

678 Vgl. *Aschke*, Übergangsregelungen als verfassungsrechtliches Problem, S. 396.

c) Ergebnis

Es ist zwar rechtspolitisch bedenklich, dass Kapitalgesellschaften, die sich entsprechend den Erwartungen des Gesetzgebers verhalten und die Körperschaftsteuerguthaben lediglich im Rahmen ihrer normalen Ausschüttungspolitik realisiert haben, aufgrund der veränderten Rechtslage gegenüber den Kapitalgesellschaften benachteiligt werden, die aus Misstrauen gegenüber dem Gesetzgeber die Körperschaftsteuerguthaben so schnell wie möglich realisiert und damit im Ergebnis den Anlass zu der Gesetzesänderung gegeben haben.[679] Eine willkürliche Ungleichbehandlung von wesentlich Gleichem oder eine willkürliche Gleichbehandlung von wesentlich Ungleichem ist mit der Neuregelung in § 37 Abs. 2a Nr. 1 KStG jedoch nicht verbunden.[680] Da der Gesetzgeber mit der Anknüpfung an den Zeitpunkt der Durchführung der Ausschüttung eine sachgerechte Differenzierung für die Bestimmung des jeweils anzuwendenden Rechts vorgenommen hat, kommt ein Verstoß gegen den allgemeinen Gleichheitssatz nicht in Betracht.

5. Ergebnis

Auf der Ebene der Kapitalgesellschaften ergibt sich die Verfassungswidrigkeit des Körperschaftsteuermoratoriums aufgrund eines Verstoßes gegen Art. 14 Abs. 1 GG. Auch die in § 37 Abs. 2a Nr. 2 KStG vorgesehene Streckung bei der Realisierung des Steuerguthabens führt zu einem Eingriff in die Eigentumsgarantie, der wohl kaum noch als verhältnismäßig einzustufen ist. Beide Teilregelungen sind daher erheblichen verfassungsrechtlichen Bedenken ausgesetzt.

Mit der Einführung des Körperschaftsteuermoratoriums ist neben der Verletzung von Art. 14 Abs. 1 GG eine unzulässige Rückwirkung verbunden. Ein Verstoß gegen den in Art. 3 Abs. 1 GG verankerten allgemeinen Gleichheitssatz liegt hingegen nicht vor.

---

679 *Frotscher*, in: Frotscher/Maas, § 37 KStG Rn. 18b.

680 Hinzuweisen bleibt darauf, dass sich ausgehend von der in § 38 KStG geregelten Körperschaftsteuererhöhung eine Ungleichbehandlung der Körperschaftsteuererhöhung im Vergleich zur Körperschaftsteuerminderung des § 37 KStG zu Lasten des Steuerpflichtigen jedoch insoweit ergibt, als eine § 37 KStG entsprechende Verlängerung der Übergangsfrist auch für § 38 KStG vorgesehen wurde, die Körperschaftsteuererhöhungen allerdings anders als die Körperschaftsteuerminderungen nicht für drei Jahre ausgesetzt worden sind. Im Ergebnis gilt die Körperschaftsteuererhöhung daher für einen längeren Zeitraum als die Körperschaftsteuerminderung, ohne dass für diese Regelung ein systematisch rechtfertigender Grund ersichtlich ist. So *Frotscher*, in: Frotscher/Maas, § 38 KStG Rn. 36a; im Ergebnis ebenso *Brodersen/Littan*, GmbHR 2003, 678 (680); *Rödder/Schumacher*, DStR 2003, 805 (813).

II. Anteilseigner

Nachdem das Körperschaftsteuermoratorium aufgrund seiner Auswirkungen auf der Ebene der Kapitalgesellschaft als materiell verfassungswidrig bewertet wurde und auch gegen die anschließende lediglich gestreckte Realisierbarkeit des Steuerguthabens erhebliche Bedenken bestehen, ist nunmehr zu untersuchen, ob die Einführung der beschränkten Realisierungsmöglichkeit von Körperschaftsteuerguthaben durch § 37 Abs. 2a KStG i.d.F. des Steuervergünstigungsabbaugesetzes vom 16.5.2003 zugleich aus der Perspektive der Anteilseigner als materiell verfassungswidrig anzusehen ist.

1. Art. 14 GG

Um festzustellen, ob die Anteilseigner durch die beschränkte Realisierungsmöglichkeit des Körperschaftsteuerguthabens bei der Kapitalgesellschaft in der Nutzung ihres Anteilseigentums zur Ertragserzielung in unzulässiger Weise beeinträchtigt sind, wird als Maßstab für eine materiell-rechtliche Überprüfung der Regelung auf der Ebene der Anteilseigner zunächst die Eigentumsgarantie herangezogen. Ein Verstoß gegen dieses Grundrecht setzt voraus, dass in den Schutzbereich eingegriffen wird und eine Rechtfertigung dieses Eingriffes nicht möglich ist.

a) Schutzbereich des Art. 14 GG

Da die Prüfung auf der Ebene der Anteilseigner an die Nutzung des Anteilseigentums zur Ertragserzielung anknüpft, ist entscheidend, ob das Anteilseigentum dem Schutzbereich von Art. 14 Abs. 1 GG zuzurechnen ist. Eigentum im Sinne des Art. 14 GG ist jede vermögenswerte Rechtsposition, die dem Einzelnen zur privaten Nutzung und eigenständigen Verfügung zugeordnet ist.[681] Der Schutz des Art. 14 Abs. 1 GG umfasst folglich das Anteilseigentum, das dem Inhaber neben Mitgliedschaftsrechten ebenso vermögensrechtliche Ansprüche auf Gewinnbeteiligung und auf die Abwicklungsquote gewährt.[682] Da neben der rechtlichen Zuordnung des Eigentumsgegenstandes zu dem Rechtsträger grund-

---

681 BVerfGE 78, 58 (71); 83, 201; *Jarass*, in: Jarass/Pieroth, Art. 14 GG Rn. 7 f. m.w.N.; *Wieland*, in: Dreier, Art. 14 GG Rn. 31.

682 Vgl. BVerfGE 14, 263 (276); 50, 290 (341 f.); 95, 267 (320); 100, 289 (301); BVerfGE, ZIP 2000, 1670 (1671); *Bryde*, in: v. Münch/Kunig, Art. 14 GG Rn. 22; *Depenheuer*, in: v. M/K/S, Art. 14 GG Rn. 145; *Papier*, in: Maunz/Dürig, Art. 14 GG Rn. 195; *Wendt*, in: Sachs, Art. 14 GG Rn. 68 m.w.N.; *W. Leisner*, in: Isensee/Kirchhof, HbdStR VI, § 149 Rn. 112; *Schwedhelm*, BB 2003, 605 (610); *Streck/Binnewies*, DB 2002, 1956 (1960).

sätzlich auch die freie Nutzungsmöglichkeit der Eigentumsposition geschützt wird,[683] wird die Nutzung des Anteilseigentums zur Ertragserzielung ebenfalls von der Eigentumsgarantie gewährleistet.

b) Eigentumseingriff

Durch die Regelung des § 37 Abs. 2a KStG n.F. müsste in den Schutzbereich des Art. 14 Abs. 1 GG eingegriffen worden sein. Ein solcher Eingriff liegt vor, wenn für den Einzelnen die Ausübung eines Verhaltens, das vom Schutzbereich eines Grundrechts umfasst ist, rechtlich oder tatsächlich unmöglich gemacht oder wesentlich erschwert wird.[684] Diese Anforderungen sind im konkreten Fall erfüllt, wenn dem Anteilseigner das Anteilseigentum entzogen oder die Nutzung und Verfügung beschränkt wird.[685]

aa) Beschränkte Nutzung des Körperschaftsteuerguthabens

Die Anteilseigner sind über ihr Anteilseigentum an einer Kapitalgesellschaft zugleich an dem noch bestehenden Körperschaftsteuerguthaben, das im Markt, insbesondere bei Akquisitionen, als Vermögensbestandteil bewertet und im Kaufpreis bezahlt worden ist,[686] beteiligt. Aufgrund der Neuregelung des § 37 Abs. 2a KStG ist das Körperschaftsteuerguthaben zunächst in den Kapitalgesellschaften gebunden, so dass insoweit auch aus der Sicht der Anteilseigner eine Qualifizierung als Eingriff möglich sein könnte. Schließlich hat die Einführung einer eingeschränkten Realisierungsmöglichkeit des Körperschaftsteuerguthabens für die Anteilseigner die Konsequenz, dass sie bei der Nutzung des Anteilseigentums zur Ertragserzielung nicht mehr von einer uneingeschränkten Verfügbarkeit des Körperschaftsteuerguthabens profitieren können. Vor diesem Hintergrund stellt sich die Frage, ob der Schutz des Anteilseigentums so weit reicht, dass eine Beeinträchtigung, die sich bei der Nutzung des Anteilseigentums zur Ertragserzielung durch die beschränkte Realisierungsmöglichkeit des Körperschaftsteuerguthabens ergibt, als Eingriff zu bewerten ist.

---

683 BVerfGE 53, 257 (290); 83, 201 (208 f.); 88, 366 (377); *Wendt*, in: Sachs, Art. 14 GG Rn. 41.

684 Sog. moderner Eingriffsbegriff; siehe statt aller *Pieroth/Schlink*, Staatsrecht II, Rn. 240; vgl. auch *Grochtmann*, Art. 14 GG - Rechtsfragen der Eigentumsdogmatik, S. 275 ff.

685 Vgl. *Jarass*, in: Jarass/Pieroth, Art. 14 GG Rn. 19; *Birk*, in: Hübschmann/Hepp/Spitaler, § 4 AO Rn. 596; dazu auch *Streck/Binnewies*, DB 2002, 1956 (1960); ausführlich zu der Frage, inwieweit eine Steuererhebung auf der Grundlage eines konkreten Steuertatbestandes als Eigentumseingriff qualifiziert werden kann: *Jachmann*, Steuergesetzgebung zwischen Gleichheit und wirtschaftlicher Freiheit, S. 36 f.; *dies.*, Nachhaltige Entwicklung und Steuern, S. 67 ff.; vgl. auch *Papier*, in: Maunz/Dürig, Art. 14 GG Rn. 169 f.

686 Vgl. *Frotscher*, in: Frotscher/Maas, § 37 KStG Rn. 18c.

Für das Vorliegen eines Eingriffes durch § 37 Abs. 2a KStG in die Nutzung des Anteilseigentums zur Ertragserzielung ist entscheidend, ob sich aus dem Verhältnis von Kapitalgesellschaftsebene und Anteilseignerebene ableiten lässt, dass das Körperschaftsteuerguthaben aus Sicht der Anteilseigner eine geschützte Rechtsposition darstellt. Dabei ist zu beachten, dass es sich bei Kapitalgesellschaften um rechtlich verselbständigte Gebilde handelt[687] und die Ebenen der Kapitalgesellschaft und des Anteilseigners getrennt zu betrachten sind.[688] Ausgehend von der rechtlichen und wirtschaftlichen Selbständigkeit der juristischen Person gegenüber den Anteilseignern betraf die sowohl auf ausgeschüttete wie auch auf thesaurierte Gewinne bezahlte Körperschaftsteuer allein die Kapitalgesellschaft.[689] Selbst wenn sich in der Kapitalgesellschaft vorhandene Vermögenspositionen im Wert der Anteile niederschlagen, ist daher gegen die Einordnung des Körperschaftsteuerguthabens als geschützte Rechtsposition der Anteilseigner einzuwenden, dass die Entstehung des Körperschaftsteuerguthabens auf der eigenständigen Besteuerung der Kapitalgesellschaft unter der Geltung des Anrechnungsverfahrens beruht. Die Anteilseigner sind zwar über ihr Anteilseigentum an den Kapitalgesellschaften beteiligt und verfügen über die durch das Anteilseigentum vermittelten Mitgliedschaftsrechte.[690] Hierzu gehört auch das mitgliedschaftsrechtlich vermittelte Recht der Anteilseigner in ihrer Gesamtheit, auf das Schicksal des Unternehmens Einfluss zu nehmen.[691] Aus dem Anteilseigentum, das ein Miteigentumsrecht am Unternehmen verkörpert,[692] ergibt sich jedoch nicht, dass es sich bei dem Körperschaftsteuerguthaben als Rechtsposition der Kapitalgesellschaften, die nach Art. 19 Abs. 3 GG selbst Träger des Grundrechts der Eigentumsgarantie sind, zugleich um eine eigenständige Eigentumsposition der Anteilseigner handelt. Einer solchen Betrachtung steht die Trennung der Rechtssphären von Kapitalgesellschaft und Anteils-

687 Vgl. *Pezzer*, in: Besteuerung von Einkommen, S. 235 (236); *ders.*, DStJG 20 (1997), S. 5 (9).

688 Vgl. *Lang*, in: *BMF*, Brühler Empfehlungen, Schriftenreihe Heft 66, Anhang Nr. 1, S. 27; *P. Kirchhof*, in: Kirchhof/Söhn/Mellinghoff, § 2 EStG Rn. A 88. Siehe. dazu auch F. I. 1.

689 *Pezzer*, FS für Tipke, S. 419 (426).

690 Die tatsächliche Tragweite der Befugnisse der Anteilseigner kann dabei nach den Gesellschaftsformen und wegen des Mehrheitsprinzips, das das Gesellschaftsrecht beherrscht, erheblich variieren. Vgl. BVerfGE 50, 290 (342); *Papier*, in: Maunz/Dürig, Art. 14 GG Rn. 193. Eine Begrenztheit der individuellen Herrschaftsbefugnis des einzelnen Anteilseigners am Unternehmen ist dabei als Konsequenz der Stückelung des Eigentums und der Masse der Miteigentümer zu begreifen. Vgl. *Friauf/Wendt*, Eigentum am Unternehmen, S. 56; *Rupp*, Grundgesetz und „Wirtschaftsverfassung", S. 33.

691 *Bryde*, in: v. Münch/Kunig, Art. 14 GG Rn. 22.

692 Vgl. dazu *W. Leisner*, in: Isensee/Kirchhof, HbdStR VI, § 149 Rn. 116.

eignern entgegen.[693] Den Anteilseignern stand das Körperschaftsteuerguthaben rechtlich nicht zu; ebenso wenig war es ihnen möglich, über diese durch die Besteuerung thesaurierter Gewinne entstandene Vermögensposition wirtschaftlich zu verfügen.[694] Das Körperschaftsteuerguthaben kann folglich nicht als eine aus der Perspektive der Anteilseigner geschützte Rechtsposition angesehen werden.

Zu berücksichtigen bleibt allerdings, dass unter dem Anrechnungsverfahren die Ebene der Körperschaft und die der Anteilseigner dergestalt miteinander verknüpft waren, dass sich mit dem Abführen der Körperschaftsteuer und dem Festhalten der Tarifbelastung der thesaurierten Gewinne eine Vermögensposition ergab, die die Anteilseigner verwerten und nutzen konnten. Im Rahmen der Besteuerung von ausgeschütteten Gewinnen hatten sie die Möglichkeit, die auf die jeweiligen Dividenden entfallenden Körperschaftsteuerguthaben als Vorauszahlung auf ihre Einkommensteuer in Anspruch zu nehmen.[695] Bis zur Einführung des Halbeinkünfteverfahrens konnten die Anteilseigner darauf vertrauen, dass in den Fällen einer Ausschüttung eine Anrechnung des auf die Dividende entfallenden Körperschaftsteuerguthabens erfolgte. Die Finanzverwaltung hätte nach altem Recht die Anrechnung nicht einseitig versagen können. Es lag damit in der Hand der Anteilseigner, die Voraussetzungen der Körperschaftsteueranrechnung durch den Beschluss und die Vornahme einer entsprechenden Dividendenausschüttung zu schaffen.[696] Das gespeicherte Körperschaftsteuerguthaben stellte aus Sicht der Anteilseigner somit nicht lediglich eine ungeschützte Gewinnchance dar, sondern war vielmehr mit einem von Art. 14 Abs. 1 GG geschützten Anwartschaftsrecht vergleichbar. Problematisch bleibt allerdings, dass die Ausschüttungspolitik einer Körperschaft und damit das Ob und Wann der Realisierung eines Anrechnungsanspruches von Minderheitsgesellschaftern nicht beeinflusst werden konnte.[697] Eine einseitige Rechtsmacht bestand aber zumindest bei Körperschaften mit Mehrheitsgesellschaftern.[698] Dass das Steuerguthaben – wann auch immer – den Anteilseignern zugute kommt, war jedenfalls aus der Automatik des Vollanrechnungsverfahrens abzuleiten.[699] Fraglich ist jedoch, ob von dieser Sachlage aus der Sicht der Anteilseigner auch nach der Systemumstellung noch auszugehen ist.

---

693 Zur Selbständigkeit der AG siehe *Hüffer*, AktG, § 1 Rn. 4, 15; für die GmbH: *Hueck/Fastrich*, in: Baumbach/Hueck, GmbHG, § 13 Rn. 2, 10.

694 Vgl. *Hey*, in: H/H/R, KStG, Einf. KStG, Anm. 17.

695 *Streck/Binnewies*, DB 2002, 1956 (1961); *Schwedhelm*, BB 2003, 605 (610); vgl. auch *P. Kirchhof*, in: Kirchhof/Söhn/Mellinghoff, § 2 EStG Rn. A 90.

696 *Streck/Binnewies*, DB 2002, 1956 (1961).

697 *Hey*, in: H/H/R, Steuerref., vor § 36 KStG Rn. 25.

698 *Schwedhelm*, BB 2003, 605 (610); *Streck/Binnewies*, DB 2002, 1956 (1961).

699 *BMF*, Brühler Empfehlungen, Schriftenreihe Heft 66, S. 62 f.

Mit der Einführung des Halbeinkünfteverfahrens, das gem. § 52 Abs. 4b Nr. 1 EStG, § 34 Abs. 1 und 1a KStG grundsätzlich erstmals für den Veranlagungszeitraum 2001 anzuwenden war,[700] wurde das System der Berücksichtigung einer steuerlichen Vorbelastung der Körperschaft bei den Anteilseignern umgestaltet. Die Abschaffung der Anrechnungsmöglichkeit führte zwar zu einem Eingriff in Art. 14 Abs. 1 GG.[701] Zur Rechtfertigung dieses Eingriffes wird jedoch darauf verwiesen, dass die steuerliche Vorbelastung auf der Körperschaftsebene beim Anteilseigner nunmehr dadurch berücksichtigt wird, dass lediglich die Hälfte der Dividende in die Bemessungsgrundlage für die persönliche Einkommensteuer des Anteilseigners einbezogen wird.[702] Dennoch kann an der Verhältnismäßigkeit insoweit gezweifelt werden, als der Übergangszeitraum von einem Jahr knapp bemessen war.[703] Durch das lediglich kurze Nebeneinanderlaufen des alten und des neuen Körperschaftsteuerrechts wurden aber die verwaltungsmäßigen Belastungen und technischen Schwierigkeiten wesentlich verringert.[704] Zugleich bot das Übergangsjahr zumindest die Möglichkeit, negativen Folgen der Systemumstellung, die aus der Sicht des Anteilseigners mit dem Wechsel zum Halbeinkünfteverfahren verbunden sein konnten, auszuweichen.[705]

Nachdem die Verknüpfung der Körperschafts- und der Anteilseignerebene, die durch die Anrechnung der steuerlichen Vorbelastung der Kapitalgesellschaften bei den Anteilseignern bedingt war, nicht mehr existiert,[706] lässt sich auch insoweit aus dem Verhältnis von Kapitalgesellschaft und Anteilseigner

---

700 Vgl. dazu *F. Lang*, Besteuerung von Körperschaften und ihren Anteilseignern, S. 102.

701 Von einer Inhalts- und Schrankenbestimmung geht *Schwedhelm*, BB 2003, 605 (610) aus. Eine Enteignung kommt nicht in Betracht, da die bloße Abschaffung von Eigentumsrechten aufgrund der Umgestaltung des betreffenden Rechtsgebietes nicht die Voraussetzungen des formalen Enteignungsbegriffes erfüllt. Zur Abgrenzung von Inhaltsbestimmung und Enteignung vgl. *Bryde*, in: v. Münch/Kunig, Art. 14 GG Rn. 58; *Jarass*, in: Jarass/Pieroth, Art. 14 GG Rn. 69 ff.

702 Vgl. BT-Drucks. 14/2683 S. 94, 95 f.

703 *Hey*, in: H/H/R, Steuerref., vor § 36 KStG Rn. 25, 29; zum Vorschlag, das Anrechnungssystem fünf Jahre weitergelten zu lassen, siehe *Rödder/Wochinger*, FR 2000, 1 (12). Von der Unverhältnismäßigkeit des Entzugs des Anrechnungsguthabens gehen *Streck/Binnewies*, DB 2002, 1956 (1961 ff.) aus. Vgl. auch *Homburg/Theisen*, DB 2000, 1930 f.

704 *BMF*, Brühler Empfehlungen, Schriftenreihe Heft 66, S. 64; kritisch zu diesem Argument *Hey*, in: H/H/R, Steuerref., vor § 36 KStG Rn. 29.

705 *Hey*, in: H/H/R, Steuerref., vor § 36 KStG Rn. 29.

706 Vgl. dazu *Stolterfoht*, FS für Kruse, S. 485 (494), der ausführt, dass das Halbeinkünfteverfahren die Möglichkeit der Interpretation der Körperschaftsteuer als Quellensteuer verbaut; siehe auch *Frotscher*, in: Frotscher/Maas, § 36 KStG Rn. 4; *Müller-Gatermann*, GmbHR 2000, 650 (651).

nicht ableiten, dass es sich bei dem Körperschaftsteuerguthaben um eine auf der Anteilseignerebene ebenfalls geschützte Rechtsposition handelt. Eine Änderung der Realisierungsmöglichkeit des Körperschaftsteuerguthabens kann sich danach nicht auf die Nutzung des Anteilseigentums zur Ertragserzielung auswirken. Die in § 37 Abs. 2a KStG vorgesehenen Beschränkungen führen folglich nicht zu einem Eingriff in die Nutzung des Anteilseigentums zur Ertragserzielung.

bb) Auswirkung auf die Dividendenhöhe

Etwas anderes könnte sich ergeben, wenn berücksichtigt wird, dass § 37 Abs. 2a KStG in die Ausschüttungsplanung einzubeziehen ist und die Bestimmung sich insoweit auf die Dividendenhöhe auswirken kann. Hat der Anteilseigner sein Anteilseigentum in der Erwartung bestimmter Dividendenzahlungen erworben, die infolge eines veränderten, an der Neuregelung ausgerichteten Ausschüttungsverhaltens nicht gezahlt werden, handelt es sich hierbei jedoch lediglich um Hoffnungen und Chancen, die von Art. 14 Abs. 1 GG nicht geschützte werden.[707] Zudem ist darauf zu verweisen, dass zum Zeitpunkt der Änderung von § 37 KStG durch das Steuervergünstigungsabbaugesetz für die Anteilseigner bereits die Möglichkeit entfallen war, bei einer Ausschüttung das auf die Dividende entfallende Körperschaftsteuerguthaben auf ihre Steuer anrechnen zu können. Ein Eingriff in die Eigentumsgarantie lässt sich auch hiermit nicht begründen.

cc) Wertminderung des Anteils

Zu untersuchen bleibt, ob ein Eingriff in Art. 14 Abs. 1 GG anzunehmen ist, wenn die in § 37 KStG n.F. geregelte Beschränkung der Realisierungsmöglichkeit des noch vorhandenen Körperschaftsteuerguthabens eine Wertminderung des Anteils nach sich zieht. Entscheidend ist in diesem Zusammenhang, ob neben der Existenz des Anteilseigentums auch dessen Tauschwert bzw. der Marktwert gewährleistet wird.

Der aktuelle Tausch- bzw. Kurswert gibt an, welcher Erlös bei einem Verkauf erzielbar ist. Solange das Anteilseigentum nicht verkauft wird, besteht eine nicht realisierte Gewinnchance, die sich aus dem Eigentum ohne Zutun des Anteilseigners ergibt.[708] Der Kurswert ist insoweit lediglich als Erwerbschance oder -aussicht zu begreifen, die als solche nicht von Art. 14 Abs. 1 GG umfasst

---

707 Vgl. BVerfGE 28, 119 (142); 68, 193 (222 f.); 74, 129 (148); 105, 252 (277); *Wendt*, in: Sachs, Art. 14 GG Rn. 44; *Pieroth/Schlink*, Staatsrecht II , Rn. 912.

708 *Turiaux*, BB 1993, 843 (845).

ist.[709] Eine allgemeine Wertgarantie lässt sich aus dem Eigentumsgrundrecht nicht ableiten.[710] Der Tauschwert für sich genommen wird von der Eigentumsgarantie nicht geschützt.[711] Schon aus diesem Grunde berühren hoheitlich bewirkte Minderungen des Tausch- oder Marktwertes eines Eigentumsgutes das Eigentumsgrundrecht nicht.[712] Des weiteren lässt sich für eine zusätzlich reduzierte Schutzwürdigkeit der in Höhe des Tauschwertes bestehenden Gewinnchance anführen, dass Wertveränderungen des Anteilseigentums regelmäßig nicht mit dem Anteilseigentum verdient werden, sondern auf äußere Umstände zurückzuführen sind.[713] So unterliegt gerade die Preisbildung für am Kapitalmarkt handelbare Aktien dem Einfluss zahlreicher Faktoren, wobei der Marktwert des Anteilseigentums insbesondere durch Renditeerwartungen und das Nachfrageverhalten potentieller Anleger bestimmt wird.[714] Ergibt sich als mittelbare Folge der gem. § 37 Abs. 2a KStG eingeschränkten Realisierbarkeit des Körperschaftsteuerguthabens eine Wertminderung von Anteilseigentums, handelt es sich demnach um eine dem Gesetzgeber nicht zurechenbare Auswirkung.[715] Ein Eingriff in die Eigentumsgarantie durch eine Wertminderung des Anteilseigentums kommt folglich nicht in Betracht.[716]

Vom Schutzbereich der Eigentumsgarantie wäre die Wertminderung lediglich dann tatbestandlich erfasst, wenn die Anteilseigner aufgrund der Neuregelung zur Aufgabe ihres Anteilseigentums gezwungen würden, da dann die individuelle Zuordnung des Anteilseigentums zum Anteilseigentümer aufgehoben wäre.[717] Dafür dass der Anteilswert in beträchtlicher Weise aufgrund der beschränkten Realisierungsmöglichkeit gesunken ist und damit zu einer sub-

---

709 BVerfGE 28, 119 (142).

710 BVerfGE 38, 175 (184 f.); 105, 17 (30); *Papier*, in: Maunz/Dürig, Art. 14 GG Rn. 163; kritisch *W. Leisner*, in: Isensee/Kirchhof, HbdStR VI, § 149 Rn. 82.

711 BVerfGE 105, 17 (30); vgl. *Wieland*, in: Dreier, Art. 14 GG Rn. 57; *Bryde*, in: v. Münch/Kunig, Art. 14 GG Rn. 24; *Papier*, in: Maunz/Dürig, Art. 14 GG Rn. 163; kritisch *W. Leisner*, in: Isensee/Kirchhof, HbdStR VI, § 149 Rn. 82 f.. A.A. *Isensee*, FS für Klein, S. 611 (622), nach dem bei Wertpapieren nicht allein die Existenz des Papiers und die Zuordnung zum Inhaber gewährleistet wird, sondern auch der Tauschwert. Ähnlich *Hey*, BB 2002, 2312 (2313).

712 Vgl. *Papier*, in: Maunz/Dürig, Art. 14 GG Rn. 164.

713 *Turiaux*, BB 1993, 843 (845).

714 Vgl. BVerfGE 105, 17 (30).

715 Vgl. BVerfGE 105, 17 (27, 30 f.); siehe auch *Papier*, in: Maunz/Dürig, Art. 14 GG Rn. 164.

716 Vgl. dazu auch BVerfGE 95, 267 (320); 105, 17 (30 f.).

717 BVerfGE 105, 17 (31).

stantielle Entwertung des Anteilseigentums geführt hat, bestehen jedoch keine Anhaltspunkte.[718]

Sofern eine Wertminderung des Anteilseigentums im Zuge der Einführung der gem. § 37 Abs. 2a KStG beschränkten Realisierungsmöglichkeit des Körperschaftsteuerguthabens eingetreten ist, kann auch hierin aus der Perspektive der Anteilseigner kein Eingriff in Art. 14 Abs. 1 GG gesehen werden.

dd) Ergebnis

Wenn die Vorschrift des § 37 Abs. 2a KStG, die unmittelbar lediglich die Kapitalgesellschaften betrifft, sich zugleich auch auf der Anteilseignerebene auswirkt, liegt mangels einer Einordnung des Körperschaftsteuerguthaben als geschützte Rechtsposition der Anteilseigner im Ergebnis dennoch kein Eingriff in das Anteilseigentum vor. Die Anteilseigner werden durch die Regelung nicht gehindert, ihr Anteilseigentum weiterhin zur Ertragserzielung zu nutzen. Insbesondere können die Anteilseigner unabhängig von der Neufassung des § 37 KStG weiterhin nach Belieben über ihr Anteilseigentum verfügen und von Kurssteigerungen bei der Veräußerung profitieren.

2. Rückwirkung

Das Körperschaftsteuerguthaben stellt aus der Sicht der Anteilseigner keine geschützte Rechtsposition dar,[719] so dass auch hinsichtlich der Realisierung des Körperschaftsteuerguthabens im Rahmen der Nutzung des Anteilseigentums zur Ertragserzielung keine schutzwürdige Vertrauensposition existieren kann. Auf der Anteilseignerebene ist daher unerheblich, dass die Nutzungsmöglichkeiten des Steuerguthabens insoweit rückwirkend eingeschränkt wurden, als das mit dem StVergAbG vom 16.5.2003 eingeführte Körperschaftsteuermoratorium auch für Ausschüttungen Anwendung findet, die nach dem 21.11.2002 beschlossen worden sind, aber erst in dem Zeitraum vom 12.4.2003 bis zum 31.12.2005 abfließen.

---

718 Anders als bei dem Systemwechsel vom Anrechnungsverfahren zum Halbeinkünfteverfahren, bei dem eine Wertminderung des einzelnen Anteils auf den konkreten Entzug einer der Beteiligung innewohnenden Vermögensposition, nämlich auf den Entzug des Anrechnungsguthabens, zurückgeführt werden konnte (vgl. dazu *Streck/Binnewies*, DB 2002, 1956 (1961 f.); *Schwedhelm*, BB 2003, 605 (610), die von der Unverhältnismäßigkeit des Entzuges ausgehen; vgl. auch *Hey*, in: H/H/R, Steuerref., vor § 36 KStG Rn. 25), handelt es sich bei einer etwaigen Wertminderung im Zuge der Neuregelung von § 37 KStG allenfalls um eine allgemeine Vermögensminderung, die nicht zur Begründung eines Eingriffes herangezogen werden kann.

719 Vgl. F. II. 1. b) aa) a.E.

Ein Verstoß gegen das Rückwirkungsverbot durch die Vorschriften §§ 37 Abs. 2a Nr. 1, 34 Abs. 13b KStG n.F. kommt auf der Ebene der Anteilseigner nicht in Betracht.

3. Gleichheitssatz (Art. 3 Abs. 1 GG)

Da sich die beschränkte Realisierungsmöglichkeit des Körperschaftsteuerguthabens auf der Ebene der Kapitalgesellschaft auswirkt und es sich bei dem Körperschaftsteuerguthaben nicht um eine aus der Sicht der Anteilseigner geschützte Rechtsposition handelt, ist eine nicht durch sachliche Gründe zu rechtfertigende Ungleichbehandlung der Anteilseigner durch die Einführung des geänderten § 37 KStG ebenfalls auszuschließen. Soweit die veränderte Nutzungsmöglichkeit der Körperschaftsteuerguthaben sich je nach Abflusszeitpunkt der Ausschüttung auf die Liquiditätssituation der Körperschaft auswirkt,[720] ergibt sich hieraus dennoch auf der Anteilseignerebene keine Ungleichbehandlung, die einen Verstoß gegen den allgemeinen Gleichheitssatz zur Folge hat.

4. Ergebnis

Auf der Ebene der Anteilseigner bestehen im Rahmen der Nutzung des Anteilseigentums zur Ertragserzielung keine Anhaltspunkte für eine materielle Verfassungswidrigkeit der durch das Steuervergünstigungsabbaugesetz vom 16.5.2003 in § 37 Abs. 2a KStG eingeführten Regelung zur Realisierung des Körperschaftsteuerguthabens.

---

[720] Vgl. dazu *Lornsen-Veit/Möbus*, BB 2003, 1154 (1156).

G. Fazit

Gegen die in § 37 Abs. 2a KStG i.d.F. des Steuervergünstigungsabbaugesetzes eingeführte Regelung, die eine Beschränkung der Realisierungsmöglichkeit von Körperschaftsteuerguthaben bei Ausschüttungen vorsieht und damit verhindert, dass entsprechende Körperschaftsteuerminderungsansprüche in einem beliebigen Umfang geltend gemacht werden können, bestehen erhebliche verfassungsrechtliche Bedenken.

Das Moratorium und die anschließende Streckung des Körperschaftsteuerguthabens entspricht in seinen Auswirkungen einem zinslosen Kredit des Staates bei den inländischen Körperschaften. Da sich die Gesetzgebungskompetenz für einen solchen Zwangskredit weder aus Art. 105 Abs. 2 GG, noch aus Art. 74 Abs. 1 Nr. 11 oder Art. 115 GG herleiten lässt, ist § 37 Abs. 2a KStG mit den Vorschriften über die Gesetzgebungskompetenz des Bundes unvereinbar. Die Vorschrift ist insoweit formell verfassungswidrig. (I. einz. sub E. I.)

Hinsichtlich des erst im Vermittlungsausschuss vorgeschlagenen Körperschaftsteuermoratoriums wird zudem an der ordnungsgemäßen Durchführung des Gesetzgebungsverfahrens gezweifelt. Angesichts des erheblichen Spielraumes, der dem Vermittlungsausschuss bei der Ausarbeitung von Kompromissvorschlägen zuzugestehen ist, kann jedoch davon ausgegangen werden, dass sich der Kompromissvorschlag des Vermittlungsausschusses noch im Rahmen des Zulässigen bewegt. Auf einen Verfahrensmangel lässt sich die formelle Verfassungswidrigkeit demnach nicht stützen. (I. einz. sub E. II.)

Die Kapitalgesellschaftsebene und die Anteilseignerebene sind zur Beurteilung der materiellen Verfassungsmäßigkeit getrennt zu untersuchen. Den Anknüpfungspunkt für eine grundrechtliche Überprüfung von § 37 Abs. 2a KStG bildet auf der Ebene der Kapitalgesellschaft die unternehmerische Ertragserzielung, die von der Beteiligung des Anteilseigners an der Erzielung von Leistungsfähigkeit durch die Nutzung seines Anteilseigentums zu unterscheiden ist. (I. einz. sub F. I. 1.)

Auf der Kapitalgesellschaftsebene bestehen Zweifel an der materiellen Verfassungsmäßigkeit von § 37 Abs. 2a KStG i.V.m. § 34 Abs. 13b KStG insbesondere hinsichtlich der Vereinbarkeit der beschränkten Realisierungsmöglichkeit des Körperschaftsteuerguthabens mit der in Art. 14 Abs. 1 GG verankerten Eigentumsgarantie. Die Minderungsansprüche der Körperschaften, die durch das Steuerguthaben verkörpert werden, stellen als grundrechtlich geschützte Anwartschaftsrechte ein Schutzgut des Art. 14 Abs. 1 GG dar. Mit einer Beschränkung der Nutzungsmöglichkeit durch § 37 Abs. 2a KStG ist ein Eingriff in das Eigentumsgrundrecht verbunden. Bei dieser Vorschrift, die die Rechte der Eigentümer hinsichtlich der Realisierung des Körperschaftsteuerguthabens generell festlegt, handelt es sich um eine Inhalts- und Schrankenbestimmung. (I. einz. sub F. I. 2. a) – c))

Die eingeschränkte Realisierungsmöglichkeit des noch vorhandenen Körperschaftsteuerguthabens, das sich nach Schätzungen des Bundesfinanzministeriums Anfang 2003 noch auf 15 Mrd. Euro belief, führt zu erheblichen Zins- und Liquiditätsnachteilen bei inländischen Körperschaften, die noch über entsprechende Körperschaftsteuerguthaben verfügen. Auf der Grundlage einer Interessenabwägung ist festzuhalten, dass das Interesse der Steuerpflichtigen am Fortbestand der Altregelung das mit dem Fiskalzweck zu begründende Änderungsinteresse des Gesetzgebers überwiegt. Der Grundrechtseingriff lässt sich auch nach dem Einbruch des Körperschaftsteueraufkommens mit der schwierigen Haushaltslage und dem hiermit verbundenen erhöhten Finanzbedarf nicht rechtfertigen. Das Moratorium stellt damit eine unverhältnismäßige Maßnahme dar. Die materielle Verfassungswidrigkeit ergibt sich insoweit aufgrund eines Verstoßes gegen die Eigentumsgarantie. (I. einz. sub F. I. 2. e) aa))

Die gestreckte Realisierungsmöglichkeit des Körperschaftsteuerguthabens, die ab dem 1.1.2006 gem. § 37 Abs. 2a Nr. 2 i.V.m. § 37 Abs. 2 KStG Anwendung findet, führt grundsätzlich wohl zu geringfügigeren Zins- und Liquiditätsnachteilen und damit zu weniger intensiven Beeinträchtigungen der Kapitalgesellschaften. In Einzelfällen, in denen nur noch in geringem Maße Körperschaftsteuerguthaben vorhanden ist, dessen Realisierung in sehr kurzer Zeit möglich gewesen wäre, ist die Regelung jedoch mit ähnlich gravierenden negativen Auswirkungen wie das zuvor geltende Moratorium verbunden. Vor dem Hintergrund, dass auch diese Maßnahme allein mit fiskalischen Erwägungen zu rechtfertigen ist, erscheint es jedoch im Hinblick auf die für die Kapitalgesellschaften entstehenden Nachteile kaum mehr angemessen, die Streckung des Körperschaftsteuerguthabens gem. § 37 Abs. 2a Nr. 2 KStG noch als verhältnismäßig zu bewerten. (I. einz. sub F. I. 2. e) bb) (3) (b))

Einer Beschränkung der Realisierungsmöglichkeit von Körperschaftsteuerguthaben gem. § 37 Abs. 2a Nr. 1 KStG i.V.m. § 34 Abs. 34 Abs. 13b KStG stehen zudem die objektiven Schranken entgegen, die das Rechtsstaatsgebot gem. Art. 20 Abs. 3 GG dem rückwirkenden Zugriff des Gesetzgebers setzt. Der unechten Rückwirkung, die auf einer Rechtsänderung für die Behandlung des bereits unter dem Anrechnungsverfahren entstandenen Körperschaftsteuerguthabens beruht und das schutzwürdige Vertrauen der Kapitalgesellschaften in den Fortbestand der Rechtslage betrifft, kommt aufgrund der Berücksichtigung des Vertrauensschutzes im Rahmen der Eigentumsgarantie keine eigenständige Bedeutung zu. Die Unzulässigkeit dieser unechten Rückwirkung ergibt sich bereits aus den im Rahmen der Verhältnisprüfung von Art. 14 Abs. 1 GG vorgenommenen Wertungen. (I. einz. sub F. I. 3. e))

Eigenständige Bedeutung erlangt die Rückwirkungsproblematik angesichts des rückwirkenden Eingriffes in die wirtschaftliche Dispositionsfreiheit, der sich durch die Einbeziehung von Gewinnausschüttungen ergibt, die ab dem 21.11.2002 beschlossen, aber bis zum 11.4.2003 noch nicht vorgenommen waren. Maßgeblich für die Bestimmung der Rückwirkungsart ist dabei der Hauptversammlungsbeschluss, da ab diesem Zeitpunkt kein Reaktions- und Gestaltungsspielraum mehr besteht, um die steuerlichen Folgen einer Ausschüttung zu beeinflussen und der Sachverhalt mithin abgeschlossen ist. Von einer echten Rückwirkung ist demnach auszugehen, wenn ein Gewinnverwendungsbeschluss der Hauptversammlung vor der Verkündung des Gesetzes im Bundesgesetzblatt am 16.5.2003 noch nicht vorlag, aber den Aktionären nach der Feststellung des Jahresabschlusses mit der Einladung zur Hauptversammlung bereits ein Gewinnverwendungsvorschlag vor dem 11.4.2003 unterbreitet worden ist. Bei einem Hauptversammlungstermin nach dem 16.5.2003 ist eine unechte Rückwirkung anzunehmen. Indem das Vertrauen der Steuerpflichtigen bis zur Gesetzesverkündung gem. Art. 82 GG am 16.5.2003 als schutzwürdig bewertet wird, ist gewährleistet, dass sich die betroffenen Kapitalgesellschaften, die auf der Grundlage des alten Rechts geplant haben, bei ihren Dispositionen auf die Geltung des zugrunde gelegten Rechts tatsächlich verlassen können. (I. einz. sub F. I. 3. f) aa), bb))

Mangels Rechtfertigung durch einen zwingenden Grund des Gemeinwohls ist die rückwirkende Beschränkung der Realisierung von Körperschaftsteuerguthaben, durch die der Eingriff in Art. 14 Abs. 1 GG noch an Intensität zunimmt, unzulässig. Das primär verfolgte Fiskalinteresse ist auch in einer Sondersituation wie der Störung des wirtschaftlichen Gleichgewichts nicht ausreichend, um eine Rechtfertigung der Rückwirkung zu erreichen; andernfalls ließe sich mit diesem Argument der Dispositionsschutz vollständig aushebeln. Insoweit ergibt bereits eine auf den Einzelfall bezogene Abwägung, dass hinsichtlich des Moratoriums das öffentliche Interesse das Vertrauen der Kapitalgesellschaften nicht überwiegt und die grundsätzlich zulässige, unechte Rückwirkung in der vorliegenden Konstellation unzulässig ist. Eine nur ausnahmsweise zulässige Rückbewirkung von Rechtsfolgen, an deren Rechtfertigung noch strengere Anforderungen gestellt werden, kann folglich erst recht als unzulässig bewertet werden. Ob von einer unechten oder von einer echten Rückwirkung ausgegangen wird, ist damit unerheblich. (I. einz. sub F. I. 3. f) cc))

Ein Verstoß gegen den allgemeinen Gleichheitssatz ist nicht in Betracht zu ziehen, da mit der Anknüpfung an den Zeitpunkt des Mittelabflusses in der Kapitalgesellschaft auf ein sachgerechtes Differenzierungskriterium zurückgegriffen wurde. (I. einz. sub F. I. 4.)

Anknüpfend an die Nutzung des Anteilseigentums zur Ertragserzielung ist aus der Perspektive der Anteilseigner von der materiellen Verfassungsmäßigkeit des § 37 Abs. 2a KStG auszugehen. Das Anteilseigentum selbst wird zwar von der Eigentumsgarantie geschützt, bei dem in der Kapitalgesellschaft gebundenen Körperschaftsteuerguthaben handelt es sich jedoch aus der Sicht der Anteilseigner nicht um eine geschützte Rechtsposition, auf die der Zugriff durch die Beschränkungen der Realisierungsmöglichkeit gem. § 37 Abs. 2a KStG in unzulässiger Weise verwehrt wird. Ein Verstoß gegen die Eigentumsgarantie liegt schon mangels eines Eingriffes in den Schutzbereich von Art. 14 Abs. 1 GG nicht vor. Wird auf mögliche Wertminderungen verwiesen, bleibt zu bedenken, dass sich aus Art. 14 GG keine allgemeine Wertgarantie ableiten lässt. Gerade am Kapitalmarkt wird der Marktwert zudem maßgeblich durch das Anlegerverhalten bestimmt, so dass Wertveränderungen dem Gesetzgeber nicht unmittelbar zurechenbar sind. Auf Anteilseignerebene kommen auch eine unzulässige Rückwirkung und ein Verstoß gegen den Gleichheitssatz des Art. 3 Abs. 1 GG nicht in Betracht. (I. einz. sub F. II. 1. - 3.)

Das Moratorium und die zeitliche Streckung der Körperschaftsteuerminderung führen haushaltspolitisch zwar kurzfristig zu Steuermehreinnahmen bzw. einer Vermeidung von Steuermindereinnahmen, letztlich erfolgt jedoch nur eine Verlagerung in spätere Veranlagungszeiträume. Insoweit kann mit Blick auf die Haushaltslage bezweifelt werden, dass die nunmehr geltende Regelung für die Realisierung des noch vorhandenen Körperschaftsteuerguthabens für den Übergangszeitraum unverändert bleibt. Weitere Einschränkungen würden die Intensität des Eingriffes in geschützte Rechtspositionen auf der Kapitalgesellschaftsebene allerdings verschärfen. Auch in einer angespannten Haushaltssituation sind diese Beschränkungen von Grundrechtspositionen allein mit dem Finanzbedarf nicht zu rechtfertigen.

Festzuhalten bleibt des weiteren, dass eine kurzfristige, ausschließlich an den Staatsinteressen ausgerichtete Gesetzgebung dem Bedürfnis der Steuerpflichtigen nach Planungs- und Entscheidungssicherheit nicht gerecht wird. Schon um den Eindruck zu vermeiden, dass es bei der Gesetzgebung an Kontinuität und Verlässlichkeit mangelt, hätte von einer kurzfristigen Deckung der Haushaltsrisiken durch den Zugriff auf das verbliebene Körperschaftsteuerguthaben abgesehen werden sollen.

Literaturverzeichnis

Andel, Norbert: Finanzwissenschaft, 3. Auflage, Tübingen 1992

Arndt, Hans-Wolfgang: Steuern, Sonderabgaben und Zwangsanleihen – Zur „Abgabenerfindungskompetenz" des Bundesgesetzgebers, Köln 1983

v. Arnim, Hans Herbert: Besteuerung und Eigentum, in: VVDStRL Bd. 39 (1981), S. 286 ff.

Aschke, Manfred: Übergangsregelungen als verfassungsrechtliches Problem, Europäische Hochschulschriften Bd. 598, Frankfurt a.M., Bern, New York 1987

Bach, Stefan: Die Perspektiven des Leistungsfähigkeitsprinzips im gegenwärtigen Steuerrecht, in: StuW 1991, S. 116 ff.

Bachof, Otto: Der Verfassungsrichter zwischen Recht und Politik, in: Summum Ius – Summa Iniuria. Individualgerechtigkeit und der Schutz allgemeiner Werte im Rechtsleben, hrsg. von der Rechtswissenschaftlichen Abteilung der Rechts- und Wirtschaftswissenschaftlichen Fakultät der Universität Tübingen, Tübingen 1963

Balmes, Frank: Rückwirkung im Visier der Finanzrechtsprechung, in: FR 2001, S. 392 ff.

Bauer, Hartmut: Bundesverfassungsgericht und Rückwirkungsverbot, in: JuS 1984, S. 241 ff.

Baumbach, Adolf / Hueck, Alfred, Kommentar zum GmbH-Gesetz, 17. Auflage, München 2000

Bestgen, Reinhard: Zur Verfassungswidrigkeit der Investitionshilfeabgabe, in: BB 1983, S. 1662 f.

Bestgen, Reinhard: Zur Verfassungswidrigkeit der rückzahlbaren Investitionshilfeabgabe, in: DÖV 1983, S. 280 ff.

Binnewies, Burkhard: In 2003 in Kraft getretene sowie anstehende Änderungen des Körperschaftsteuergesetzes, in: AG 2003, S. 92 f.

Birk, Dieter: Zur Verfassungsmäßigkeit der sogenannten Zwangsanleihe, in: BB 1982, S. 2121 ff.

Birk, Dieter: Der Zwangskredit – eine unzulässige Finanzierungsform des Staates, in: Jura 1985, S. 143 ff.

Birk, Dieter: Rechtsprechungsanalyse – Steuerrecht und Verfassungsrecht, in: Die Verwaltung Bd. 35 (2002), S. 91 ff.

Birk, Dieter: Steuerrecht, 6. Auflage, Heidelberg 2003

Birk, Dieter / Desens, Marc: Beschränkung der Realisierung des Körperschaftsteuerguthabens als verfassungswidriger Zwangskredit, in: DB 2003, S. 1644 ff.

Birk, Dieter / Desens, Marc: Der Schutz der Eigentumsgarantie (Art. 14 GG) bei Anwartschaftsrechten auf steuerliche Erstattungsansprüche – Zugleich eine verfassungsrechtliche Würdigung des § 37 Abs. 2a KStG n.F. –, in: StuW 2004, S. 97 ff.

Bonner Kommentar zum Grundgesetz, hrsg. von Rolf Dolzer, Klaus Vogel und Karin Graßhof, Loseblattsammlung, Heidelberg, Stand: 111. Lieferung, Mai 2004 (zitiert: *Bearbeiter*, in: BK-GG)

Brodersen, Christian / Littan, Sonja: Realisierung des Körperschaftsteuer-Guthabens durch Umwandlung in eine Personengesellschaft – Gestaltungsüberlegungen zum StVergAbG, in: GmbHR 2003, S. 678 ff.

Brüning, Christoph: Die Rückwirkung von Legislativakten, in: NJW 1998, 1525 ff.

v. Brünneck, Alexander: Die Eigentumsgarantie des Grundgesetzes, Baden-Baden 1984

Bühler, Ottmar: Lehrbuch des Steuerrechts in zwei selbständigen Bänden. I. Band: Allgemeines Steuerrecht, Berlin 1927

Bundesministerium der Finanzen (Hrsg.): Gutachten der Steuerreformkommission 1971, Schriftenreihe des Bundesministeriums der Finanzen, Heft 17, Bonn 1971

Bundesministerium der Finanzen (Hrsg.): Brühler Empfehlungen zur Reform der Unternehmensbesteuerung, Schriftenreihe des Bundesministeriums der Finanzen, Heft 66, Bonn 1999

Burgi, Martin: Die Enteignung durch „teilweisen" Rechtsentzug als Prüfstein für die Eigentumsdogmatik, in: NVwZ 1994, S. 527 ff.

Cornils, Matthias: Politikgestaltung durch den Vermittlungsausschuss, in: DVBl. 2002, S. 497 ff.

Crezelius, Georg: Steuerrecht II, Die einzelnen Steuerarten, 2. Auflage, München 1994

Crezelius, Georg: Verhältnis der Erbschaftsteuer zur Einkommen- und Körperschaftsteuer, in: DStJG 22 (1999), S. 73 ff.

Deutsche Bundesbank (Hrsg.): Neuere Tendenzen der Steuereinnahmen, in: Monatsbericht Dezember 2002, S. 15 ff.

Dietlein, Max Josef: Zulässigkeitsfragen bei der Anrufung des Vermittlungsausschusses, in: AöR Bd. 106 (1981), S. 525 ff.

Dietlein, Max Josef: Der Dispositionsrahmen des Vermittlungsausschusses, in: NJW 1983, S. 80 ff.

Djanani, Christiana / Brähler, Gernot / Wesel, Katharina: Das „Körperschaftsteuer-Moratorium" oder die „Notbremse" des Fiskus, in: StB 2003, S. 284 ff.

Dolde, Klaus Peter: Die Eigentumsdogmatik des Bundesverwaltungsgerichts im Spannungsverhältnis zur Rechtsprechung des Bundesverfassungsgerichts und des Bundesgerichtshofs, in: Festgabe 50 Jahre Bundesverwaltungsgericht, hrsg. von Eberhard Schmidt-Aßmann, Dieter Sellner, Günter Hirsch, Gernd-Heinrich Kemper und Hinrich Lehmann-Grube, Köln, Berlin, Bonn, München 2003, S. 305 ff. (zitiert: Festgabe BVerwG)

Dorenkamp, Christian: Unternehmenssteuerreform und partiell nachgelagerte Besteuerung von Einkommen, in: StuW 2000, S. 121 ff.

Dötsch, Ewald / Eversberg, Horst / Jost, Werner F. / Witt, Georg: Die Körperschaftsteuer. Kommentar zum Körperschaftsteuergesetz und zu den einkommensteuerrechtlichen Vorschriften der Anteilseignerbesteuerung, Loseblattsammlung, Stand: 51. Lieferung, Mai 2004 (zitiert: *Bearbeiter*, in: Dötsch/Eversberg/Jost/ Witt)

Dreier, Horst: Grundgesetz-Kommentar, Band I, Präambel, Art. 1 – 19, 2. Auflage, Tübingen 2004; Band III, Art. 83 – 146, Tübingen 2000

Drüen, Klaus-Dieter: Periodengewinn und Totalgewinn. Zum Einfluss des Totalgewinngedankens auf die steuerrechtliche Gewinnermittlung, Diss. Bochum 1998, Berlin 1999

Drüen, Klaus-Dieter: Haushaltsvorbehalt bei der Verwerfung verfassungswidriger Steuergesetze? Budgetärer Dispositionsschutz durch Aussetzung der Vollziehung nach den Beschlüssen des BVerfG zum Kinderleistungsausgleich, in: FR 1999, S. 289 ff.

Drüen, Klaus-Dieter: Über den Totalgewinn. Maßstab der Gewinnerzielungsabsicht und Störfaktor für die Gewinnermittlung, in: FR 1999, S. 1097 ff.

Dürig, Günter: Zeit und Rechtsgleichheit, in: Tradition und Fortschritt im Recht. Festschrift gewidmet der Tübinger Juristenfakultät zu ihrem 500-jährigen Bestehen 1977, hrsg. von Joachim Gernhuber, Tübingen 1977, S. 21 ff. (zitiert: FS Tübinger Juristenfakultät)

Eckhardt, Walter / Hillebrecht, Arno: Problematik rückwirkender Steuergesetze, Köln, Berlin, München, Bonn 1960

Eisgruber, Thomas: Unternehmenssteuerreform 2001: Das Halbeinkünfteverfahren auf der Ebene der Körperschaft, in: DStR 2000, S. 1943 ff.

Elicker, Michael: Darf der Steuerzugriff ein Unternehmen zahlungsunfähig machen?, in: StuW 2002, S. 217 ff.

Englisch, Joachim: Eigentumsschonende Ertragsbesteuerung, in: StuW 2003, S. 237 ff.

Erle, Bernd / Sauter, Thomas (Hrsg.) : Heidelberger Kommentar zum Körperschaftsteuergesetz, Die Besteuerung der Kapitalgesellschaft und ihrer Anteilseigner, Heidelberg 2003 (zitiert: *Bearbeiter*, in: Erle/Sauter)

Eschenbach, Jürgen: Der verfassungsrechtliche Schutz des Eigentums, Diss. Osnabrück, Berlin 1996

Fatouros, Nikos: Körperschaftsteuerliche Änderungen nach dem StVergAbG, in: DStZ 2003, S. 179 ff.

Fiedler, Jürgen: Neuorientierung der Verfassungsrechtsprechung zum Rückwirkungsverbot und zum Vertrauensschutz?, in: NJW 1988, S. 1624 ff.

Fischer, Benno Alexander: Mängel in steuerlichen Gesetzgebungsverfahren und ihre Konsequenzen, in: Nationale und internationale Dimensionen des Steuerrechts, Symposium zum 60. Geburtstag von Professor Dr. Jörg Manfred Mössner, Berlin 2002, S. 27 ff.

Flume, Werner: Besteuerung und Wirtschaftsordnung, in: StbJb 1973/74, S. 53 ff.

Förster, Guido: Die Änderungen durch das StVergAbG bei der Einkommensteuer und der Körperschaftsteuer, in: DB 2003, S. 899 ff.

Franßen, Everhardt: Der Vermittlungsausschuß – politischer Schlichter zwischen Bundestag und Bundesrat? Bemerkungen zur Stellung des Vermittlungsausschusses im Gesetzgebungsverfahren, in: Die Freiheit des Anderen, Festschrift für Martin Hirsch, hrsg. von Hans-Jochen Vogel, Baden-Baden 1981, S. 273 ff.

Frenz, Walter: Unternehmensteuerkonzeptionen im Lichte des Eigentumsgrundrechts und des Leistungsfähigkeitsprinzips, in: StuW 1997, S. 116 ff.

Friauf, Karl Heinrich: Gesetzesankündigung und rückwirkende Gesetzgebung im Steuer- und Wirtschaftsrecht, in: BB 1972, S. 669 ff.

Friauf, Karl Heinrich: Zur Frage der Nichtabzugsfähigkeit von Aufsichtratsvergütungen im Körperschaftsteuerrecht, in: StuW 1973, S. 97 ff.

Friauf, Karl Heinrich: Steuerrechtsänderungen und Altinvestitionen – Zum Verfassungsgebot der steuerlichen Investitionssicherheit, in: StbJb 1986/87, S. 279 ff.

Friauf, Karl Heinrich: Verfassungsrechtliche Anforderungen an die Gesetzgebung über die Steuern vom Einkommen und vom Ertrag, in: DStJG 12 (1989), S. 3 ff.

Friauf, Karl Heinrich / Wendt, Rudolf: Eigentum am Unternehmen, Köln 1977

Frotscher, Gerrit: Die körperschaftsteuerliche Übergangsregelung nach dem Steuersenkungsgesetz, in: BB 2000, S. 2280 ff.

Frotscher, Gerrit: EStG, Einkommensteuergesetz, Kommentar, Loseblattsammlung, Freiburg, Stand: Juli 2001 (zitiert: *Bearbeiter*, in: Frotscher)

Frotscher, Gerrit / Maas, Ernst: Körperschaftsteuergesetz, Umwandlungssteuergesetz, Kommentar, Loseblattsammlung, Freiburg, Stand: März 2004 (zitiert: *Bearbeiter*, in: Frotscher/Maas)

Gast-de Haan, Brigitte: Formelle Verfassungswidrigkeit des § 370a AO n.F., in: DStR 2003, S. 12 ff.

Geßler, Ernst / Hefermehl, Wolfgang / Eckhardt, Ulrich / Kropff, Bruno: Aktiengesetz, Kommentar, Band II, §§ 76 – 147, München 1973/1974; Band III, §§ 148-178, München 1973 (zitiert: *Bearbeiter*, in: Geßler/Hefermehl, AktG)

Götz, Volkmar: Bundesverfassungsgericht und Vertrauensschutz, in: Bundesverfassungsgericht und Grundgesetz, Festgabe aus Anlass des 25-jährigen Bestehens des Bundesverfassungsgerichts, hrsg. von Christian Starck, Band II, Tübingen 1976, S. 421 ff. (zitiert: Festgabe BVerfG II)

Grass, Arno: Unternehmensformneutrale Besteuerung, Diss. Köln 1991, Berlin 1992

Grochtmann, Ansgar: Art. 14 GG – Rechtsfragen der Eigentumsdogmatik, München 2000

Großkommentar zum Aktiengesetz, hrsg. von Klaus J. Hopt und Herbert Wiedemann, 4. Auflage, 3. Lieferung: §§ 148 – 178 AktG, Berlin, New York, Stand: August 1993 (zitiert: *Bearbeiter*, in: Großkomm. AktG)

Günkel, Manfred / Fenzl, Barbara / Hagen, Christiane: Diskussionsforum Unternehmenssteuerreform: Steuerliche Überlegungen zum Übergang auf ein neues Körperschaftsteuersystem, insbesondere zum Ausschüttungsverhalten bei Kapitalgesellschaften, in: DStR 2000, S. 445 ff.

Haas, Peter: Vertrauensschutz im Steuerrecht, Diss. Saarbrücken 1988

Häberle, Peter: Öffentliches Interesse als juristisches Problem. Eine Analyse von Gesetzgebung und Rechtsprechung, Bad Homburg 1970

Hahn, Hartmut: Zur Rückwirkung im Steuerrecht – Zugleich eine Kritik am Beschluss des Bundesverfassungsgerichts vom 14. Mai 1986 –, Institut „Finanzen und Steuern", Nr. 269, Bonn 1987

Haller, Heinz: Die Steuern, 3. Auflage, Tübingen 1981

Hasselsweiler, Ekkehart: Der Vermittlungsausschuß, Verfassungsgrundlagen und Staatspraxis, eine Untersuchung der parlamentsrechtlichen und verfassungspolitischen Bedeutung des Ausschusses nach Art. 77 Abs. 2 des Grundgesetzes unter besonderer Berücksichtigung seiner Verfahrenspraxis, Diss. Bonn, Berlin 1981

Helmann, Jens / Frey, Johannes: Auswirkungen der formellen Verfassungswidrigkeit von Steuergesetzen: Die wundersame Auferstehung verlässlicher Verlustnutzungsregelungen?, in: GmbHR 2001, S. 171 ff.

Henseler, Paul: Möglichkeiten und Grenzen des Vermittlungsausschusses, in: NJW 1982, S. 849 ff.

Henseler, Paul: Das Urteil zur Investitionshilfeabgabe in seiner Bedeutung für die Dogmatik des Abgabenrechts, in: NVwZ 1985, S. 398 ff.

Herrmann, Carl / Heuer, Gerhard / Raupach, Arndt: Einkommensteuer- und Körperschaftsteuergesetz, Loseblattsammlung, Köln, Stand 213. Lieferung, August 2001 (zitiert: Bearbeiter, in: H/H/R)

Herrmann, Carl / Heuer, Gerhard / Raupach, Arndt: Investitionshilfegesetz, Kommentar, Köln 1983 (zitiert: *Bearbeiter*, in: H/H/R, InvHG)

Hermann, Carl / Heuer, Gerhard / Raupach, Arndt: Steuerreform, Loseblattsammlung, Stand: 3. Lieferung, August 2001 (zitiert: *Bearbeiter*, in: H/H/R, Steuerref.)

Herzberg, Torsten: Ausgewählte Fragen zur Einschränkung der Verlustnutzung nach § 8 Abs. 4 KStG, in: DStR 2001, S. 553 ff.

Hey, Johanna: Die rückwirkende Abschaffung der Sonderabschreibungen auf Schiffsbeteiligungen, in: BB 1998, S. 1444 ff.

Hey, Johanna: Abbau von Direktsubventionen und Steuervergünstigungen – verfassungsrechtliche terra incognita, in: StuW 1998, S. 298 ff.

Hey, Johanna: Besteuerung von Unternehmensgewinnen und Rechtsformneutralität, in: DStJG 24 (2001), S. 155 ff.

Hey, Johanna: Steuerplanungssicherheit als Rechtsproblem, Habil. Köln 2001/2002

Hey, Johanna: Aufhebung von Steuervergünstigungen: Dispositionsschutz nach Kassenlage! Zum Beschluss des Zweiten Senats vom 5.2.2002 – 2 BvR 305, 348/93, in: BB 2002, S. 2312 ff.

Hey, Johanna: Viel Unsicherheit, wenig Ertrag! Der lange Weg des Steuervergünstigungsabbaugesetzes, in: DB 2003, Editorial zu Heft 18, S. I

Holdorf, Britta: Frage der Verfassungsmäßigkeit der Verlustabzugsbeschränkung nach § 2 Abs. 3 EStG, in: BB 2001, S. 2085 ff.

Homburg, Stefan / Theisen, Manuel René: Steuersenkungsgesetz: Das gefangene Eigenkapital, in: DB 2000, S. 1930 f.

Horlemann, Heinz-Gerd: Nochmals: Zur Verfassungswidrigkeit der Investitionshilfeabgabe, in: BB 1983, S. 2254 f.

Hübner, Heinrich / Schaden, Michael: Die formelle Verfassungswidrigkeit der §§ 8 Abs. 4 KStG und 12 Abs. 3 Satz 2 UmwStG sowie einiger anderer Normen, in: DStR 1999, S. 2093 ff.

Hübschmann, Walter / Hepp, Ernst / Spitaler, Armin: Kommentar zur Abgabenordnung und Finanzgerichtsordnung, Loseblattsammlung, Köln, Band 1, §§ 1 – 4 AO, 179. Lieferung, Stand: 180. Lieferung, April 2004

Hüffer, Uwe: Kommentar zum Aktiengesetz, 6. Auflage, München 2004

Hummel, Lars: Maßgeblicher Zeitpunkt der Beendigung des verfassungsrechtlichen Vertrauensschutzes bei rückwirkenden Gesetzen. Zugleich Anmerkung zum Beschluss des BFH vom 28.6.2002, XI B 94/02, DStR 2002, 1985, in: DStR 2003, S. 1 ff.

Isensee, Josef: Vertrauensschutz für Steuervorteile – Ein Folgeproblem der Wirtschaftslenkung durch Steuer am Beispiel des § 3a EStG, in: Steuerrecht, Verfassungsrecht, Finanzpolitik, Festschrift für Franz Klein, hrsg. von Paul Kirchhof, Klaus Offerhaus und Horst Schöberle, Köln 1994, S. 611 ff.

Isensee, Josef: Steuerstaat als Staatsform, in: Hamburg, Deutschland, Europa. Beiträge zum deutschen und europäischen Verfassungs-, Verwaltungs- und Wirtschaftsrecht, Festschrift für Hans Peter Ipsen zum 70. Geburtstag, hrsg. von Rolf Stödter und Werner Thieme, Tübingen 1977, S. 409 ff.

Isensee, Josef / Kirchhof, Paul: Handbuch des Staatsrechts, Band III, 2. Auflage, Heidelberg 1996; Band IV, 2. Auflage, Heidelberg 1999; Band V, 2. Auflage, Heidelberg 2000; Band VI, 2. Auflage, Heidelberg 2001 (zitiert: *Bearbeiter*, in: Isensee/Kirchhof, HbdStR)

Jachmann, Monika: Verfassungsrechtliche Grenzen der Besteuerung, Aachen 1996

Jachmann, Monika: Sozialstaatliche Steuergesetzgebung im Spannungsverhältnis zwischen Gleichheit und Freiheit: Belastungsgrenzen im Steuersystem, in: StuW 1996, S. 97 ff.

Jachmann, Monika: Zur verfassungsrechtlichen Zulässigkeit rückwirkender Steuergesetze, in: ThürVBl. 1999, S. 269 ff.

Jachmann, Monika: Steuergesetzgebung zwischen Gleichheit und wirtschaftlicher Freiheit, Stuttgart 2000

Jachmann, Monika: Besteuerung von Unternehmen als Gleichheitsproblem, in: DStJG 23 (2000), S. 9 ff.

Jachmann, Monika: Steuerrechtfertigung aus der Gemeinwohlverantwortung, in: DStZ 2001, S. 225 ff.

Jachmann, Monika: Freiheitsgrundrechtliche Grenzen steuerlicher Belastungswirkungen, in: Die Macht des Geistes, Festschrift für Helmut Schiedermair, hrsg. von Dieter Dörr, Udo Fink, Christian Hillgruber, Bernhard Kempen und Dietrich Murswiek, Heidelberg 2001, S. 391 ff.

Jachmann, Monika: Nachhaltige Entwicklung und Steuern, Stuttgart 2003

Jakobs, Michael Ch.: Der Grundsatz der Verhältnismäßigkeit, Köln, Berlin, Bonn, München 1985

Jakobs, Michael Ch.: Der Grundsatz der Verhältnismäßigkeit, in: DVBl. 1985, S. 97 ff.

Jarass, Hans D.: Inhalts- und Schrankenbestimmung oder Enteignung?, in: NJW 2000, S. 2841 ff.

Jarass, Hans D. / Pieroth, Bodo: Grundgesetz-Kommentar, 7. Auflage, München 2004

Kiesel, Hanno: Ausschüttungspolitik unter Berücksichtigung des Regierungsentwurfes zum Steuersenkungsgesetz, in: BB 2000, S. 1014 ff.

Kirchhof, Ferdinand: Der Weg zur verfassungsgerechten Besteuerung – Bestand, Fortschritt, Zukunft –, in: StuW 2002, S. 185 ff.

Kirchhof, Paul: Besteuerungsgewalt und Grundgesetz, Frankfurt am Main 1973

Kirchhof, Paul: Die Rückwirkung steuerkonkurrenzlösender Rechtssätze, in: DStR 1979, S. 275 ff.

Kirchhof, Paul: Steuergleichheit, in: StuW 1984, S. 297 ff.

Kirchhof, Paul: Empfiehlt es sich, das Einkommensteuerrecht zur Beseitigung von Ungleichbehandlungen und zur Vereinfachung neu zu ordnen? Gutachten F zum 57. Deutschen Juristentag, Mainz 1988 (zitiert: 57. DJT)

Kirchhof, Paul: Verfassungsrechtliche Maßstäbe der Steuergesetzgebung, in: StbJb 1999/2000, S. 17 ff.

Kirchhof, Paul: Besteuerung im Verfassungsstaat, Tübingen 2000

Kirchhof, Paul: Rückwirkung von Steuergesetzen, in: StuW 2000, S. 221 ff.

Kirchhof, Paul: Besteuerung nach Gesetz, in: Festschrift für Heinrich Wilhelm Kruse zum 70. Geburtstag, hrsg. von Walter Drenseck und Roman Seer, Köln 2001, S. 17 ff.

Kirchhof, Paul: Verfassungsrechtliche und steuersystematische Grundlagen der Einkommensteuer, in: DStJG 24 (2001), S. 9 ff.

Kirchhof, Paul: Demokratie ohne parlamentarische Gesetzgebung? in: NJW 2001, S. 1332 f.

Kirchhof, Paul: Der Karlsruher Entwurf und seine Fortentwicklung zu einer vereinheitlichten Ertragsteuer, in: StuW 2002, S. 3 ff.

Kirchhof, Paul: Der Grundrechtsschutz des Steuerpflichtigen, in: AöR Bd. 128 (2003), S. 1 ff.

Kirchhof, Paul (Hrsg.): EStG KompaktKommentar, 4. Auflage, Heidelberg 2004 (zitiert: *Bearbeiter*, in: Kirchhof, EStG)

Kirchhof, Paul / Söhn, Hartmut / Mellinghoff, Rudolf: Einkommensteuergesetz, Kommentar, Loseblattsammlung, Heidelberg, Stand: 139. Lieferung, Februar 2004 (zitiert: *Bearbeiter*, in: Kirchhof/Söhn/Mellinghoff)

Klapdor, Ralf / Hild, Carsten: Die Übergangsregelungen im neuen Körperschaftsteuerrecht, in: DStZ 2000, S. 737 ff.

Klein, Franz: Eigentumsgarantie und Besteuerung, in: BayVBl. 1980, S. 527 ff.

Klein, Friedrich: Zulässigkeit und Schranken der Rückwirkung von Steuergesetzen, Institut „Finanzen und Steuern“, Nr. 19, Bonn 1952

Kloepfer, Michael: Übergangsgerechtigkeit bei Gesetzesänderungen und Stichtagsregelungen, in: DÖV 1978, S. 225 ff.

Kloepfer, Michael: Gleichheit als Verfassungsfrage, Schriften zum öffentlichen Recht Band 380, Berlin 1980

Knobbe-Keuk, Brigitte: Möglichkeiten und Grenzen einer Unternehmenssteuerreform, in: DB 1989, S. 1303 ff.

Korn, Klaus / Strahl, Martin: „Steuervergünstigungsabbaugesetz“: Übersicht und erste Beratungserkenntnisse, in: KÖSDI 2003, S. 13714 ff.

Köster, Thomas / Schiffers, Joachim: „Steuervergünstigungsabbaugesetz” – Geplante Änderungen und mögliche Konsequenzen für die GmbH, in: GmbHR 2002, S. 1218 ff.

Krebs, Walter: Zur verfassungsrechtlichen Verortung und Anwendung des Übermaßverbots, in: Jura 2001, S. 228 ff.

Kretschik, Klaus: Die Gewinnverwendung im Konzern unter Berücksichtigung konzernhaftungsrechtlicher Rahmenbedingungen, Diss. Bochum 1991/ 1992

Krüger, Holm: Umwandlung einer Körperschaft in eine Personenunternehmung als Ausweg aus dem „Körperschaftsteuer-Moratorium"?, in: DB 2003, S. 2249 ff.

Kruse, Heinrich Wilhelm: Über die Gleichmäßigkeit der Besteuerung, in: StuW 1990, S. 322 ff.

Kruse, Heinrich Wilhelm: Lehrbuch des Steuerrechts, Band I, Allgemeiner Teil, München 1991

Kruse, Heinrich Wilhelm: Die Einkommensteuer und die Leistungsfähigkeit des Steuerpflichtigen, in: Staat, Wirtschaft, Steuern, Festschrift für Karl Heinrich Friauf, hrsg. von Rudolf Wendt, Wolfram Höfling, Ulrich Karpen und Martin Oldiges, Heidelberg 1996, S. 793 ff.

Kunig, Philip: Das Rechtsstaatsprinzip, Tübingen 1986

Lademann, Fritz: Kommentar zum Einkommensteuergesetz, Loseblattsammlung, Stuttgart, München u.a., Stand: 140. Lieferung, August 2003 (zitiert: *Bearbeiter*, in: Lademann)

Landwehrmann, Friedrich: Veröffentlichung von Gesetzesvorhaben und Rückwirkung von Gesetzen, in: ZRP 1973, S. 81 ff.

Lang, Friedbert: Besteuerung von Körperschaften und ihren Anteilseignern nach der Unternehmenssteuerreform 2001, Achim 2000 (zitiert: Lang, Besteuerung von Körperschaften und ihren Anteilseignern)

Lang, Joachim: Die Bemessungsgrundlage der Einkommensteuer. Rechtssystematische Grundlagen steuerlicher Leistungsfähigkeit im deutschen Einkommensteuerrecht, Habil. Köln 1981/1988

Lang, Joachim: Reform der Unternehmensbesteuerung, in: StuW 1989, S. 3 ff.

Lang, Joachim: Entwurf eines Steuergesetzbuches, Schriftenreihe des Bundesministeriums der Finanzen, Heft 49, Bonn 1993

Lang, Joachim, Verfassungsrechtliche Zulässigkeit rückwirkender Steuergesetze, in: Wpg 1998, S. 163 ff.

Lang, Joachim: Konkretisierungen und Restriktionen des Leistungsfähigkeitsprinzips, in: Festschrift für Heinrich Wilhelm Kruse zum 70. Geburtstag, hrsg. von Walter Drenseck und Roman Seer, Köln 2001, S. 313 ff.

Lang, Joachim: Prinzipien und Systeme der Besteuerung von Einkommen, in: DStJG 24 (2001), S. 49 ff.

Lantau, Karl-Heinz: Die Bemessung des Teilwertes einer unverzinslichen Forderung oder Schuld nach ihrem Barwert (Gutachten), in: BB 1954, S. 769 ff.

Leisner, Anna: Die Leistungsfähigkeit des Staates. Verfassungsrechtliche Grenzen der Staatsleistungen?, Diss. München 1997/98, Berlin 1998

Leisner, Anna: Vertrauen in staatliches Handeln – ein unkalkulierbares Risiko? Zu einer Grundsatzentscheidung des Bundesverfassungsgerichts über die Rückwirkung von Steuernormen, in: StuW 1998, S. 254 ff.

Leisner, Anna: Kontinuität als Verfassungsprinzip unter besonderer Berücksichtigung des Steuerrechts, Habil. München 2000/2001, Tübingen 2002

Leisner, Walter: Sozialbindung des Eigentums, Berlin 1972

Leisner, Walter: Das Gesetzesvertrauen des Bürgers. Zur Theorie der Rechtsstaatlichkeit und der Rückwirkung der Gesetze, in: Festschrift für Friedrich Berber zum 75. Geburtstag, hrsg. von Dieter Blumenwitz und Albrecht Randelzhofer, München 1973, S. 273 ff.

Leisner, Walter: Eigentumsschutz von Nutzungsmöglichkeiten, in: BB 1992, S. 73 ff.

Leisner, Walter: Steuer- und Eigentumswende – die Einheitswertbeschlüsse des Bundesverfassungsgerichts, in: NJW 1995, S. 2591 ff.

Lemaitre, Claus: Sofortige Realisierung des Körperschaftsteuerguthabens durch Umwandlung in eine Personengesellschaft: Gestaltungsmodell ohne Fallstricke?, in: DStR 2003, S. 1476 ff.

Lipps, Wolfgang: Gesetzgebungsfehler als Grundlage unzulässigen Exekutivermessens – zur sogenannten „Vertrauensschutzklausel" des 2. StÄndG 1971, in: DStR 1972, S. 647 ff.

List, Heinrich: Entspricht die Besteuerung außerordentlicher Einkünfte (§34 EStG) dem Grundgesetz?, in: BB 2003, S. 761 ff.

Lornsen-Veit, Birgitt / Möbus, Susanne: Erhebliche Einschränkungen bei der Nutzung des Körperschaftsteuer-Guthabens durch den neuen § 37 Abs. 2a KStG, in: BB 2003, S. 1154 ff.

Lubberger, Andreas: Eigentumsdogmatik: gegenwärtige Probleme der Systembildung und Rechtsanwendung, dargestellt am Beispiel des Denkmalschutzrechts, Diss. Frankfurt (Main) 1993/94, Baden-Baden 1995

Lutter, Marcus / Hommelhoff, Peter: GmbH-Gesetz; Kommentar, 15. Auflage, Köln 2000

Mainka, Johannes: Vertrauensschutz im öffentlichen Recht, Diss. Bonn 1963

v. Mangoldt, Hermann / Klein, Friedrich / Starck, Christian: Das Bonner Grundgesetz, Band 1, Präambel, Art. 1– 19, 4. Auflage, München 1999 Band 2, Art. 20 – 78, 4. Auflage, München 2000; Band 3, Art. 79 – 146, 4. Auflage, München 2001 (zitiert: *Bearbeiter*, in: v. M/K/S)

Maunz, Theodor / Dürig, Günter, Grundgesetz, Kommentar, München, Stand: 42. Lieferung, Februar 2003 (zitiert: *Bearbeiter*, in: Maunz/Dürig)

Maurer, Hartmut: Enteignungsbegriff und Eigentumsgarantie, in: Das akzeptierte Grundgesetz, Festschrift für Günter Dürig zum 70. Geburtstag, hrsg. von Hartmut Maurer, München 1990, S. 293 ff.

Meilicke, Heinz / Hohlfeld, Klaus: Der Bundesfinanzhof und die Bundesregierung – Neue Steuergesetzgeber im Außensteuerrecht?, in: BB 1972, S. 505 ff.

Mellinghoff, Rudolf: Die Verantwortung des Gesetzgebers für ein verfassungsmäßiges Steuerrecht, in: DStR 2003, Beihefter 3, S. 3 ff.

Möller, Johannes / Rührmair, Alfred: Die Bedeutung der Grundrechte für die verfassungsrechtlichen Anforderungen an rückwirkende Gesetze, in: NJW 1999, S. 908 ff.

Möstl, Markus: Verfassungsrechtliche Grenzen der Besteuerung. Dargestellt am Beispiel der Vermögensteuer, Veräußerungsgewinnbesteuerung und Abgeltungssteuer, in: DStR 2003, S. 720 ff.

Muckel, Stefan: Kriterien des verfassungsrechtlichen Vertrauensschutzes bei Gesetzesänderungen, Diss. Köln, Berlin 1989

Müller-Gatermann, Gert: Grundentscheidungen der Unternehmenssteuerreform, Entlastungswirkungen und Gegenfinanzierungsmaßnahmen, in: GmbHR 2000, S. 650 ff.

v. Münch, Ingo / Kunig, Philip: Grundgesetz-Kommentar, Band 1 (Präambel, Art. 1 –19), 5. Auflage, München 2000; Band 2 (Art. 20 – 69), 5. Auflage, München 2001; Band 3 (Art. 70 – 146), 5. Auflage, München 2003 (zitiert: *Bearbeiter*, in: v. Münch/Kunig)

Münchener Handbuch des Gesellschaftsrechts, hrsg. von Michael Hoffmann-Becking, Band 4, Aktiengesellschaft, 2. Auflage, München 1999 (zitiert: *Bearbeiter*, in: Münch. Hdb. GesR IV)

Neumark, Fritz (Hrsg.): Handbuch der Finanzwissenschaft, Band II, 3. Auflage, Tübingen 1980

Nüßgens, Karl / Boujong, Karlheinz: Eigentum, Sozialbindung, Enteignung, München 1987

Offerhaus, Klaus: Einige Schwerpunktfragen des Entwurfes eines Steueroasengesetzes, in: FR 1971, S. 425 ff.

Offerhaus, Klaus: Rückwirkungsprobleme bei § 2a Abs. 3 und 4 EStG in der Fassung des Steuerbereinigungsgesetzes 1999, in: DB 2001, S. 556 ff.

Offerhaus, Klaus: Ist die „Mindestbesteuerung“ verfassungswidrig?, in: Brennpunkte des Steuerrechts, Festschrift für Wolfgang Jakob zum 60. Geburtstag, hrsg. von Norbert Hörmann, Roland Jüptner, Hagen Kobor, Oliver Zugmaier, Augsburg-Haunstetten 2001, S. 187 ff.

Ossenbühl, Fritz: Abwägung im Verfassungsrecht, in: DVBl. 1995, S. 904 ff.

Ossenbühl, Fritz: Verfassungsrechtlichen Fragen eines Ausstiegs aus der friedlichen Nutzung der Kernenergie, in: AöR Bd. 124 (1999), S. 1 ff.

Ott, Hans: Gestaltungsmöglichkeiten zur Vermeidung von Körperschaftsteuer-Guthabenüberhängen bei Umwandlung von Kapital- in Personengesellschaften nach den Änderungen des UmwStG durch das UntStFG, in: INF 2002, S. 107 ff.

Ott, Hans: Die Änderungen des Körperschaftsteuerrechts durch das Steuervergünstigungsabbaugesetz, in: INF 2003, S. 376 ff.

Palm, Ulrich: Verfassungsmäßigkeit einer quellenbezogenen Mindestbesteuerung im Ertragsteuerrecht, in: DStR 2002, S. 152 ff.

Papier, Hans-Jürgen: Besteuerung und Eigentum, in: DVBl. 1980, S. 787 ff.

Papier, Hans-Jürgen: Verfassungsrechtliche Probleme von Übergangsrecht, in: SGb 1994, S. 105 ff.

Papier, Hans-Jürgen: Durchleitung und Eigentum, in: BB 1997, S. 1213 ff.

Papier, Hans-Jürgen: Steuerreform als Verfassungsproblem, in: Stbg 1999, S. 49 ff.

Papier, Hans-Jürgen: Steuerreform und Verfassungsrecht, in: Staaten und Steuern, Festschrift für Klaus Vogel zum 70. Geburtstag, hrsg. von Paul Kirchhof, Moris Lehner, Arndt Raupach und Michael Rodi, Heidelberg 2000, S. 117 ff.

Perridon, Louis / Steiner, Manfred: Finanzwirtschaft der Unternehmung, 11. Auflage, München 2002

Pezzer, Heinz-Jürgen: Rechtfertigung der Körperschaftsteuer und ihre Entwicklung zu einer allgemeinen Unternehmensteuer, in: Die Steuerrechtsordnung in der Diskussion, Festschrift für Klaus Tipke, hrsg. von Joachim Lang, Köln 1995, S. 419 ff.

Pezzer, Heinz-Jürgen: Rechtfertigung und Rechtsnatur der Körperschaftsteuer, in: DStJG 20 (1997), S. 5 ff.

Pezzer, Heinz-Jürgen: Die Besteuerung der Einkommen von Unternehmen in Deutschland, in: Besteuerung von Einkommen. Rechtsvergleich Italien, Deutschland und Spanien als Beitrag zur Harmonisierung des Steuerrechts in Europa, hrsg. von Klaus Tipke und Nadya Bozza, Berlin 2000, S. 235 ff.

Pieroth, Bodo: Rückwirkung und Übergangsrecht. Verfassungsrechtliche Maßstäbe für intertemporale Gesetzgebung, Habil. Heidelberg 1979, Berlin 1981

Pieroth, Bodo: Die neuere Rechtsprechung des Bundesverfassungsgerichts zum Grundsatz des Vertrauensschutzes, in: JZ 1990, S. 279 ff.

Pieroth, Bodo / Schlink, Bernhard: Staatsrecht II, Grundrechte, 19. Auflage, Heidelberg 2003 (zitiert: Pieroth/Schlink, Staatsrecht II)

Pleyer, Marcus: Der BFH als Wegbereiter des dispositionsbezogenen Rückwirkungsbegriffs, in: NJW 2001, S. 1985 ff.

Prinz, Ulrich: Strategien „gestalteter Ausschüttungsmaßnahmen" bei Kapitalgesellschaften, in: FR 2004, S. 19 ff.

Püttner, Günter: Vertrauensschutz im Verwaltungsrecht, in: VVDStRL Bd. 32 (1974), S. 201 ff.

Raber, Hans Georg: Zur Umsetzung der Körperschaftsteuerreform – Europarechtliche und verfassungsrechtliche Aspekte, in: DB 1999, S. 2596 ff.

Raiser, Thomas: Recht der Kapitalgesellschaften – Ein Handbuch für Praxis und Wissenschaft, 3. Auflage, München 2001

Reimer, Ekkehart: Probleme der Verlängerung der Mindesthaltefristen des § 23 EStG. Zur Verfassungsmäßigkeit rückwirkender Verschärfungen von Steuergesetzen, in: DStZ 2001, S. 725 ff.

Rose, Gerd: Verachtet mir die Zinsfüß' nicht! Zinsfragen in der Steuerpraxis, in: StbJb 1973/74, S. 301 ff.

Rose, Gerd: Überlegungen zur Steuergerechtigkeit aus betriebswirtschaftlicher Sicht, in: StuW 1985, S. 330 ff.

Rödder, Thomas / Schumacher, Andreas: Das Steuervergünstigungsabbaugesetz, in: DStR 2003, S. 805 ff.

Rödder, Thomas / Wochinger, Peter: Konzentration auf Kerngeschäftsfelder im Konzern – Gestaltungsalternativen und deren ertragsteuerliche Behandlung –, in: FR 2000, S. 1 ff.

Rümelin, Max: Rechtssicherheit – Rede gehalten bei der akademischen Preisverteilung am 6. November 1924, Tübingen 1924

Rupp, Hans H.: Grundgesetz und «Wirtschaftsverfassung», Tübingen 1974

Sachs, Michael: Grundgesetz-Kommentar, 3. Auflage, München 2003

Schaumburg, Heide: Rückwirkung und Planungssicherheit im Steuerrecht, in: DB 2000, S. 1884 ff.

Schenke, Wolf-Rüdiger: Die verfassungsrechtlichen Grenzen der Tätigkeit des Vermittlungsausschusses, Berlin 1984

Schick, Walter: Der Verlustrücktrag, München 1976

Schiffers, Joachim: Steuervergünstigungsabbaugesetz: Geänderte Rahmenbedingungen für die Ausschüttungspolitik der GmbH, in: GmbHR 2003, S. 673 ff.

Schiffers, Joachim: 6 Thesen zur Ausschüttungspolitik nach dem StVergAbG, in: GmbH-StB 2003, S. 134 ff.

Schmidt, Rolf: Die verfassungsrechtliche Zulässigkeit rückwirkender Gesetze, in: DB 1993, S. 2250 ff.

Schnapp, Friedrich E.: Die Verhältnismäßigkeit des Grundrechtseingriffes, in: JuS 1983, S. 850 ff.

Schneider, Dieter: Körperschaftsteuerreform und Gleichmäßigkeit der Besteuerung, in: StuW 1975, S. 97 ff.

Schneider, Hans: Gesetzgebung – Ein Lehrbuch, 2. Auflage, Heidelberg 1991

Schnitger, Arne: Vernichtung von Körperschaftsteuerguthaben durch die Ausschüttungsfiktion des § 10 UmwStG bei Umwandlung einer Kapital- in eine Personengesellschaft?, in: DStR 2003, S. 768 ff.

Schnittker, Helder / Welling, Berthold: 6. Berliner Steuergespräch: „Abbau von Steuervergünstigungen – das Wünschenswerte und das Machbare" (Tagungsbericht), in: FR 2003, S. 929 ff.

Schön, Wolfgang: Zur Verfassungsmäßigkeit der rückwirkenden Wertaufholung von Teilwertabschreibungen, in: BB 1997, S. 1333 ff.

Schönfeld, Thomas: Eigentumseingriff durch Nutzungseinschränkung, in: BayVBl. 1996, S. 673 ff.

Schulze zur Wiesche, Dieter: Das Steuervergünstigungsabbaugesetz, in: Wpg 2003, S. 586ff.

Schuppert, Gunnar Folke: Verfassungsrechtliche Prüfungsmaßstäbe bei der verfassungsgerichtlichen Überprüfung von Steuergesetzen, in: Festschrift für Walter Zeidler, hrsg. von Walter Fürst, Roman Herzog und Dieter C. Umbach, Berlin, New York 1987, S. 691 ff.

Schwedhelm, Rolf: Unternehmensbesteuerung: Körperschaftsteuerliche Zweifelsfragen, in: BB 2003, S. 605 ff.

Schwedhelm, Rolf / Binnewies, Burkhard: Realisierung von Körperschaftsteuerguthaben zum Systemwechsel, in: DB 2001, S. 503 ff.

Schwenke, Michael: Verfassungsrechtliche Zulässigkeit des Wertaufholungsgebotes in der Fassung des Steuerreformgesetzes 1998, in: BB 1997, S. 2408 ff.

Seer, Roman: Verständigungen im Steuerverfahren, Habil. Köln 1996

Seer, Roman: Die Unvereinbarkeitserklärung des BVerfG am Beispiel seiner Rechtsprechung zum Abgabenrecht, in: NJW 1996, S. 285 ff.

Seer, Roman: Verfassungsrechtliche Grenzen der Gesamtbelastung von Unternehmen, in: DStJG 23 (2000), S. 87 ff.

Seer, Roman: Unternehmenssteuerreform – Verfassungsrechtliche Aspekte, in: StbJb 2000/2001, S. 15 ff.

Semmler, Ernst: Die Körperschaftsteuerminderung und –erhöhung sowie die Einlagenrückgewähr nach dem StSenkG, in: DStR 2001, S. 1337 ff.

Semmler, Ernst: Körperschaftsteuerminderung und Körperschaftsteuererhöhung nach dem Steuervergünstigungsabbaugesetz, NWB 2003, Fach 4, S. 4725 ff.

Snelting, Martin: Übergangsgerechtigkeit beim Abbau von Steuervergünstigungen und Subventionen, Diss. Hamburg 1996, Heidelberg 1997

Spindler, Wolfgang: Vertrauensschutz im Steuerrecht, in: DStR 2001, S. 725 ff.

Spitzer, Simon: Tabellen für die Zinses-Zinsen- und Renten-Rechnung mit Anwendung derselben auf Berechnung von Anlehen, Construction von Amortisationsplänen etc., 4. Auflage, Wien 1897

Steiner, Klaus: Die Hauptversammlung der Aktiengesellschaft, München 1995

Stern, Klaus: Das Staatsrecht der Bundesrepublik Deutschland, Band I, 2. Auflage, München 1984; Band II, München 1980; Band III/2, München 1994

Stober, Rolf: Zur wirtschaftsverwaltungsrechtlichen Bedeutung des Rechtsstaatsprinzips, in: AöR Bd. 113 (1988), S. 497 ff.

Stolterfoht, Joachim N.: Zum Verhältnis der Körperschaftsteuer zur Einkommensteuer, in: Ertragsbesteuerung, Zurechnung – Ermittlung – Gestaltung, Festschrift für Ludwig Schmidt zum 65. Geburtstag, hrsg. von Arndt Raupach und Adalbert Uelner, München 1993, S. 497 ff.

Stolterfoht, Joachim N.: Die “Privatssphäre” der Körperschaftsteuersubjekte – unternehmensbezogene oder unternehmensträgerbezogene Sicht?, in: Festschrift für Wilhelm Kruse, hrsg. von Walter Drenseck und Roman Seer, Köln 2001, S. 485 ff.

Streck, Michael: KStG-Kommentar, 6. Auflage, München 2003 (zitiert: *Bearbeiter*, in: Streck)

Streck, Michael / Binnewies, Burkhard: Verfassungsrechtliche Bedenken gegen die Behandlung des Körperschaftsteuer-Guthabens von Körperschaften im Rahmen der Systemumstellung vom Anrechnungs- zum Halbeinkünfteverfahren, in: DB 2002, S. 1956 ff.

Streck, Michael / Binnewies, Burkhard: Das verfassungswidrige Fiskalspiel mit dem Körperschaftsteuerguthaben, in: DB 2003, S. 1133 f.

Suhrbier-Hahn, Ute: Änderung des deutschen Steuerrechts durch das Steuervergünstigungsabbaugesetz, in: SWI 2003, S. 209 ff.

Tipke, Klaus: Zu Gerd Roses Bemühen um mehr Steuerplanungssicherheit – Ein Beitrag aus juristischer Sicht, in: Betriebswirtschaftliche Steuerlehre und Steuerberatung, Festschrift für Gerd Rose zum 65. Geburtstag, hrsg. von Norbert Herzig, Wiesbaden 1991, S. 91 ff.

Tipke, Klaus: Die Steuerrechtsordnung, Band I, 2. Auflage, Köln 2000; Band II, 2. Auflage, Köln 2003

Tipke, Klaus: Der Karlsruher Entwurf zur Reform der Einkommensteuer. Versuch einer juristischen Würdigung, in: StuW 2002, S. 148 ff.

Tipke, Klaus / Kruse, Heinrich Wilhelm: Abgabenordnung, Finanzgerichtsordnung, Loseblattsammlung, Köln, Stand: 102. Lieferung, November 2003 (zitiert: *Bearbeiter*, in: Tipke/Kruse)

Tipke, Klaus / Lang, Joachim: Steuerrecht, 17. Auflage, Köln 2002 (zitiert: Bearbeiter, in: Tipke/Lang, Steuerrecht)

Treiber, Andreas: Verfassungswidrigkeit der rückwirkenden Verlängerung der Spekulationsfrist? – Anmerkungen zu dem BFH-Beschluss vom 16.12.2003 IX R 46/02, in: DB2004, S. 453 ff.

Trzaskalik, Christoph: Investitionshilfeabgabe: Zwangsanleihe oder rückzahlbare Steuer? in: DB 1984, S. 421 ff.

Turiaux, André: Sozialpfandbriefe – Aufhebung der Steuerfreiheit verstößt gegen Eigentumsgarantie des Artikels 14 Grundgesetz, in: BB 1993, S. 843 ff.

Umbach, Dieter C. / Clemens, Thomas (Hrsg.): Grundgesetz, Mitarbeiterkommentar und Handbuch, Band II, Art. 38 - 146 GG, Heidelberg 2002 (zitiert: *Bearbeiter*, in: Umbach/Clemens, Grundgesetz-MAK)

Vogel, Horst: Zur rückwirkenden Aufhebung von Steuervergünstigungen, in: BB 1971, S. 533 ff.

Wagner, Adolph, Finanzwissenschaft. Zweiter Theil. Theorie der Besteuerung. Gebührenlehre und allgemeine Steuerlehre, 2. Auflage, Leipzig 1890

Wassermann, Bernd: Zinsprobleme in der Steuerbilanz. Beeinflussung des steuerlichen Gewinns mittels Abzinsung, in: BB 1979, S. 1598 ff.

Weber-Dürler, Beatrice: Der Grundrechtseingriff, in: VVDStRL Bd. 57 (1998), S. 57 ff.

Weber-Grellet, Heinrich: Zeit und Zins im Bilanzsteuerrecht, in: Ertragsbesteuerung, Zurechnung – Ermittlung – Gestaltung, Festschrift für Ludwig Schmidt zum 65. Geburtstag, hrsg. von Arndt Raupach und Adalbert Uelner, München 1993, S. 161 ff.

Weber-Grellet, Heinrich: Steuerbilanzrecht, München 1996

Weber-Grellet, Heinrich: Der Steuerstaat – Inhalt und Grenzen, in: Anwalt des Rechtsstaates, Festschrift für Diether Posser zum 75. Geburtstag, hrsg. von Franz Josef Düwell, Köln, Berlin, Bonn, München 1997, S. 395 ff.

Weber-Grellet, Heinrich: Rechtssicherheit im demokratischen Rechtsstaat, Kontinuität und Planungssicherheit, in: StuW 2003, S. 278 ff.

Weinheimer, Stefan: Steuerliche Rückwirkung – ein umfassendes Problem: Bestandsaufnahem und Neuansatz, Diss. Augsburg 1991

Wernsmann, Rainer: Grundfälle zur verfassungsrechtlichen Zulässigkeit rückwirkender Gesetze, in: JuS 2000, S. 39 ff.

Wiese, Götz Tobias / Klass, Tobias: Das „Steuervergünstigungsabbaugesetz" in der Unternehmenspraxis, Überblick und Anmerkungen zu den ertragsteuerlichen Vorschriften, in: GmbHR 2003, S. 557 ff.

Winkler, Mona: Besteuerung der Altersvorsorge in Deutschland – Kritik und Zukunftsperspektiven, in: StW 2003, S. 123 ff.

Wisser, Michael: Zu den Kompetenzen des Vermittlungsausschusses in der Prüfung der Verfassungswidrigkeit des § 370a AO, in: DStR 2003, S. 1191 ff.

Wittig, Peter: Zum Standort des Verhältnismäßigkeitsgrundsatzes im System des Grundgesetzes, in: DÖV 1968, S. 817 ff.

Wöhe, Günter / Bilstein, Jürgen: Grundzüge der Unternehmensfinanzierung, 9. Auflage, München 2002

FSC
www.fsc.org
MIX
Papier | Fördert gute Waldnutzung
FSC® C083411

Kolibri 360 GmbH
Ferdinand-Jühlke-Straße 7
99095 Erfurt, Deutschland
produktsicherheit@kolibri360.de

Druck:
CPI Druckdienstleistungen GmbH
im Auftrag der
Kolibri 360 GmbH
Ferdinand-Jühlke-Str. 7
99095 Erfurt